Dieter Lange

Standardprogramme der Netzwerkanalyse für BASIC-Taschencomputer (CASIO)

Anwendung programmierbarer Taschenrechner

Anwendung programmierbarer Taschenrechner

Band 18

Dieter Lange

Standardprogramme der Netzwerkanalyse für BASIC-Taschencomputer (CASIO)

Mit 55 Schaltungsaufgaben

Springer Fachmedien Wiesbaden GmbH

CIP-Kurztitelaufnahme der Deutschen Bibliothek

Lange, Dieter:
Standardprogramme der Netzwerkanalyse für
BASIC-Taschencomputer (CASIO): mit 55
Schaltungsaufgaben/Dieter Lange. —
Braunschweig; Wiesbaden: Vieweg, 1982.
  (Anwendung programmierbarer
  Taschenrechner; Bd. 18)
  ISBN 978-3-528-04221-9   ISBN 978-3-663-06861-7 (eBook)
  DOI 10.1007/978-3-663-06861-7

NE: GT

ISBN 978-3-528-04221-9

Vorwort

Seit einiger Zeit gibt es Taschencomputer auf dem Markt,
die in der Programmiersprache Basic arbeiten. Studenten der
Elektrotechnik verwendeten bisher programmierbare Taschenrechner mit sehr verschiedenen Maschinensprachen. Entsprechend gab es auch eine Vielzahl von Programmen, die nicht
ohne weiteres auf andere Rechner übertragbar waren. Mit Basic-
Taschencomputern stehen jetzt erstmalig Rechner zur Verfügung,
die das Arbeiten mit einheitlichen Programmen für die Ingen-
ieur-Ausbildung zulassen.

Ziel dieses Buches ist es, zu zeigen, wie mit wenigen, aber
universellen Basic-Programmen jede Aufgabe der Netzwerkanalyse schnell und unkompliziert gelöst werden kann. Auch ohne
Programmierkenntnisse können die Programme sofort auf dem
Casio FX-702P angewandt werden. Mit einigen Programmierkennt-
nissen können sie problemlos auf andere Basic-Computer über-
tragen werden.

Es hat sich gezeigt, daß Studenten, die Freude am Program-
mieren haben, stärker motiviert sind und den abstrakten Stoff
der Netzwerkanalyse schneller und präziser lernen. In diesem
Sinne wünsche ich allen Lesern viel Spaß bei der Lektüre der
Programme.

Hamburg, im Juli 1982   Dieter Lange

Inhaltsverzeichnis

1 Einleitung

Dieses Buch wendet sich an Studierende der Elektrotechnik sowie an Praktiker, die numerische Probleme der Netzwerkanalyse schnell und einfach auf Basic-Rechnern lösen wollen, ohne selbst Programme schreiben zu müssen.

Vorangestellt ist ein Kapitel mit den wesentlichen Formeln und Methoden der Netzwerkanalyse. Es dient zur raschen Information für das Studium und die Prüfungsvorbereitung und ist hilfreich für Leser, die bei der Lektüre der Programme und der Übungsaufgaben auf theoretische Schwierigkeiten stoßen.

Für die Netzwerkanalyse braucht man nur wenige, aber universelle Programme. Hier werden vier leistungsfähige Standardprogramme beschrieben. Ihre vielfältigen Anwendungsmöglichkeiten werden an zahlreichen Übungsaufgaben demonstriert. Die Übungsaufgaben behandeln alle wichtigen Fragestellungen der Netzwerkanalyse und können zur Klausurvorbereitung dienen.

Für elementare Netzwerkberechnungen ist ein Programm gedacht, das Kettenrechnungen in komplexer Arithmetik in einfacher Weise auszuführen gestattet.

Größere Probleme werden häufig mit dem Maschenstrom- oder dem Knotenpunktpotentialverfahren gelöst. Diese führen auf komplexe symmetrische lineare Gleichungssysteme, die mit dem komplexen Gauß-Algorithmus aufgelöst werden. Hierfür ist ein Programm vorgesehen, das die Symmetrie des Gleichungssystems ausnutzt, um die Eingabe zu vereinfachen, Speicher zu sparen und die Rechenzeit zu verkürzen. Der Benutzer muß allerdings das Gleichungssystem selbst aufstellen.

Das Aufstellen von Gleichungen wird überflüssig, wenn man einen Schritt weitergeht und die gesamte Schaltung mit ihren Bauteilen in einer geeigneten algorithmischen Form im Rechner abspeichert. Dies geschieht in dem Reduktionsprogramm, das nach dem Prinzip der Reihen- und Parallelschaltung von äquivalenten Ersatzquellen arbeitet. Der diesem Programm zugrundeliegende Algorithmus ist erstmalig vom Autor in |4| be-

schrieben worden. Es handelt sich um ein Verfahren, mit dem
beliebige Spannungen, Ströme und Widerstände eines jeden
Netzwerkes berechnet werden können, das sich durch Reihen-
und Parallelschaltung von Zweipolen aufbauen läßt. Dieses
Programm, das sich durch eine äußerst einfache Eingabe der
Schaltung und kurze Rechenzeiten auszeichnet, wird in diesem
Buch favorisiert, was sich auch in der Anzahl der Übungsbei-
spiele ausdrückt. Da die Schaltung im Rechner gespeichert
bleibt, kann sie wiederholt, z.B. für die Berechnung von Frequenzgängen durchgerechnet werden. Auch die numerische Berechnung von Operationsverstärkern mit Rückkopplung ist mit
diesem Programm möglich.

Grundlage des vierten Programms ist das Knotenpunktpotentialverfahren. Die Schaltung wird hier ebenfalls vollständig in
den Rechner eingegeben, bevor mit der Rechnung begonnen wird.
Es handelt sich um ein sehr universelles Programm und kann
bei stärkerer Vermaschung des Netzwerkes in den Fällen eingesetzt werden, wo das Reduktionsprogramm nicht mehr anwendbar
ist. Da es intern mit dem Gauß-Algorithmus arbeitet, ist seine Rechenzeit erheblich größer als die des Reduktionsprogramms. Dafür ist seine Anwendbarkeit jedoch nicht einge-
schränkt.

Alle Programme sind in der Programmiersprache Basic für den
Casio FX-702P geschrieben worden. Obwohl Basic eine rechner-
unabhängige Sprache ist, müssen wie üblich die verschiedenen
Basic-Dialekte berücksichtigt werden, wenn man die Programme
auf einem anderen Basic-Rechner benutzen will. Abweichungen
sind zu erwarten bei den folgenden Anweisungen des FX-702P:

RPC und PRC	Umwandlung komplexer Zahlen von der Po- larform in die rechtwinklige Form und umgekehrt
$	Zeichenvariable mit 30 Zeichen
MID	bezieht sich nur auf die Variable $
WAIT	Wartezeit nach einer PRINT-Anweisung
CSR	Position der Ausgabe in der PRINT-Anwei- sung
VAC	Löschen des Datenspeichers
SET	Setzen des Anzeigeformates einer Zahl

2 Formeln der Netzwerkanalyse

Die Theorie der Netzwerkanalyse basiert auf wenigen Grundge-
setzen: den Stromspannungsbeziehungen an den hier behandelten
elementaren Bauteilen Ohmscher Widerstand R, Kapazität C,
Induktivität L, Gegeninduktivität M, ideale Spannungs- und
Stromquelle sowie den Kirchhoffschen Gesetzen. Die Grundge-
setze werden sowohl für Gleichstrom als auch für Wechselstrom
formuliert. Die abgeleiteten Methoden werden nur noch für
Wechselstrom formuliert und gelten sinngemäß auch für Gleichstrom.

2.1 Zählpfeile

2.1.1 Definition der Zählpfeile

Der Zählpfeil des elektrischen Gleichstromes I gibt an, in
welcher Richtung der Strom positiv zu zählen ist. Hat der
Strom einen positiven Zahlenwert, dann fließt er in Richtung
seines Zählpfeils; hat er einen negativen Zahlenwert, dann
fließt er entgegen seinem Zählpfeil.

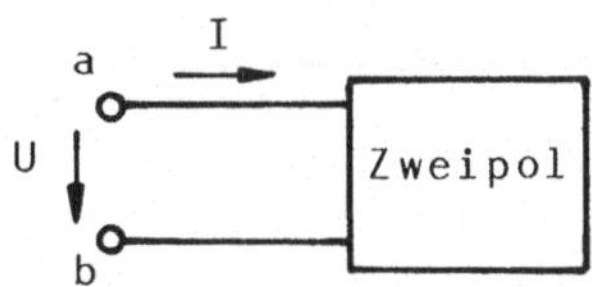

Bild 2.1: Zählpfeile im Verbraucher-Zählpfeilsystem

Ist z.B. I=-2A in Bild 2.1, dann fließt ein Strom von 2A von
der Klemme a zur Klemme b innerhalb des Zweipols.

Für die elektrische Gleichspannung U gilt: weist der Zählpfeil
der Spannung U von der Klemme a zur Klemme b und hat die Spannung einen positiven Zahlenwert, dann ist a positiv gegenüber
b; hat die Spannung einen negativen Zahlenwert, dann ist b
positiv gegenüber a.

Ist z.B. U=5V in Bild 2.1, dann ist die meßbare Spannung der Klemme a gegenüber der Klemme b positiv und beträgt 5V.

Zählpfeile dürfen grundsätzlich willkürlich (unabhängig von den tatsächlichen, meßbaren Strom- und Spannungsrichtungen) gesetzt werden. Die tatsächliche Richtung von Strom und Spannung ergibt sich immer aus der Richtung der Zählpfeile und dem Vorzeichen der Zahlenwerte.

2.1.2 Verbraucher-Zählpfeilsystem (VZS)

Haben an einem Zweipol die Zählpfeile der Spannung und des Stromes die gleiche Richtung, dann liegt bezüglich des Zweipols das Verbraucher-Zählpfeilsystem (Bild 2.1) vor. Der Zweipol nimmt Leistung auf, wenn die Zahlenwerte von Spannung und Strom gleiches Vorzeichen haben. Eine positive Leistung

$$P = U \cdot I \tag{2-1}$$

ist also eine Verbraucherleistung, eine negative Leistung eine Erzeugerleistung.

Beispiel:

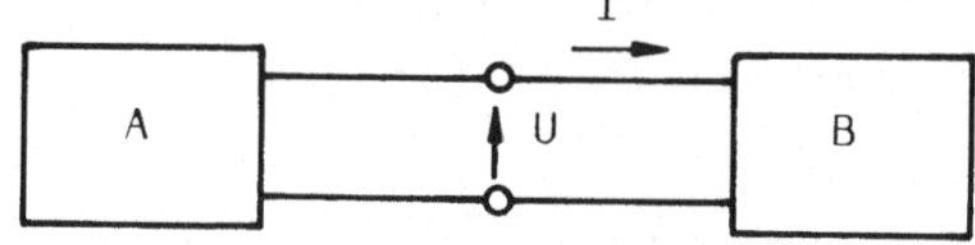

Bild 2.2: Leistungsfluß zwischen Zweipolen

Gegeben ist: U = 5V, I = -3A
Ist der Zweipol B ein Verbraucher oder Erzeuger ?

Lösung: für den Zweipol A gilt das Verbraucher-Zählpfeilsystem:

$$P_A = 5V \cdot (-3A) = -15\,W \quad (VZS)$$

Der Zweipol A ist wegen des negativen Vorzeichens ein Erzeuger; also ist der Zweipol B ein Verbraucher.

2.1.3 Erzeuger-Zählpfeilsystem (EZS)

Haben an einem Zweipol die Zählpfeile der Spannung und des
Stromes entgegengesetzte Richtung, dann liegt das Erzeuger-
Zählpfeilsystem vor.

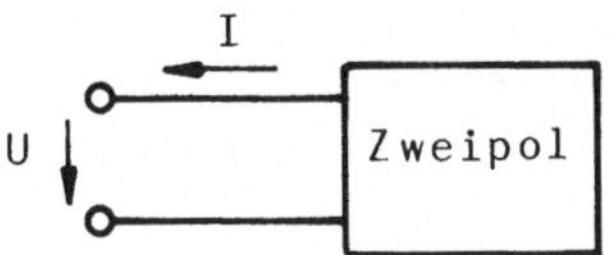

Bild 2.3: Zählpfeile im Erzeuger-Zählpfeilsystem

Der Zweipol gibt Leistung ab, wenn die Zahlenwerte von Spannung und Strom gleiches Vorzeichen haben. Eine positive Leistung ist also hier eine Erzeugerleistung, eine negative
Leistung eine Verbraucherleistung.

2.2 Ohmsches Gesetz

Fließt ein Strom I durch einen Widerstand R, dann entsteht an
diesem ein Spannungsabfall U.

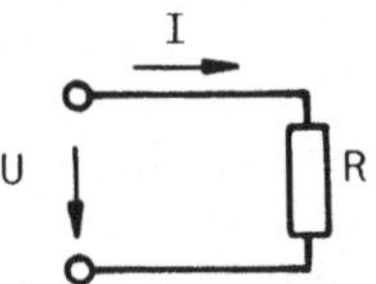

Bild 2.4: Spannungsabfall an einem Ohmschen Widerstand

Haben die Zählpfeile der Spannung und des Stromes die gleiche
Richtung (Bild 2.4), liegt also das VZS vor, dann lautet das
Ohmsche Gesetz:

$$U = I \cdot R \qquad (VZS) \tag{2-2}$$

Haben die Zählpfeile entgegengesetzte Richtung, so lautet es:

$$U = -I \cdot R \qquad (EZS) \tag{2-3}$$

2.3 Ideale Quellen

Die Spannung der idealen Spannungsquelle ist vom Strom unabhängig. Der Innenwiderstand wird als Null vorausgesetzt.

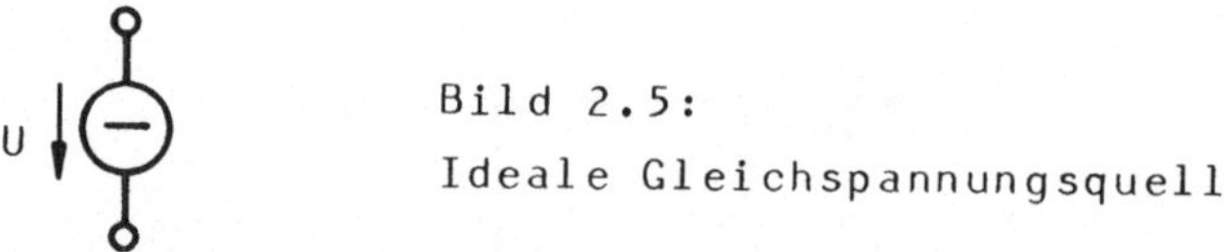

Bild 2.5:

Ideale Gleichspannungsquelle

Für den Spezialfall, daß die ideale Spannungsquelle den Wert
0 Volt hat, haben beide Klemmen der Quelle das gleiche Potential. Punkte einer Schaltung, die das gleiche Potential haben,
können immer verbunden werden. Die Spannungsquelle U=0 kann
daher durch einen Kurzschluß ersetzt werden.

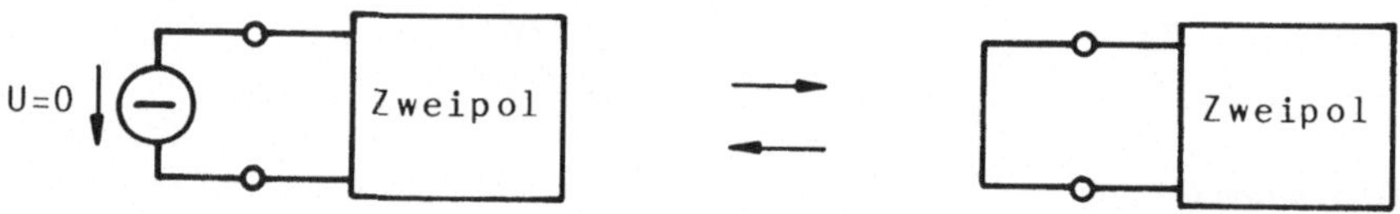

Bild 2.6: Äquivalente Schaltungen

Der Strom der idealen Stromquelle ist unabhängig von der
Spannung. Der Innenwiderstand wird als Unendlich vorausgesetzt.

Bild 2.7:

Ideale Gleichstromquelle

Für den Spezialfall, daß der Quellenstrom I=0 ist, fließt
kein Strom über die Klemmen. Man kann die ideale Stromquelle
dann durch eine Unterbrechung ersetzen.

Bild 2.8: Äquivalente Schaltungen

2.4 Kirchhoffsche Gesetze für Gleichstrom

2.4.1 Maschenregel

Kehrt man zum Ausgangspunkt zurück, dann ist die Summe der Spannungen über einen beliebigen Weg gleich Null:

$$\Sigma\, U = 0 \qquad\qquad\qquad (2-4)$$

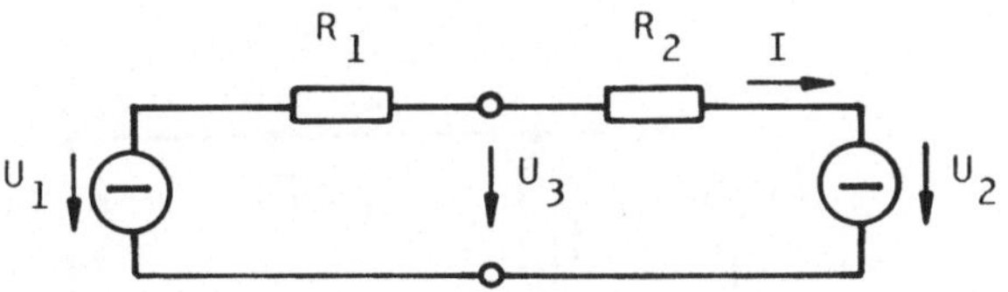

Bild 2.9: Zur Definition der Maschenregel

Unter Beachtung der Zählpfeile lautet die Maschenregel für das Netzwerk in Bild 2.9 (Umlauf im Uhrzeigersinn):

$$-U_1 + U_2 - U_3 + U_4 = 0$$

Beispiel:

Gesucht ist der Strom I und die Spannung U_3.
Zweimalige Anwendung der Maschenregel ergibt:

$$-U_1 + IR_1 + IR_2 + U_2 = 0$$
$$-U_1 + IR_1 + U_3 = 0$$

Hieraus folgen die Ergebnisse:

$$I = \frac{U_1 - U_2}{R_1 + R_2} \qquad \text{und} \qquad U_3 = \frac{U_1 R_2 + U_2 R_1}{R_1 + R_2}$$

2.4.2 Knotenregel

Die Summe aller einem Netzwerk zu- bzw. abfließenden Ströme
ist unter Beachtung der Zählpfeile gleich Null:

$$\Sigma I = 0 \tag{2-5}$$

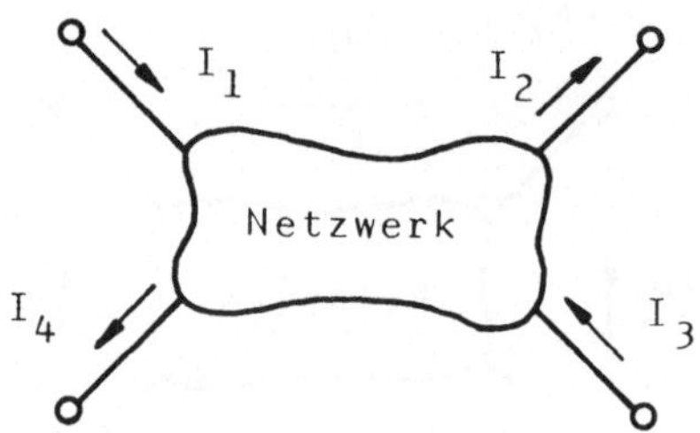

Bild 2.10: Zur Definition der Knotenregel

Als Sonderfall kann das Netzwerk in Bild 2.10 aus einem einzigen Knoten bestehen.

Zählt man auf das Netzwerk gerichtete Zählpfeile positiv,
dann lautet die Knotenregel für das Netzwerk in Bild 2.10:

$$I_1 - I_2 + I_3 - I_4 = 0$$

Beispiel:

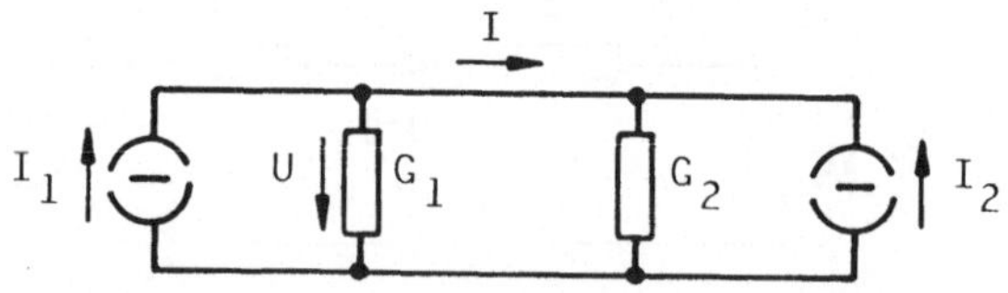

Gesucht sind die Spannung U und der Strom I.

Zweimalige Anwendung der Knotenregel ergibt:

$$I_1 + I_2 - UG_1 - UG_2 = 0$$
$$I_1 - UG_1 - I = 0$$

Hieraus folgen die Ergebnisse:

$$U = \frac{I_1 + I_2}{G_1 + G_2} \qquad \text{und} \qquad I = \frac{I_1 G_2 - I_2 G_1}{G_1 + G_2}$$

2.4.3 Anwendung auf Kettenleiter

Durch iterative Anwendung der Kirchhoffschen Gesetze können
Schaltungen der folgenden Struktur leicht durchgerechnet werden.

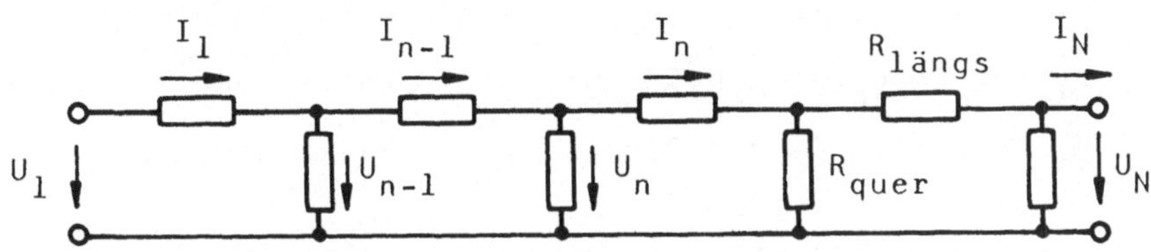

Bild 2.11: Schaltung mit Kettenleiterstruktur

Die Rechnung beginnt am Ende der Schaltung mit beliebigen
Bedingungen für U_N und I_N. Die Kirchhoffschen Gesetze werden
abwechselnd angewendet:

$$I_{n-1} = I_n + U_n / R_{quer} \qquad \text{Knotenregel} \qquad (2-6)$$

$$U_{n-1} = U_n + I_{n-1} R_{längs} \qquad \text{Maschenregel} \qquad (2-7)$$

Die iterative Durchrechnung endet mit I_1 und U_1.

Beispiel:

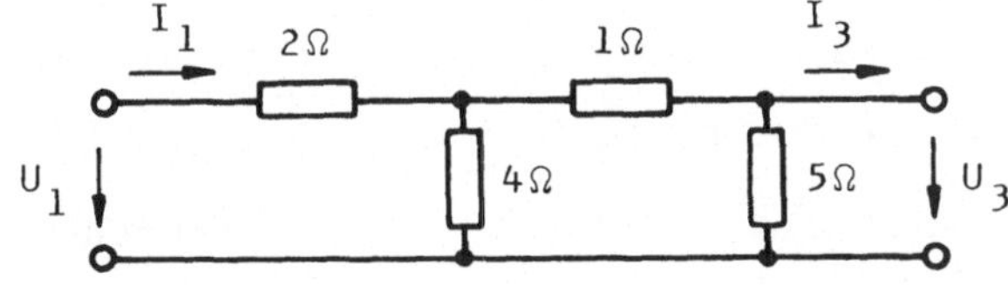

Man berechne: 1. das Leerlauf-Spannungsverhältnis U_3 / U_1

2. den Leerlauf-Eingangswiderstand U_1 / I_1

3. das Kurzschluß-Stromverhältnis I_3 / I_1

4. den Kurzschluß-Eingangswiderstand U_1 / I_1

5. den Ausgangswiderstand bei Einspeisung mit
   einer Spannungsquelle U_3 / I_3 bei U_1=konstant

6. den Ausgangswiderstand bei Einspeisung von
   einer Stromquelle U_3 / I_3 für I_1=konstant

Für den Leerlauf gilt die Anfangsbedingung:

$$I_3 = 0$$

Anwendung der Formeln (2-6) und (2-7) ergibt:

$$I_2 = 0 + U_3/5\Omega \qquad \text{Knotenregel}$$

$$U_2 = U_3 + I_2 \cdot 1\Omega = 1.2\,U_3 \qquad \text{Maschenregel}$$

$$I_1 = I_2 + U_2/4\Omega = 0.5\,U_3/\Omega \qquad \text{Knotenregel}$$

$$U_1 = U_2 + I_1 \cdot 2\Omega = 2.2\,U_3 \qquad \text{Maschenregel}$$

Aus diesem Rechenablauf folgen die Ergebnisse für Leerlauf:

1. Leerlauf-Spannungsverhältnis $U_3/U_1 = 1/2.2$

2. Leerlaufeingangswiderstand

$$\frac{U_1}{I_1} = \frac{2.2\,U_3}{0.5\,U_3/\Omega} = 4.4\Omega$$

Für den Kurzschluß gilt die Anfangsbedingung:

$$U_3 = 0$$

Die Formeln (2-6) und (2-7) werden nochmals angewendet:

$$I_2 = I_3 + 0/5\Omega = I_3 \qquad \text{Knotenregel}$$

$$U_2 = 0 + I_2 \cdot 1\Omega = I_3 \cdot 1\Omega \qquad \text{Maschenregel}$$

$$I_1 = I_2 + U_2/4\Omega = 1.25\,I_3 \qquad \text{Knotenregel}$$

$$U_1 = U_2 + I_1 \cdot 2\Omega = 3.5\,I_3 \cdot \Omega \qquad \text{Maschenregel}$$

Aus diesem Rechenlauf folgen die Ergebnisse für Kurzschluß:

3. Kurzschluß-Stromverhältnis $I_3/I_1 = 1/1.25 = 0.8$

4. Kurzschluß-Eingangswiderstand $U_1/I_1 = 2.8\Omega$

Für U_1=konstant folgt aus $U_1 = 2.2\,U_3 = 3.5\,I_3 \cdot \Omega$ der

5. Ausgangswiderstand $U_3/I_3 = 1.59\Omega$

Für I_1=konstant folgt aus $I_1 = 0.5\,U_3/\Omega = 1.25\,I_3$ der

6. Ausgangswiderstand $U_3/I_3 = 2.5\Omega$

2.5 Harmonische Schwingung und Zeiger

Die sinusförmige Wechselspannung wird durch die folgende Zeitfunktion beschrieben:

$$u(t) = \hat{u}\cos(\omega t + \phi_u) = \sqrt{2}\, U\cos(\omega t + \phi_u) \qquad (2\text{-}8)$$

Hierin bedeuten:

$\hat{u}$	Amplitude, Scheitelwert
U	Effektivwert
$\omega = 2\pi f$	Kreisfrequenz
f	Frequenz
t	Zeit
ϕ_u	Nullphasenwinkel

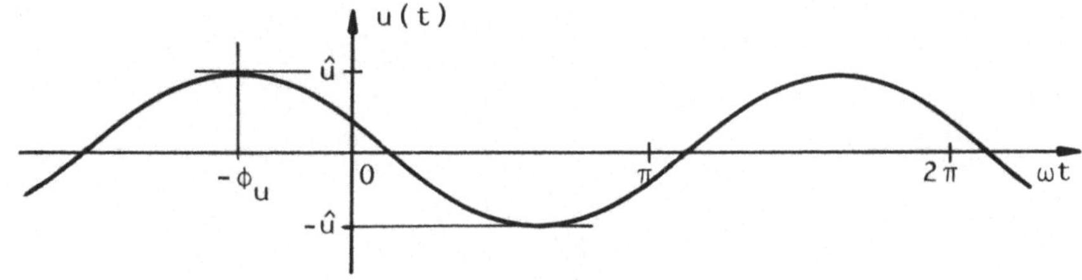

Bild 2.12: Liniendiagramm der Wechselspannung

Die gleichen Beziehungen gelten natürlich hier wie im folgenden auch für den Strom $i(t)$.

Mit der Eulerschen Formel läßt sich die Zeitfunktion (2-8)
wie folgt schreiben:

$$u(t) = \hat{u}\,\frac{1}{2}\left[e^{j(\omega t + \phi_u)} + e^{-j(\omega t + \phi_u)}\right] \qquad (2\text{-}9)$$

Als komplexe Zeitfunktion wird definiert:

$$\underline{u}(t) = \hat{u}\,e^{j(\omega t + \phi_u)} \qquad (2\text{-}10)$$

Damit wird (2-9):

$$u(t) = \frac{1}{2}\left\{\underline{u}(t) + \underline{u}^{*}(t)\right\} \qquad (2\text{-}11)$$

Die komplexe Zeitfunktion $\underline{u}(t)$ kann in der komplexen Ebene
als ein linksdrehender, die konjugiert komplexe Zeitfunktion
$\underline{u}^*(t)$ als ein rechtsdrehender Zeiger dargestellt werden.
Ihre geometrische Summe ergibt entsprechend Gl.(2-11) auf der
reellen Achse den doppelten Augenblickswert $2\,u(t)$.

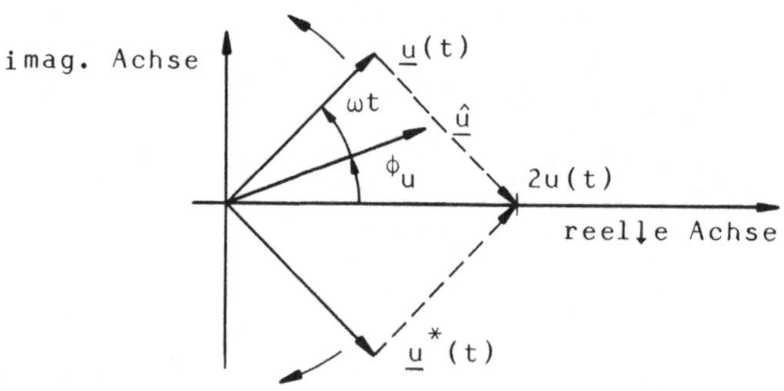

Bild 2.13: Zeigerdarstellung einer Wechselspannung

Als komplexe Amplitude wird definiert:

$$\underline{\hat{u}} = \hat{u}\,e^{j\phi_u} \tag{2-12}$$

Damit wird Gl.(2-9):

$$u(t) = \frac{1}{2}\left[\underline{\hat{u}}\,e^{j\omega t} + \underline{\hat{u}}^*\,e^{-j\omega t}\right] \tag{2-13}$$

Die komplexe Amplitude $\underline{\hat{u}}$ ist ein feststehender Zeiger mit dem
Betrag $\hat{u}$ und dem Nullphasenwinkel ϕ_u (siehe Bild 2.13).
Durch Multiplikation mit $e^{j\omega t}$ wird aus dem stehenden Zeiger
$\underline{\hat{u}}$ der rotierende Zeiger $\underline{u}(t)$:

$$\underline{u}(t) = \underline{\hat{u}}\,e^{j\omega t} \tag{2-14}$$

Die Beziehung (2-13) stellt eine Transformation dar:

$$u(t) = \hat{u}\cos(\omega t + \phi_u) \quad \rightleftharpoons \quad \underline{\hat{u}} = \hat{u}\,e^{j\phi_u} \tag{2-15}$$

Die Zeitfunktion wird in eine komplexe Zahl transformiert.
Die Zeitfunktion $u(t)$ wird für die Berechnung von Wechselstromschaltungen durch die komplexe Amplitude $\underline{\hat{u}}$ ersetzt.

Als komplexer Effektivwert wird definiert:

$$\underline{U} = U\, e^{j\phi_u} \qquad\qquad (2\text{-}16)$$

Wie die komplexe Amplitude ist auch der komplexe Effektivwert
ein feststehender Zeiger. Beide unterscheiden sich nur durch
den Faktor $\sqrt{2}$ und können wahlweise verwendet werden. Die
Transformation (2-15) lautet mit dem komplexen Effektivwert:

$$u(t) = \sqrt{2}\, U \cos(\omega t + \phi_u) \quad \rightleftharpoons \quad \underline{U} = U\, e^{j\phi_u} \qquad (2\text{-}17)$$

Beispiel 1:

Gegeben ist die Zeitfunktion $u(t) = 5V \cos(\omega t + 30^{\circ})$
Gesucht sind die komplexe Amplitude $\underline{\hat{u}}$, der komplexe Effektivwert $\underline{U}$ und die komplexe Zeitfunktion $\underline{u}(t)$.

Lösung:
$$\underline{\hat{u}} = 5V\, e^{j30^{\circ}}$$

$$\underline{U} = 5V/\sqrt{2}\, e^{j30^{\circ}}$$

$$\underline{u}(t) = 5V\, e^{j(\omega t + 30^{\circ})}$$

Beispiel 2:

Gegeben ist die komplexe Amplitude $\underline{\hat{\imath}} = 2A\, e^{j160^{\circ}}$ eines Stromes sowie sein Zählpfeil. Die Frequenz ist $\omega = 500\ 1/s$.

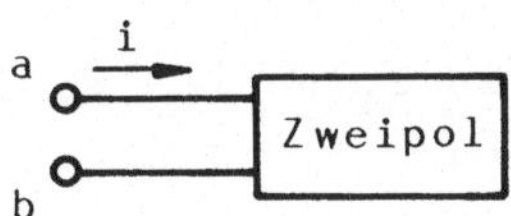

In welcher Richtung fließt der Strom $i(t)$ zum Zeitpunkt
$t = 28ms$?

Lösung:
$$i(t) = 2A \cos(500\ t/s + 160^{\circ})$$

$$i(28ms) = -0.935\,A$$

Wegen des negativen Vorzeichens fließt dieser Strom entgegen
seinem Zählpfeil, also von der Klemme b zur Klemme a innerhalb des Zweipols.

2.6 Komplexes Ohmsches Gesetz

Das Verhältnis der komplexen Spannung $\underline{U}$ zum komplexen Strom $\underline{I}$
wird als komplexer Widerstand $\underline{Z}$ (Impedanz) definiert:

$$\underline{Z} = \underline{U}/\underline{I} \tag{2-18}$$

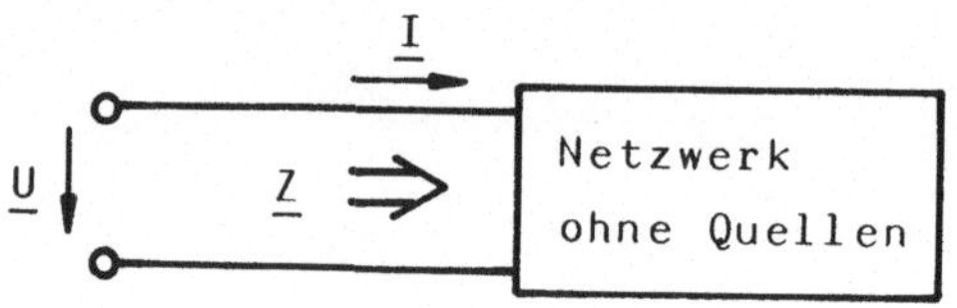

Bild 2.14: Zur Definition des komplexen Widerstandes

Zunächst werden die komplexen Widerstände elementarer Bautei-
le einzeln behandelt.

2.6.1 Ohmscher Widerstand

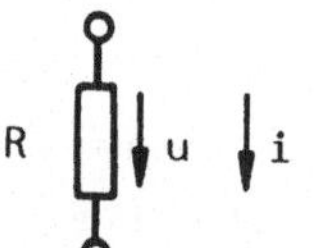

Bild 2.15: Ohmscher Widerstand

Mit den Zählpfeilen in Bild 2.15 (VZS) lautet das Ohmsche
Gesetz für die Zeitfunktion:

$$u(t) = R\,i(t) \tag{2-19}$$

Aus der Transformation (2-17) folgt für die Zeiger:

$$\underline{U} = R\,\underline{I} \tag{2-20}$$

Damit gelten die Definitionen:

$$\underline{Z} = \underline{U}/\underline{I} = R \qquad \text{Komplexer Widerstand} \tag{2-21}$$

$$\underline{Y} = \underline{I}/\underline{U} = 1/R = G \qquad \text{Komplexer Leitwert} \tag{2-22}$$

2.6.2 Kapazität

Bild 2.16: Kapazität

Mit den Zählpfeilen in Bild 2.16 lautet das Grundgesetz der Kapazität:

$$i(t) = C \frac{d\,u(t)}{d\,t} \tag{2-23}$$

Zunächst wird die Zeitfunktion u(t) differenziert:

$$u(t) = \frac{1}{2}\sqrt{2}\left[\underline{U}\,e^{j\omega t} + \underline{U}^*\,e^{-j\omega t}\right] \tag{2-24}$$

$$\frac{d\,u(t)}{d\,t} = \frac{1}{2}\sqrt{2}\left[j\omega\underline{U}\,e^{j\omega t} - j\omega\underline{U}^*\,e^{-j\omega t}\right] \tag{2-25}$$

Die Differentiation der Zeitfunktion entspricht also der Multiplikation des komplexen Effektivwertes mit $j\omega$. Wenn demnach die Transformation (2-17)

$$u(t) \quad \rightleftharpoons \quad \underline{U}$$

gilt, dann gilt auch die Transformation

$$\frac{d\,u(t)}{d\,t} \quad \rightleftharpoons \quad j\omega\underline{U} \tag{2-26}$$

Nun werden beide Seiten von (2-23) der Transformation Zeitfunktion $\rightleftharpoons$ Zeiger unterworfen:

$$\underline{I} = j\omega C\,\underline{U} \tag{2-27}$$

Die Transformation macht also aus der Differentialgleichung (2-23) eine lineare Beziehung (2-27) zwischen dem Spannungs- und dem Stromzeiger. Anstelle der Differentiation tritt die einfachere Multiplikation. Aus diesem Grunde lassen sich

Wechselstromschaltungen mit den komplexen Größen leichter berechnen als mit den Zeitfunktionen selbst.

Die Multiplikation mit $j = e^{j90^{o}}$ in (2-27) bedeutet eine Drehung des Zeigers $\underline{U}$ um 90°. Der Strom durch die Kapazität eilt also der Spannung um 90° voraus.

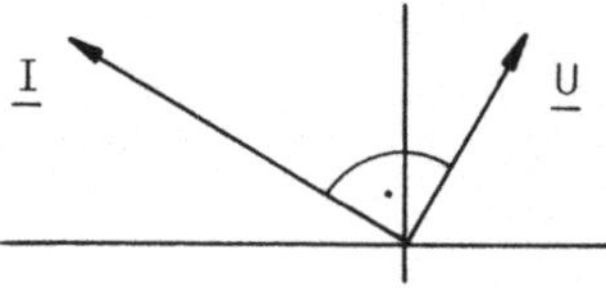

Bild 2.17: Zeigerdiagramm für die Kapazität

Aus der Strom-Spannungsbeziehung (2-27) folgen nun die Definitionen für die Kapazität:

$$\underline{Z} = \underline{U}/\underline{I} = -j/(\omega C) = jX \qquad \text{Komplexer Widerstand} \qquad (2-28)$$

$$\underline{Y} = 1/\underline{Z} = j\omega C = jB \qquad \text{Komplexer Leitwert} \qquad (2-29)$$

$$X = -1/(\omega C) \qquad \text{Blindwiderstand} \qquad (2-30)$$

$$B = \omega C \qquad \text{Blindleitwert} \qquad (2-31)$$

Beispiel:

Gegeben ist die Spannung an einer Kapazität $C = 2000\,\mu F$:

$$u(t) = \sqrt{2} \cdot 5V \cos(\omega t - 40^{o}) \quad \text{mit } \omega = 100\ 1/s$$

Gesucht sind: $\underline{U}$, $\underline{Z}$, $\underline{Y}$, X, B sowie der Strom $\underline{I}$ bzw. $i(t)$ durch die Kapazität.

Lösung:

$$\underline{U} = 5V\,e^{-j40^{o}} = 3.83V - j3.21V$$

$$\underline{Z} = -j/(\omega C) = -j5\Omega$$

$$\underline{Y} = 1/\underline{Z} = j0.2S$$

$$X = -5$$

$$B = 0.2S$$

$$\underline{I} = \underline{U}/\underline{Z} = \underline{U}\,\underline{Y} = 1A\,e^{j50^{o}} = 0.643A + j0.766A$$

$$i(t) = \sqrt{2} \cdot 1A \cos(\omega t + 50^{o})$$

2.6.3 Induktivität

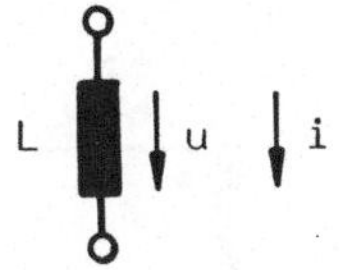

Bild 2.18: Induktivität

Mit den Zählpfeilen in Bild 2.18 (VZS) lautet das Induktions-
gesetz:

$$u(t) = L \frac{d\,i(t)}{d\,t} \qquad (2-32)$$

Wird die Transformation (2-26) sinngemäß auf den Strom angewandt, so folgt für die Zeiger:

$$\underline{U} = j\omega L \, \underline{I} \qquad (2-33)$$

Die Multiplikation mit $j = e^{j90^{\circ}}$ in (2-33) bedeutet eine Drehung des Zeigers $\underline{I}$ um 90°. Die Spannung an der Induktivität
eilt also dem Strom um 90° voraus.

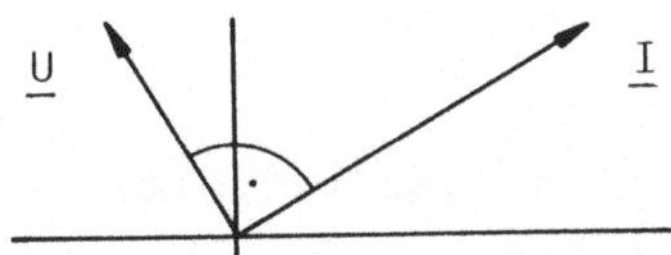

Bild 2.19: Zeigerdiagramm für die Induktivität

Aus der Strom-Spannungsbeziehung (2-33) ergeben sich die folgenden Beziehungen für die Induktivität:

$$\underline{Z} = \underline{U}/\underline{I} = j\omega L = jX \qquad \text{Komplexer Widerstand} \qquad (2-34)$$

$$\underline{Y} = 1/\underline{Z} = -j/(\omega L) = jB \qquad \text{Komplexer Leitwert} \qquad (2-35)$$

$$X = \omega L \qquad \text{Blindwiderstand} \qquad (2-36)$$

$$B = -1/(\omega L) \qquad \text{Blindleitwert} \qquad (2-37)$$

2.6.4 Gegeninduktivität

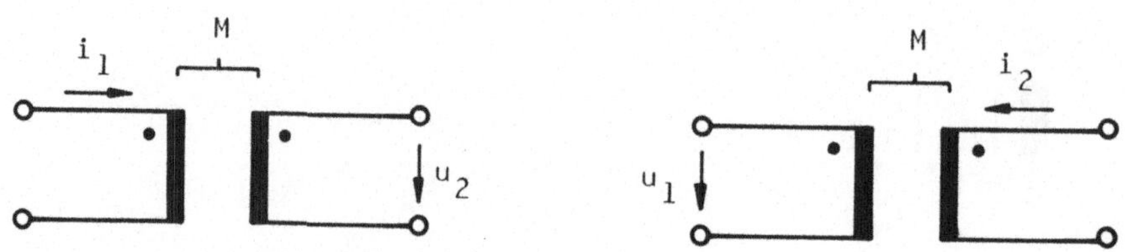

Bild 2.20: Gegeninduktivität M

Die Punkte in Bild 2.20 definieren den Wicklungssinn der Spulen.

Fließt nur der Strom i_1 durch die Primärwicklung, während die Sekundärwicklung stromlos bleibt, so gilt das Grundgesetz:

$$u_2(t) = M \left.\frac{d\,i_1(t)}{d\,t}\right|_{i_2=0} \tag{2-38}$$

Umgekehrt gilt für den Strom i_2 durch die Sekundärwicklung, während die Primärwicklung stromlos bleibt:

$$u_1(t) = M \left.\frac{d\,i_2(t)}{d\,t}\right|_{i_1=0} \tag{2-39}$$

Für Wechselstrom lauten diese Gesetze mit der Transformation (2-26), angewandt auf den Strom:

$$\underline{U}_2 = j\omega M\,\underline{I}_1 \ \Big|_{\underline{I}_2=0} \tag{2-40}$$

$$\underline{U}_1 = j\omega M\,\underline{I}_2 \ \Big|_{\underline{I}_1=0} \tag{2-41}$$

Für die praktische Berechnung sind die Ersatzschaltungen der Gegeninduktivität besser geeignet. Diese sind in dem Abschnitt 2.18 im Zusammenhang mit dem Betriebsverhalten von Übertragern dargestellt.

2.7 Kirchhoffsche Gesetze für Wechselstrom

2.7.1 Maschenregel

Die Maschenregel (2-4) lautet für die Augenblickswerte einer sinusförmigen Spannung:

$$\sum u(t) = \sum \frac{\sqrt{2}}{2} \left[\underline{U}\, e^{j\omega t} + \underline{U}^{*}\, e^{-j\omega t} \right] = 0 \qquad (2\text{-}42)$$

Diese Gleichung ist nur dann erfüllt, wenn

$$\sum \underline{U} = 0 \qquad (2\text{-}43)$$

Kehrt man zum Ausgangspunkt zurück, dann ist die geometrische Summe der Zeiger $\underline{U}$ über einen beliebigen Weg also gleich Null.

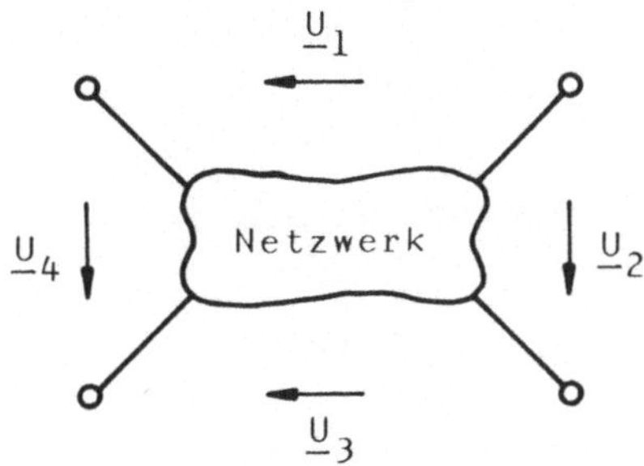

Bild 2.21: Maschenregel für Wechselstrom

Unter Beachtung der Zählpfeile lautet die Maschenregel für das Netzwerk in Bild 2.21 (Umlauf im Uhrzeigersinn):

$$-\underline{U}_1 + \underline{U}_2 + \underline{U}_3 - \underline{U}_4 = 0 \qquad (2\text{-}44)$$

Beispiel 1: Gegeben sind für das Netzwerk Bild 2.21 die Spannungen $u_1(t) = 4V \cos(\omega t + 40^{\circ})$, $u_2(t) = 3V \cos(\omega t - 70^{\circ})$ und $u_3(t) = 6V \cos(\omega t)$. Gesucht sind $\underline{U}_4$ und $u_4(t)$.

Lösung: Aus (2-44) folgt:

$$\underline{U}_4 = 1/\sqrt{2} \left[-4V\, e^{j40^{\circ}} + 3V\, e^{-j70^{\circ}} + 6V \right] = 1/\sqrt{2} \cdot 6.69V\, e^{-j53.7^{\circ}}$$

$$u_4(t) = 6.69V \cos(\omega t - 53.7^{\circ})$$

Beispiel 2: Maschenregel

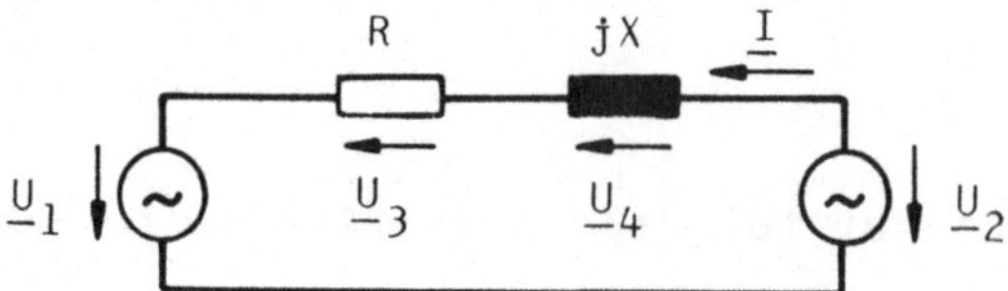

Gegeben sind: $R = 60\,\Omega$, $X = 20\,\Omega$

$$\underline{U}_1 = 5V\,e^{-j20^\circ}, \quad \underline{U}_2 = 8V\,e^{j50^\circ}$$

Gesucht sind: $\underline{I}$, $\underline{U}_3$, $\underline{U}_4$. Das Spannungszeigerdiagramm ist zu zeichnen.

Lösung:

Die Anwendung der Maschenregel (entgegen Uhrzeiger) ergibt:

$$-\underline{U}_2 + \underline{U}_1 + \underline{I}\,R + \underline{I}\,jX = 0$$

Hieraus folgen die Ergebnisse:

$$\underline{I} = \frac{\underline{U}_2 - \underline{U}_1}{R + jX} = 0.0459A + j0.115A$$

$$\underline{U}_3 = \underline{I}\,R = 2.75V + j6.92V$$

$$\underline{U}_4 = \underline{I}\,jX = -2.31V + j0.917V$$

Das Zeigerdiagramm wird so gezeichnet, daß die geometrische Summe der Spannungszeiger unter Berücksichtigung der Zählpfeile einen geschlossenen Polygonzug bildet.

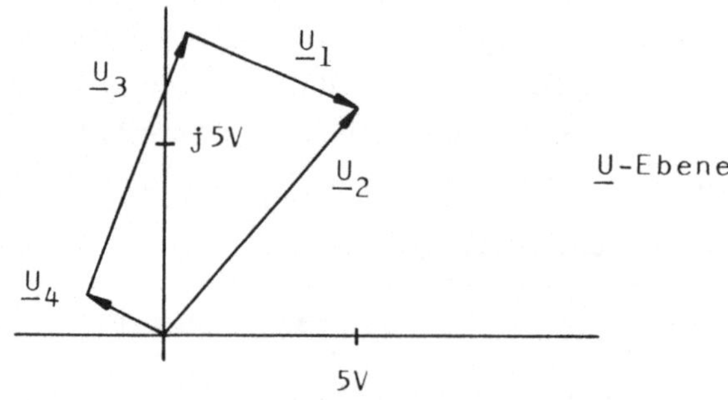

2.7.2 Knotenregel

Die Summe der Augenblickswerte aller einem Netzwerk zu- bzw.
abfließenden Ströme ist unter Beachtung der Zählpfeile gleich
Null. Eine ähnliche Argumentation wie bei der Maschenregel
führt zur Knotenregel für die Zeiger der Ströme:

$$\Sigma \underline{I} = 0 \qquad\qquad\qquad (2\text{-}45)$$

Die geometrische Summe der Stromzeiger ist also gleich Null.

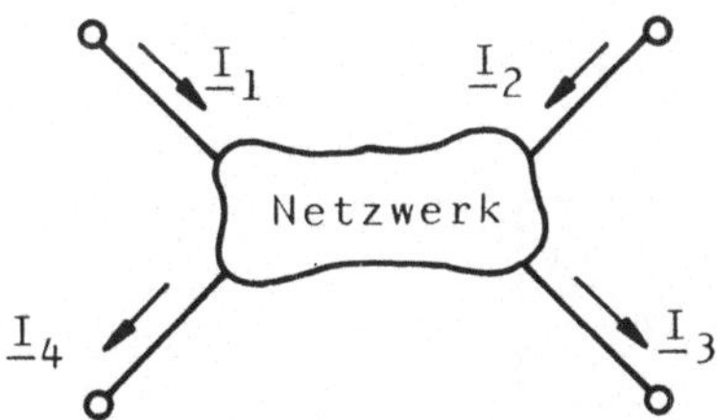

Bild 2.22:   Knotenregel für Wechselstrom

Zählt man auf das Netzwerk gerichtete Zählpfeile positiv,
dann lautet die Knotenregel für das Netzwerk in Bild 2.22:

$$\underline{I}_1 + \underline{I}_2 - \underline{I}_3 - \underline{I}_4 = 0 \qquad\qquad (2\text{-}46)$$

Beispiel:
Gegeben sind für das Netzwerk Bild 2.22 die Ströme:

$$\underline{I}_1 = 5A + j8A \; , \quad \underline{I}_2 = 4A - j3A \; , \quad \underline{I}_3 = 4A - j1A$$

Gesucht ist das Zeigerdiagramm. Man beachte, daß der Strom $\underline{I}_4$
nicht berechnet zu werden braucht, da er sich als geometrische Differenz der übrigen Ströme ergibt.

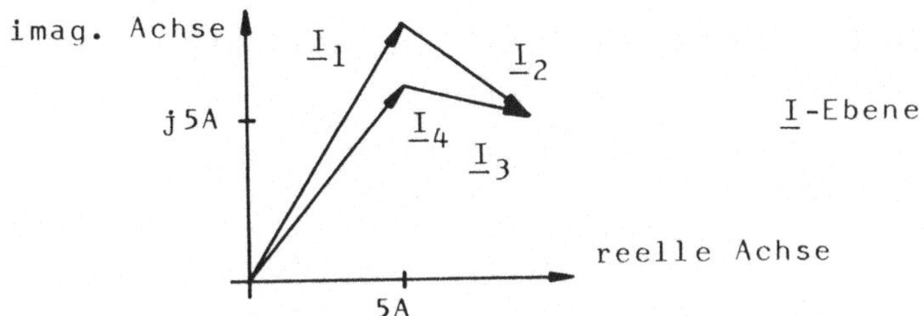

2.8 Ersatzwiderstände

Der Ersatzwiderstand $\underline{Z}$ eines passiven Zweipols wird definiert
als Spannungs-Stromverhältnis:

$$\underline{Z} = \underline{U}/\underline{I} = |\underline{Z}| \, e^{j\phi} = R + jX \qquad (2-47)$$

mit $\phi = \phi_u - \phi_i$

Entsprechend gilt für den Ersatzleitwert:

$$\underline{Y} = \underline{I}/\underline{U} = |\underline{Y}| \, e^{-j\phi} = G + jB \qquad (2-48)$$

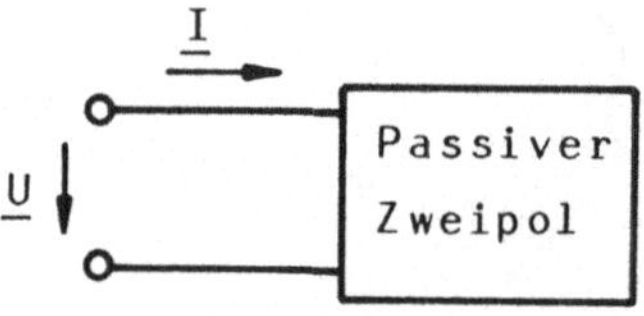

Bild 2.23: Zur Definition des Ersatzwiderstandes

2.8.1 Ersatzwiderstand einer Reihenschaltung

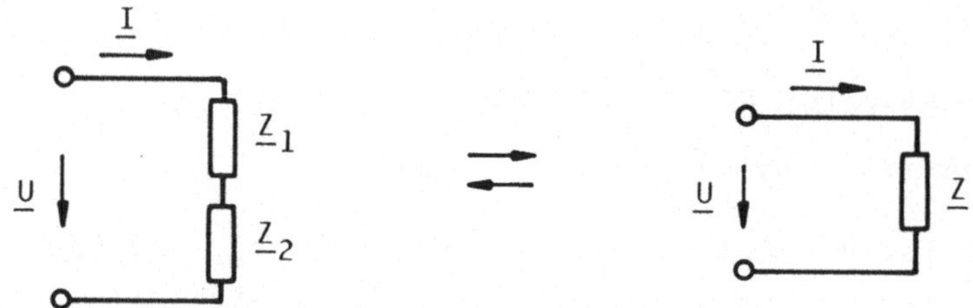

Bild 2.24: Original- und Ersatzschaltung

Die Anwendung der Maschenregel auf die Original- und Ersatzschaltung ergibt:

$$-\underline{U} + \underline{I}\,\underline{Z}_1 + \underline{I}\,\underline{Z}_2 = 0$$

$$-\underline{U} + \underline{I}\,\underline{Z} = 0$$

Nach Elimination von $\underline{U}$ und $\underline{I}$ folgt der Ersatzwiderstand $\underline{Z}$:

$$\underline{Z} = \underline{Z}_1 + \underline{Z}_2 \qquad\qquad\qquad (2\text{-}49)$$

und, der Ersatzleitwert $\underline{Y}$:

$$\underline{Y} = \frac{1}{1/\underline{Y}_1 + 1/\underline{Y}_2} = \frac{\underline{Y}_1\,\underline{Y}_2}{\underline{Y}_1 + \underline{Y}_2} \qquad\qquad (2\text{-}50)$$

2.8.2 Ersatzwiderstand einer Parallelschaltung

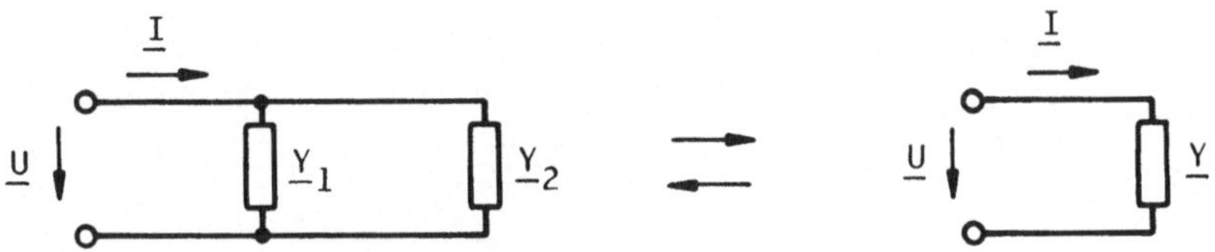

Bild 2.25: Original- und Ersatzschaltung

Die Anwendung der Knotenregel auf die Original- und Ersatz-schaltung ergibt:

$$\underline{I} - \underline{U}\,\underline{Y}_1 - \underline{U}\,\underline{Y}_2 = 0$$
$$\underline{I} - \underline{U}\,\underline{Y} = 0$$

Nach Elimination von $\underline{U}$ und $\underline{I}$ folgt der Ersatzleitwert $\underline{Y}$:

$$\underline{Y} = \underline{Y}_1 + \underline{Y}_2 \qquad\qquad\qquad (2\text{-}51)$$

und der Ersatzwiderstand $\underline{Z}$:

$$\underline{Z} = \frac{1}{1/\underline{Z}_1 + 1/\underline{Z}_2} = \frac{\underline{Z}_1\,\underline{Z}_2}{\underline{Z}_1 + \underline{Z}_2} \qquad\qquad (2\text{-}52)$$

Der erste Ausdruck in (2-52) ist für Taschenrechner günstiger, da die komplexen Zahlen $\underline{Z}_1$ und $\underline{Z}_2$ nur einmal eingegeben zu werden brauchen.

2.8.3 Ersatzwiderstand einer Reihenparallelschaltung

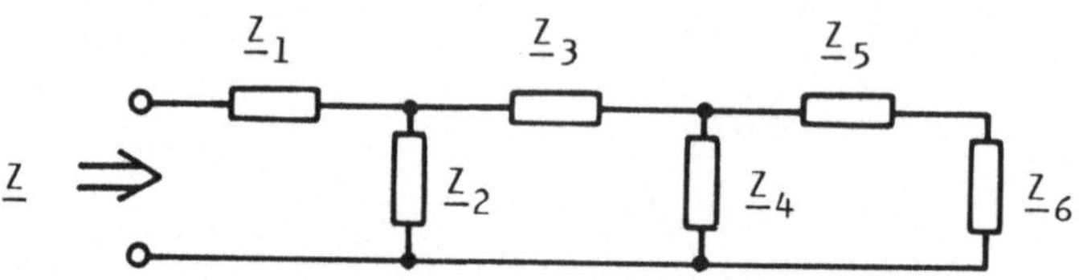

Bild 2.26: Reihenparallelschaltung

Durch fortgesetzte Anwendung der Regeln (2-49) und (2-51)
folgt der folgende Algorithmus für die Berechnung des Ersatzwiderstandes $\underline{Z}$:

$$\underline{Z} = \underline{Z}_1 + \cfrac{1}{\cfrac{1}{\underline{Z}_2} + \cfrac{1}{\underline{Z}_3 + \cfrac{1}{\cfrac{1}{\underline{Z}_4} + \cfrac{1}{\underline{Z}_5 + \underline{Z}_6}}}} \qquad (2\text{-}53)$$

Der Algorithmus besteht aus einer Kettenrechnung von Inver-
sionen und Additionen. Er ist insbesondere für Taschenrechner
gut geeignet. Jeder Widerstand wird nur einmal eingegeben.

Beispiel:

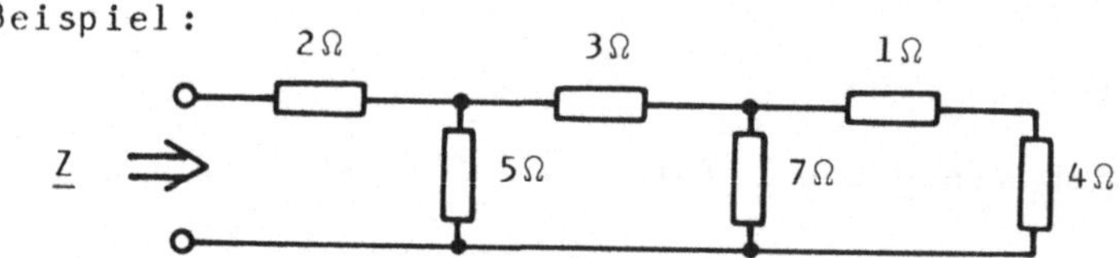

Man beginnt die Rechnung am Ende der Schaltung und erhält
für den Ersatzwiderstand:

$$\underline{Z} = R = 2\Omega + \cfrac{1}{\cfrac{1}{5\Omega} + \cfrac{1}{3\Omega + \cfrac{1}{\cfrac{1}{7\Omega} + \cfrac{1}{1\Omega + 4\Omega}}}} = 4.71\ \Omega$$

2.8.4 Äquivalente Schaltungen

Jeder passive Wechselstrom-Zweipol läßt sich auf eine äquivalente Parallel- oder Reihenersatzschaltung zurückführen, die
aus nur zwei Elementen besteht, einem Wirkwiderstand und einem Blindwiderstand.

Bild 2.27: Äquivalente Schaltungen

Der komplexe Leitwert einer Parallelersatzschaltung lautet
unter Anwendung von (2-51):

$$\underline{Y}_p = \frac{1}{R_p} + \frac{1}{jX_p} \tag{2-54}$$

Der komplexe Widerstand einer Reihenersatzschaltung lautet
unter Anwendung von (2-49):

$$\underline{Z}_s = R_s + jX_s \tag{2-55}$$

Beide Schaltungen sind äquivalent, wenn ihre Impedanzen übereinstimmen:

$$\underline{Z}_s = 1/\underline{Y}_p \tag{2-56}$$

Beispiel 1:

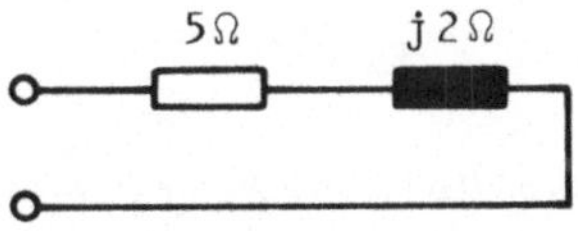

Die Reihenschaltung ist in eine äquivalente Parallelschaltung
umzuwandeln.

Mit Gl.(2-56) ergibt sich:

$$\underline{Y}_p = \frac{1}{R_p} + \frac{1}{jX_p} = \frac{1}{5\Omega + j2\Omega} = 0.17\,S - j0.069\,S$$

Setzt man die Realteile und die Imaginärteile gleich, dann erhält man die Elemente der äquivalenten Parallelschaltung:

$$R_p = 5.8\,\Omega \qquad \text{und} \qquad X_p = 14.5\,\Omega$$

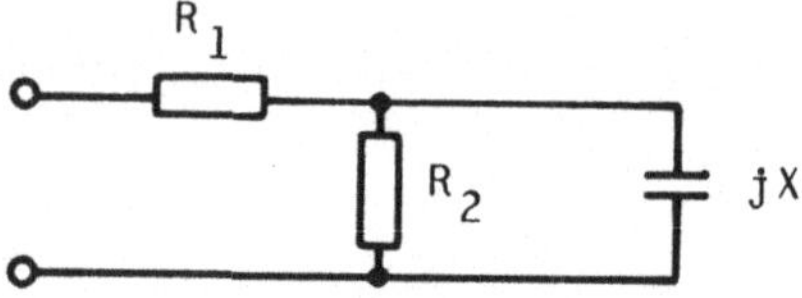

Werden die Zeiger entsprechend den Gln. (2-54) und (2-55) addiert, dann ergeben sich die Zeigerdiagramme der beiden äquivalenten Schaltungen:

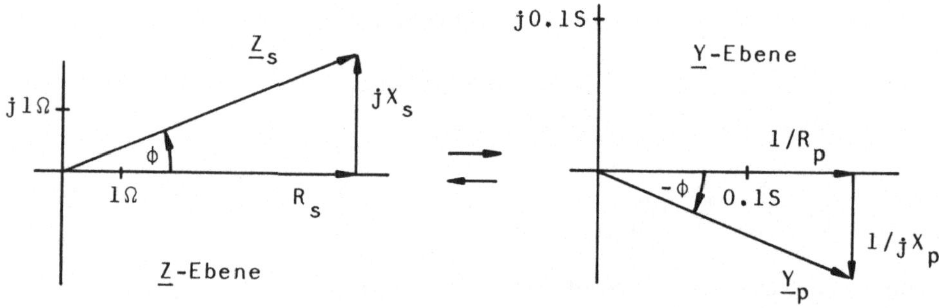

Beispiel 2:

Gegeben sind die Elemente einer Reihenparallelschaltung:

$$R_1 = 5\Omega\,, \quad R_2 = 100\Omega\,, \quad X = -25\Omega$$

Gesucht sind die Elemente der Reihenersatzschaltung und der Parallelersatzschaltung.

Zur Bestimmung der Reihenersatzschaltung muß der Ersatzwiderstand $\underline{Z}$ entsprechend (2-53) bestimmt werden:

$$\underline{Z} = R_s + jX_s = R_1 + \cfrac{1}{1/R_2 + 1/(jX)} = 10.9\Omega - j23.5\Omega$$

Durch Vergleich der Realteile und der Imaginärteile findet
man die Komponenten der Reihenersatzschaltung:

$$R_s = 10.9\,\Omega \qquad \text{und} \qquad X_s = -23.5\,\Omega$$

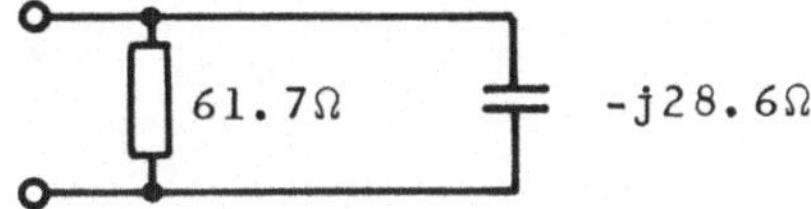

Zur Bestimmung der Parallelersatzschaltung muß man vom Ersatzleitwert $\underline{Y}$ der Gesamtschaltung ausgehen:

$$\underline{Y} = \frac{1}{\underline{Z}} = 0.016S + j0.035S = \frac{1}{R_p} + \frac{1}{jX_p}$$

Durch Vergleich der Realteile und der Imaginärteile findet
man die folgenden Komponenten der Parallelersatzschaltung:

$$R_p = 61.7\,\Omega \qquad \text{und} \qquad X_p = -28.6\,\Omega$$

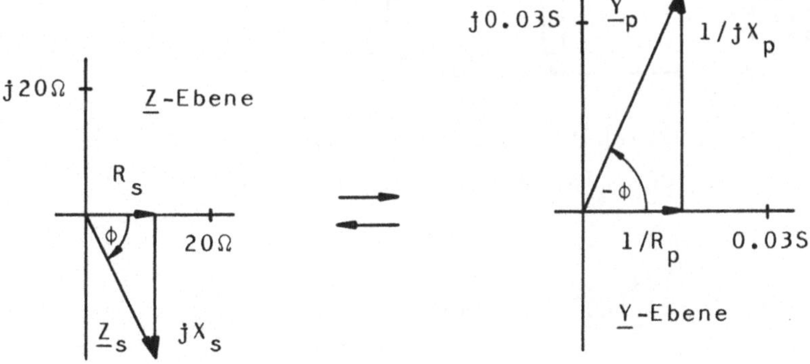

Die Zeigerdiagramme der beiden äquivalenten Ersatzschaltungen
werden gegenübergestellt:

2.9 Spannungsteilerregel

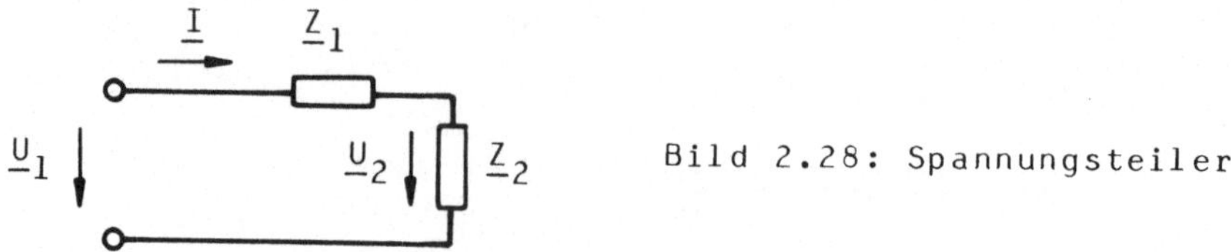

Bild 2.28: Spannungsteiler

Mit der Kirchhoffschen Maschenregel gilt an der Reihenschaltung Bild 2.28:

$$\underline{I} = \frac{\underline{U}_1}{\underline{Z}_1 + \underline{Z}_2} = \underline{U}_2 / \underline{Z}_2$$

Hieraus folgt die Spannungsteilerregel in Widerstandsform:

$$\frac{\underline{U}_2}{\underline{U}_1} = \frac{\underline{Z}_2}{\underline{Z}_1 + \underline{Z}_2} \tag{2-57}$$

Eine einfache Umformung ergibt die Spannungsteilerregel in Leitwertform:

$$\frac{\underline{U}_2}{\underline{U}_1} = \frac{\underline{Y}_1}{\underline{Y}_1 + \underline{Y}_2} \tag{2-58}$$

Beispiel 1:

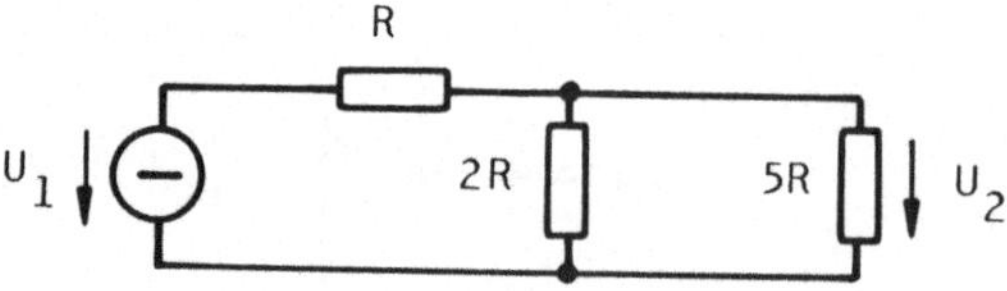

Wegen der Parallelschaltung zweier Widerstände ist hier die Spannungsteilerregel in Leitwertform günstig:

$$\frac{U_2}{U_1} = \frac{1/R}{1/R + 1/(5R) + 1/(2R)} = 0.59$$

Beispiel 2: Wien-Brücke

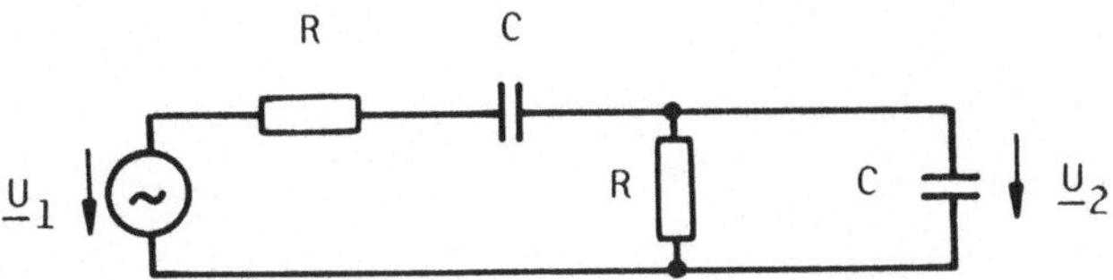

Mit der Spannungsteilerregel in Widerstandsform ergibt sich:

$$\frac{\underline{U}_2}{\underline{U}_1} = \frac{\dfrac{1}{\dfrac{1}{R} + j\omega C}}{R + \dfrac{1}{j\omega C} + \dfrac{1}{\dfrac{1}{R} + j\omega C}} = \frac{1}{1 + (R + \dfrac{1}{j\omega C})(\dfrac{1}{R} + j\omega C)}$$

$$= \frac{1}{3 + j(\omega RC - \dfrac{1}{\omega RC})}$$

Die Spannungsteilerregel in Leitwertform ist hier nicht günstiger, da der obere Teilwiderstand ein Serienwiderstand ist.

Beispiel 3: Maxwell-Brücke

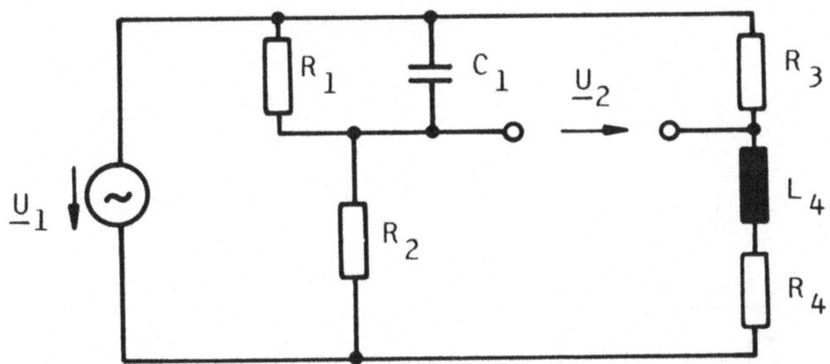

Wird die Spannungsteilerregel in Widerstandsform auf die rechte Seite und in Leitwertform auf die linke Seite der Schaltung
angewandt, so ergibt sich $\underline{U}_2$ als Differenzspannung:

$$\frac{\underline{U}_2}{\underline{U}_1} = \frac{R_3}{R_3 + R_4 + j\omega L_4} - \frac{1/R_2}{1/R_2 + 1/R_1 + j\omega C}$$

Setzt man $\underline{U}_2 = 0$, dann folgen die Abgleichbedingungen:

$$R_4 = R_2 R_3 / R_1 \qquad \text{und} \qquad L_4 = C_1 R_2 R_3$$

2.10 Stromteilerregel

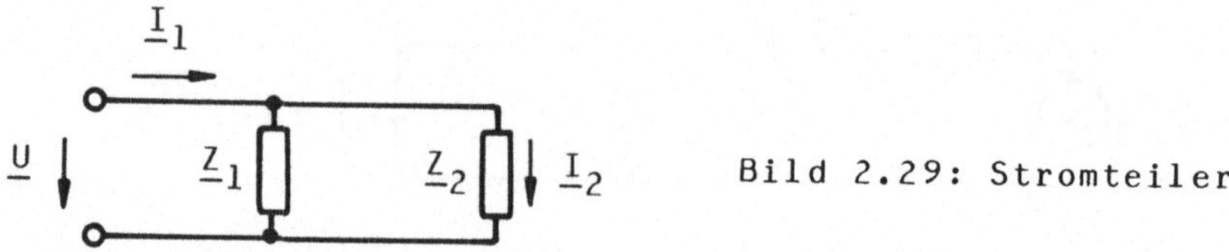

Bild 2.29: Stromteiler

Mit der Kirchhoffschen Knotenregel gilt an der Parallelschaltung Bild 2.29:

$$\underline{U} = \frac{\underline{I}_1}{\underline{Y}_1 + \underline{Y}_2} = \frac{\underline{I}_2}{\underline{Y}_2}$$

Hieraus folgt die Stromteilerregel in Leitwertform:

$$\frac{\underline{I}_2}{\underline{I}_1} = \frac{\underline{Y}_2}{\underline{Y}_1 + \underline{Y}_2} \tag{2-59}$$

Eine einfache Umformung ergibt die Stromteilerregel in Widerstandsform:

$$\frac{\underline{I}_2}{\underline{I}_1} = \frac{\underline{Z}_1}{\underline{Z}_1 + \underline{Z}_2} \tag{2-60}$$

Beispiel 1:

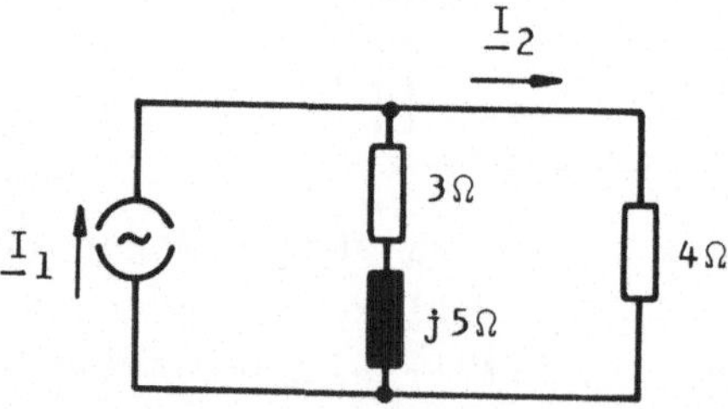

Wegen der Reihenschaltung in dem einen Parallelzweig ist hier die Stromteilerregel in Widerstandsform günstiger:

$$\underline{I}_2 = \underline{I}_1 \frac{3\Omega + j5\Omega}{3\Omega + j5\Omega + 4\Omega} = \underline{I}_1 \cdot 0.678\, e^{j23.5^\circ}$$

Beispiel 2:

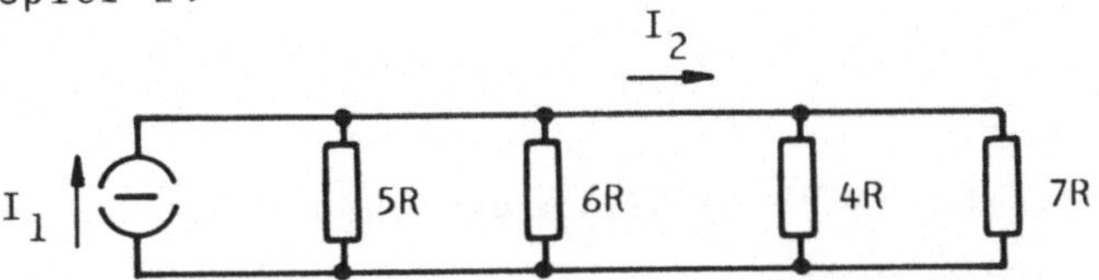

Jeder Zweig besteht aus zwei Parallelwiderständen. Daher wird hier die Stromteilerregel in Leitwertform angewandt:

$$\frac{I_2}{I_1} = \frac{\dfrac{1}{4R} + \dfrac{1}{7R}}{\dfrac{1}{4R} + \dfrac{1}{7R} + \dfrac{1}{5R} + \dfrac{1}{6R}} = 0.517$$

Beispiel 3:

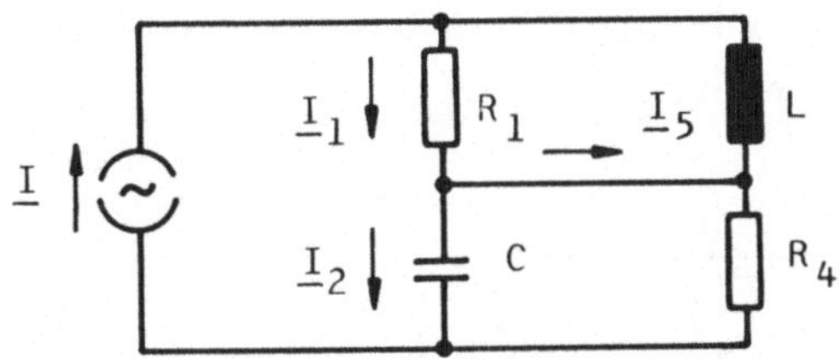

Der Strom $\underline{I}_5$ ist zu bestimmen.

Mit der Stromteilerregel in Widerstandsform folgt:

$$\underline{I}_1 = \underline{I}\,\frac{j\omega L}{R_1 + j\omega L}$$

Mit der Stromteilerregel in Leitwertform folgt:

$$\underline{I}_2 = \underline{I}\,\frac{j\omega C}{1/R_4 + j\omega C}$$

Hieraus ergibt sich mit der Kirchhoffschen Knotenregel:

$$\underline{I}_5 = \underline{I}_1 - \underline{I}_2$$

2.11 Überlagerungsverfahren

In einem linearen Netzwerk gilt für die Spannungen und Ströme
das Überlagerungsprinzip:

Jede Quelle Q_i (Spannungs- oder Stromquelle) verursacht eine
Einzelwirkung $W(Q_i)$, die berechnet werden kann, indem alle
anderen Quellen zu Null gemacht werden. Die Gesamtwirkung W
ergibt sich dann durch Überlagerung (Addition) der Einzel-
wirkungen:

$$W = W(Q_1) + W(Q_2) + W(Q_3) + \ldots \tag{2-61}$$

In dem Abschnitt 2.3 wurde beschrieben:

Eine Spannungsquelle wird zu Null gemacht, indem sie durch
einen Kurzschluß ersetzt wird, eine Stromquelle, indem sie
durch eine Unterbrechung ersetzt wird.

Beispiel:

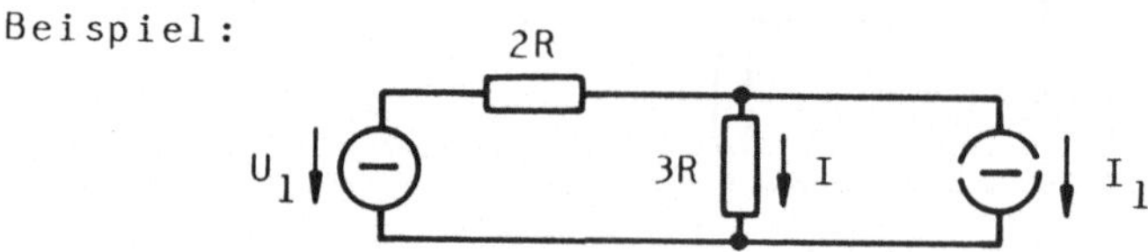

Gesucht ist der Strom I.

a) Nur die Ursache U_1 sei wirksam und $I_1=0$. Dann gilt die
   Ersatzschaltung:

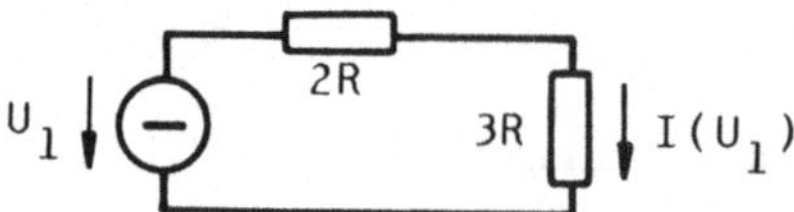

b) Nur die Ursache I_1 sei wirksam und $U_1=0$. Dann gilt die
   Ersatzschaltung:

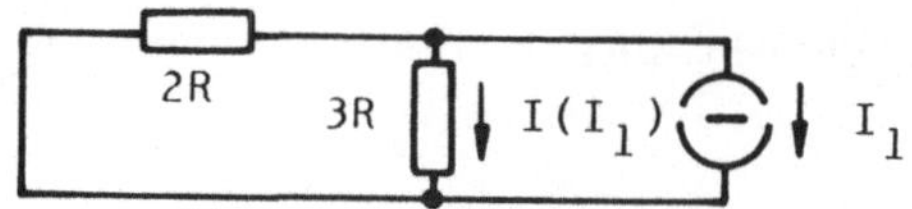

Werden die beiden Stromkomponenten addiert, so ergibt sich:

$$I = I(U_1) + I(I_1) = \frac{U_1}{5R} - I_1 \frac{2R}{2R + 3R} = 0.2 \frac{U_1}{R} - 0.4 I_1$$

2.12 Ersatzzweipolquelle

Ein aktiver Zweipol bestehe aus einer beliebigen Schaltung
mit Spannungsquellen, Stromquellen und Impedanzen. Es wird
gezeigt, daß jeder aktive Zweipol durch eine Ersatzquelle ersetzt werden kann, die aus nur zwei Elementen besteht.

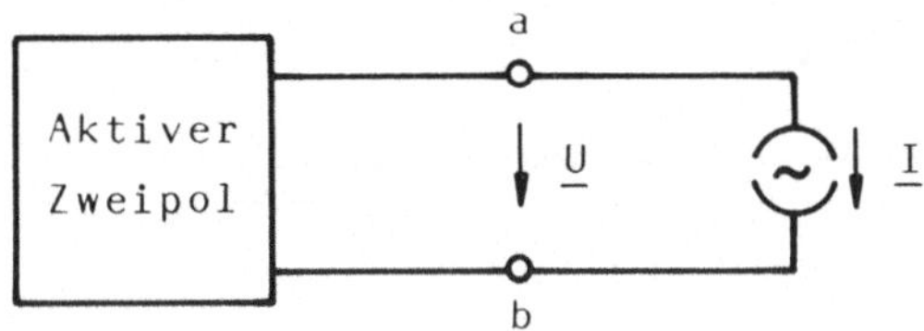

Bild 2.30: Belasteter aktiver Zweipol

Der Belastungsstrom wird simuliert durch eine Stromquelle $\underline{I}$.
Dann ergibt sich für die Klemmenspannung $\underline{U}$ mit dem Überlagerungssatz:

$$\underline{U} = \underline{U}(\text{alle Quellen des Zweipols}) + \underline{U}(\text{Stromquelle } \underline{I})$$

$$= \underline{U}_0 - \underline{I}\,\underline{Z}_0 \qquad\qquad (2\text{-}62)$$

Hierin bedeuten:

$\underline{U}_0$ die Leerlaufspannung an den Klemmen a und b für $\underline{I}=0$

$\underline{Z}_0$ die Impedanz an den Klemmen a und b, wenn alle Quellen
       des Zweipols gleich Null sind

Der Kurzschlußstrom $\underline{I}_0$ ergibt sich, wenn man in (2-62) $\underline{U}=0$
setzt:

$$\underline{I}_0 = \frac{\underline{U}_0}{\underline{Z}_0} \qquad\qquad (2\text{-}63)$$

Bild 2.31: Ersatzspannungsquelle und Ersatzstromquelle

Man erkennt, daß die Gleichungen (2-62) und (2-63) durch die
Ersatzquellen des Bildes 2.31 erfüllt werden.

Ersatzspannungsquelle und Ersatzstromquelle sind äquivalente
Schaltungen und lassen sich mit (2-63) ineinander umrechnen.
Sie haben die gleiche Strom-Spannungskennlinie.

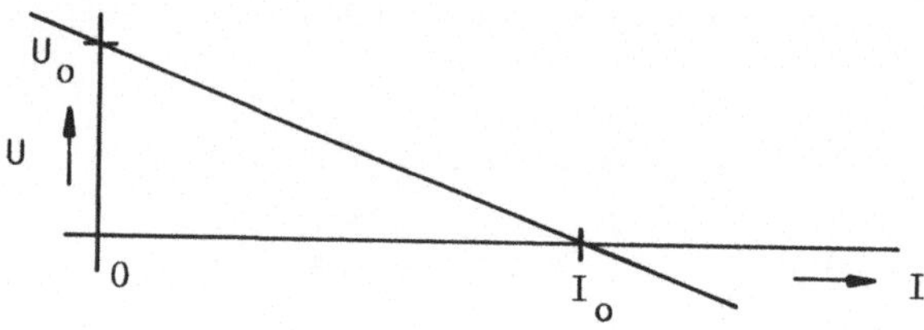

Bild 2.32: Kennlinie der Ersatzzweipolquelle für Gleichstrom

Jeder aktive Zweipol kann also in eine der beiden Ersatzquellen umgewandelt werden. Die Bestimmungsgrößen der Ersatzquel-
le sind $\underline{U}_o$, $\underline{I}_o$ und $\underline{Z}_o$. Nur zwei davon müssen aus der Schaltung berechnet werden oder gemessen werden. Die dritte kann
dann mit (2-63) bestimmt werden.

Warnung !
Die Ersatzzweipolquellen sind nur bezüglich ihrer äußeren
Strom-Spannungskennlinie äquivalent. Die inneren Ströme,
Spannungen oder Leistungen dürfen keinesfalls miteinander
verglichen werden !

Beispiel 1:

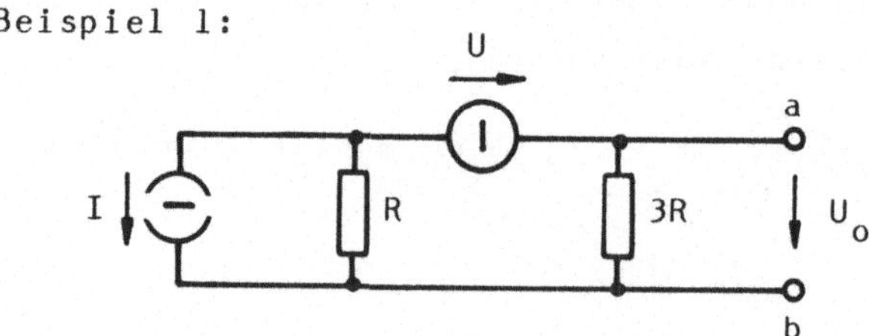

Die Schaltung ist bezüglich der Klemmen a,b in eine Ersatzspannungsquelle umzuwandeln.

Den Innenwiderstand R_o findet man, indem beide Quellen zu
Null gemacht werden:

$$R_o = R \parallel (3R) = 0.75R$$

Für die Bestimmung der Leerlaufspannung kann z.B. der Überlagerungssatz angewendet werden:

$$\underline{U}_0 = -0.75\,R\,I \;-\; U\,\frac{3R}{R + 3R} = -0.75(IR + U)$$

Mit den berechneten Größen ist die Ersatzspannungsquelle:

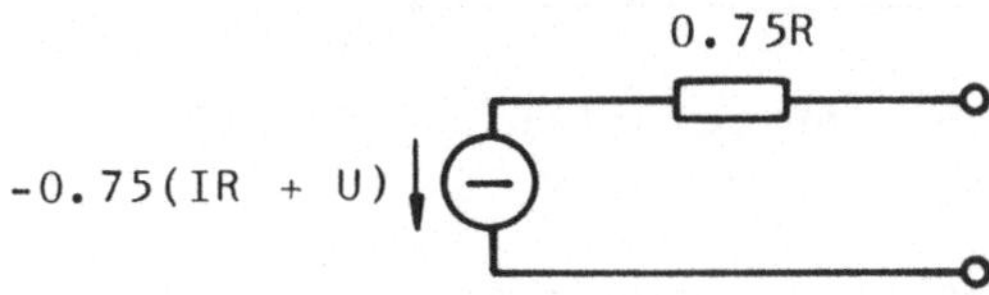

Beispiel 2:

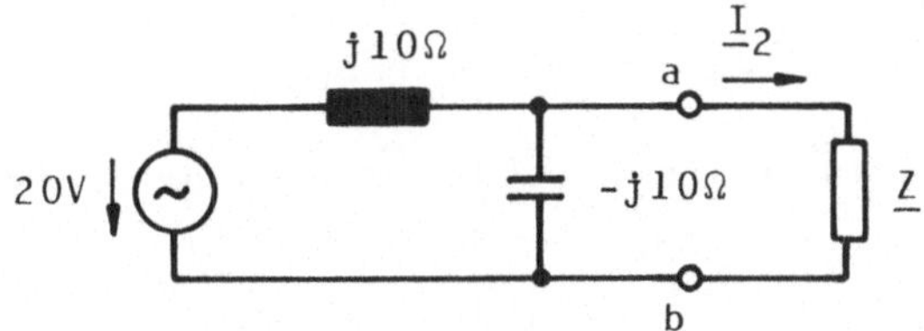

Die Schaltung ist bei unbelasteten Klemmen a,b in eine Ersatzstromquelle umzuwandeln. Mit der Ersatzschaltung ist der Strom $\underline{I}_2$ zu berechnen.

Über die kurzgeschlossenen Klemmen a,b fließt der Strom $\underline{I}_0$:

$$\underline{I}_0 = \frac{20V}{j10\Omega} = -j2A$$

Für die Bestimmung des Innenleitwertes $\underline{Y}_0$ wird die Spannungsquelle durch einen Kurzschluß ersetzt:

$$\underline{Y}_0 = \frac{1}{-j10\Omega} + \frac{1}{j10\Omega} = 0$$

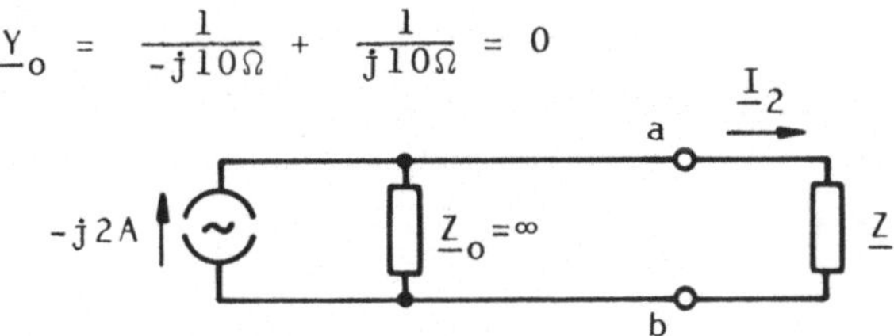

Aus der Ersatzschaltung ergibt sich ein Strom $\underline{I}_2 = -j2A$. Er ist unabhängig vom Belastungswiderstand $\underline{Z}$. Es handelt sich um eine Konstantstromschaltung (ideale Stromquelle).

Beispiel 3:

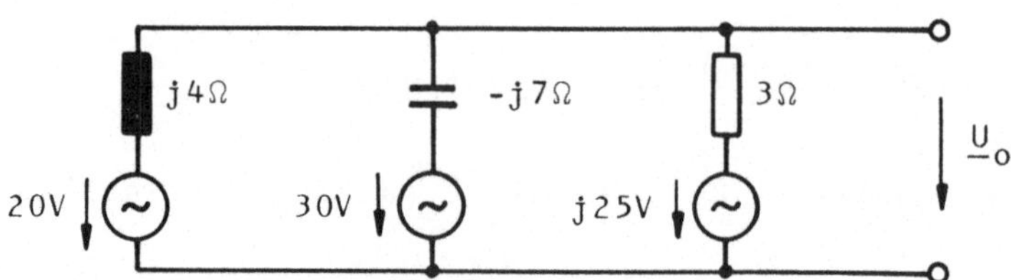

Drei Ersatzspannungsquellen sind parallel geschaltet. Man berechne die Leerlaufspannung $\underline{U}_o$.

Die Rechnung wird am einfachsten, wenn man zunächst $\underline{I}_o$ und $\underline{Z}_o$ berechnet. Mit dem Überlagerungssatz findet man:

$$\underline{I}_o = \frac{20V}{j4\Omega} + \frac{30V}{-j7\Omega} + \frac{j25V}{3\Omega} = j7.62A$$

Die parallel geschalteten Widerstände ergeben den Innenwiderstand:

$$\underline{Z}_o = \frac{1}{\frac{1}{j4\Omega} + \frac{1}{-j7\Omega} + \frac{1}{3\Omega}} = 2.72\Omega + j0.874\Omega$$

Hieraus folgt mit (2-63) das Ergebnis:

$$\underline{U}_o = -6.66V + j20.7V$$

Die parallelen Ersatzquellen können also durch eine einzige ersetzt werden, entweder durch die Ersatzspannungsquelle:

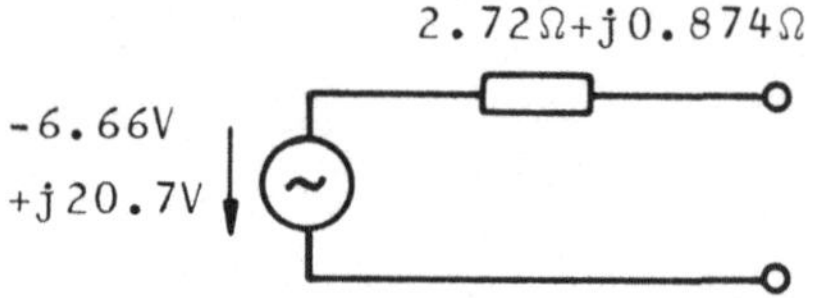

oder durch die Ersatzstromquelle:

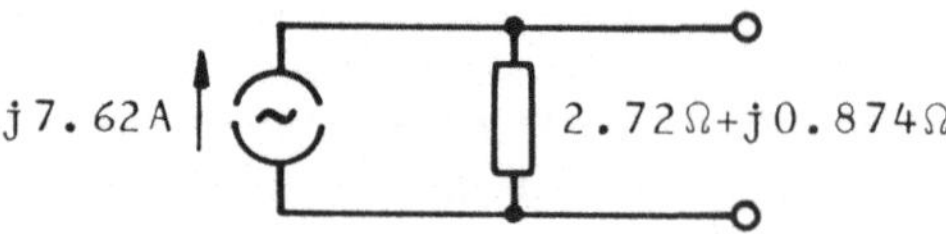

Beispiel 4:

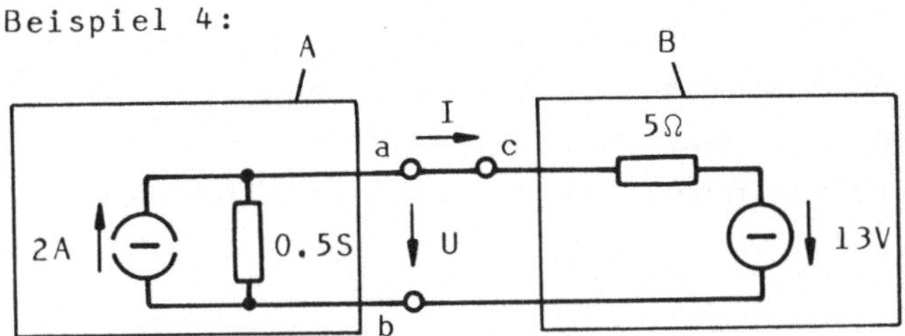

Die Spannung U und der Strom I sind zu berechnen.

Zur Berechnung von U werden die Ersatzquellen A und B parallel
geschaltet. Ersatzquellen werden parallel geschaltet, indem
ihre Kurzschlußströme und ihre Innenleitwerte addiert werden.
B muß also vorher in eine Ersatzstromquelle umgewandelt werden:

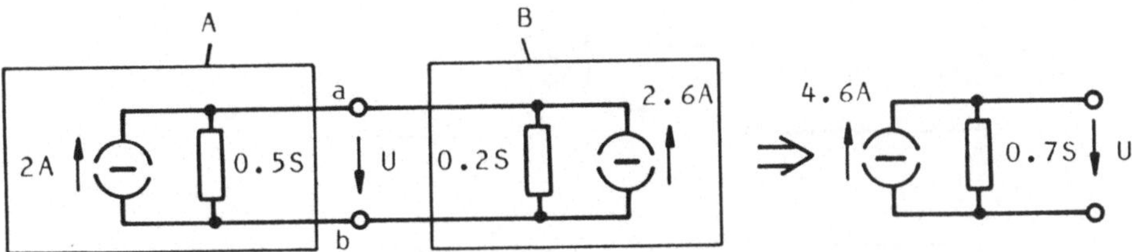

Die gesuchte Spannung U ist dann gleich der Leerlaufspannung
der parallel geschalteten Ersatzquellen:

$$U = 4.6A/0.7S = 6.57V$$

Zur Berechnung von I werden die Ersatzquellen A und B in Serie
geschaltet. Ersatzquellen werden in Serie geschaltet, indem
ihre Leerlaufspannungen und Innenwiderstände addiert werden.
A muß also vorher mit Gl.(2-63) in eine Ersatzspannungsquelle
umgewandelt werden:

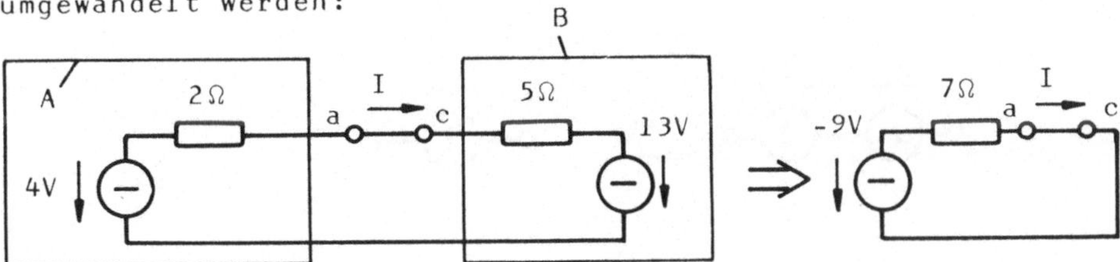

Der gesuchte Strom I ist dann gleich dem Kurzschlußstrom der
in Serie geschalteten Ersatzquellen:

$$I = -9V/7\Omega = -1.29A$$

Spezielle Ersatzquellen:

Die folgenden Zweipole sind äquivalente Ersatzquellen, weil
ihre Leerlaufspannungen, ihre Kurzschlußströme und ihre Innenwiderstände übereinstimmen. Sie werden häufig für Netzum-
formungen benötigt.

$$\underline{U}_o = \underline{U}$$
$$\underline{Z}_o = 0$$

$$\underline{I}_o = \underline{I}$$

$$\underline{U}_o = \underline{U}$$
$$\underline{Z}_o = 0$$

$$\underline{U}_o = \underline{U}$$
$$\underline{Z}_o = 0$$

$$\underline{I}_o = \underline{I}$$
$$\underline{Z}_o = \infty$$

$$\underline{I}_o = \underline{I}$$
$$\underline{Z}_o = \infty$$

Bild 2.33: Äquivalente Zweipole

2.13 Verlegung von Quellen

2.13.1 Verlegung von Spannungsquellen

Hat eine Spannungsquelle keinen Serienwiderstand, dann kann
sie nicht mit Gl.(2-63) in eine äquivalente Ersatzstromquelle
umgewandelt werden. Hier hilft eine Verlegung der Quelle. Eine Spannungsquelle wird verlegt, indem sie über einen Knoten
in <u>alle</u> benachbarten Zweige verschoben wird.

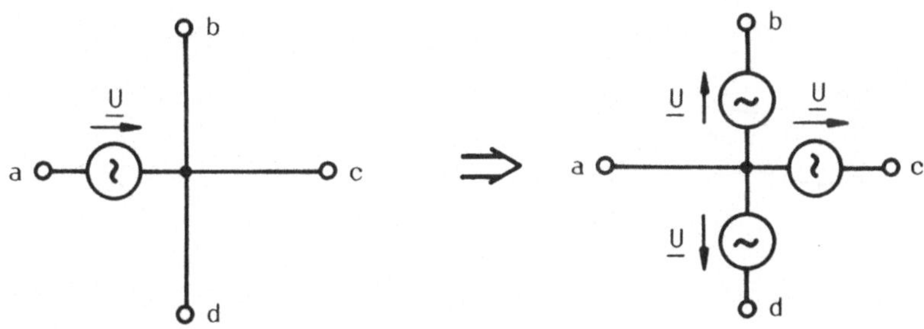

Bild 2.34: Verlegung einer Spannungsquelle

Die Kirchhoffsche Maschenregel ergibt, daß sich an den Spannungen zwischen den Klemmen a, b, c und d nach der Verlegung
nichts geändert hat.

Beispiel:

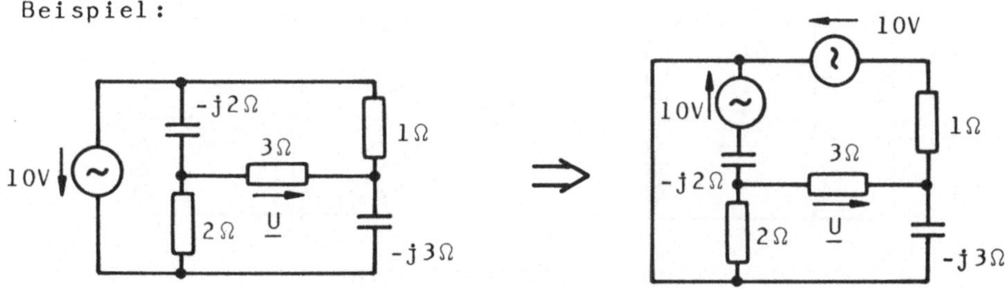

Gesucht ist die Spannung $\underline{U}$ im Brückenzweig. Nach der Verlegung der Spannungsquelle hat jede Spannungsquelle einen Serienwiderstand. Die Spannung $\underline{U}$ kann jetzt leicht, z.B. durch
Reduktion des Netzwerkes mit äquivalenten Ersatzquellen bestimmt werden:

$$\underline{U} = 5.29V\, e^{j131°}$$

2.13.2 Verlegung von Stromquellen

Hat eine ideale Stromquelle keinen Parallelwiderstand, dann
kann sie nicht mit Gl.(2-63) in eine äquivalente Ersatzspannungsquelle umgewandelt werden. Hier hilft eine Verlegung der
Stromquelle. Eine Stromquelle wird verlegt, indem sie verviel-
facht wird und dann mit beliebigen Knoten des Netzwerkes verbunden wird.

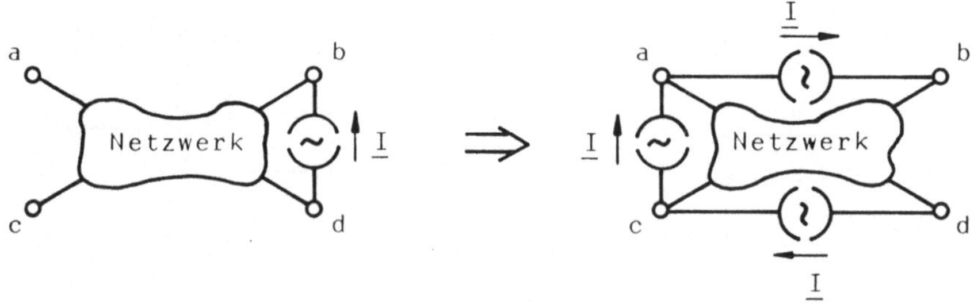

Bild 2.35: Verlegung einer Stromquelle

Die Kirchhoffsche Knotenregel ergibt, daß sich an den Strom-
verhältnissen der Knoten a,b,c und d nichts geändert hat.

Beispiel:

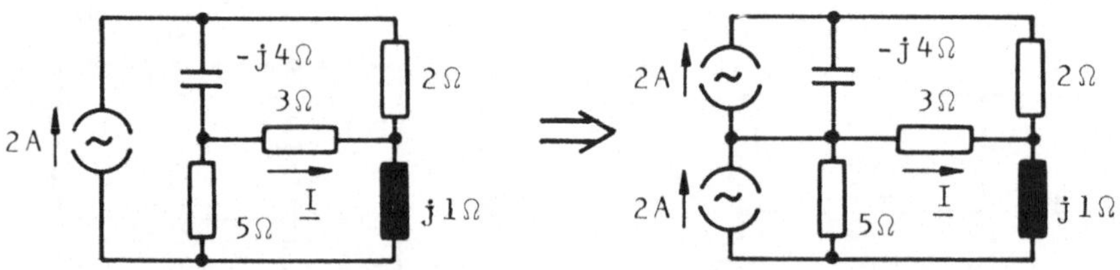

Gesucht ist der Strom $\underline{I}$ im Brückenzweig. Nach der Verlegung
der Stromquelle hat jede Stromquelle einen Parallelwiderstand. Der Strom $\underline{I}$ kann jetzt leicht, z.B. durch Reduktion
des Netzwerkes mit äquivalenten Ersatzquellen bestimmt werden:

$$\underline{I} = 0.272A\, e^{j37.7°}$$

Ist das Ziel der Verlegung von Stromquellen letztlich die Umwandlung in äquivalente Spannungsquellen, dann kann die Verlegung und Umwandlung auch in einem einzigen Schritt durchgeführt werden. Zunächst werden die Schritte einzeln betrachtet.

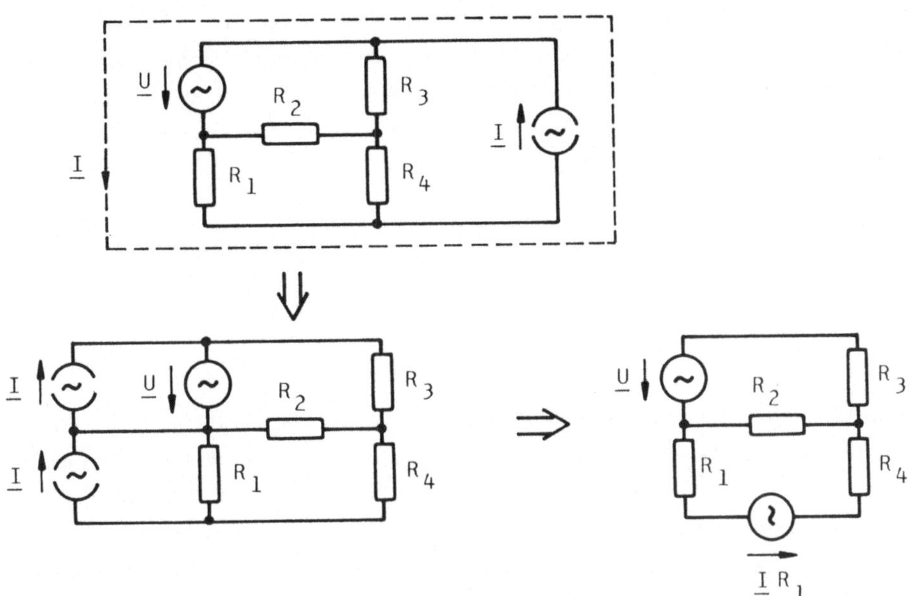

Bild 2.36: Zur Umwandlung Strom- in Spannungsquellen

Nach der Verlegung der Stromquelle in Bild 2.36 hat die untere Stromquelle einen Parallelwiderstand und kann mit Gl.
(2-63) in eine Spannungsquelle umgewandelt werden. Die obere
Stromquelle ist mit einer Spannungsquelle $\underline{U}$ parallel geschaltet und kann daher entsprechend Bild 2.33 weggelassen werden.

Die einzelnen Schritte können nun zu der folgenden Vorschrift
zusammengefaßt werden:

Man wähle eine beliebige geschlossene Strombahn für den Strom
der Stromquelle. Dann streiche man die Stromquelle und setze
überall dort, wo dieser Strom einen Spannungsabfall verursacht, eine Spannungsquelle mit der Größe und Richtung dieses
Spannungsabfalls.

2.14 Maschenstromverfahren

2.14.1 Voraussetzungen

Das Verfahren setzt voraus, daß sich nur Spannungsquellen im
Netzwerk befinden. Diese Voraussetzung läßt sich immer reali-
sieren, indem jeder Zweig in eine äquivalente Ersatzspannungsquelle umgewandelt wird. Besteht ein Zweig aus nur einer
Stromquelle, dann muß diese vor der Umwandlung verlegt werden (siehe Abschnitt 2.13.2).

2.14.2 Ansatz mit Maschenströmen

Das Verfahren wird an einem Netzwerk mit drei Maschenströmen
erläutert (Bild 2.37). Der Ansatz erfolgt mit Maschenströmen,
die in geschlossenen Strombahnen fließen, als Unbekannte. Die
Zweigströme ergeben sich dann durch Überlagerung der Maschenströme. Die Wahl der Maschenstrombahnen ist an sich beliebig.
Es müssen jedoch die folgenden Regeln beachtet werden:

a) Es gibt genau $M = Z - (K-1)$ Maschenströme, wenn Z die Anzahl der Zweige und K die Anzahl der Knoten in einem Netzwerk ist.

b) Beim schrittweisen Ansatz der Maschenströme muß jede Ma-
sche wenigstens einen neuen und bisher unbelegten Zweig
enthalten.

c) Jeder Zweig muß schließlich mindestens einen Maschenstrom
führen.

Es ist leicht einzusehen, daß die Summe aller einem Knoten
zufließenden Maschenströme gleich Null ist, so daß die Knotengleichungen überflüssig sind. In dem Netzwerk des Bildes
2.37 sei angenommen, daß die Umwandlung der Zweige in Ersatzspannungsquellen bereits durchgeführt ist. Jeder Zweig besteht also aus einer Reihenschaltung einer idealen Spannungsquelle mit einer Impedanz. Die Spannungsquelle darf in einem
Zweig natürlich auch fehlen.

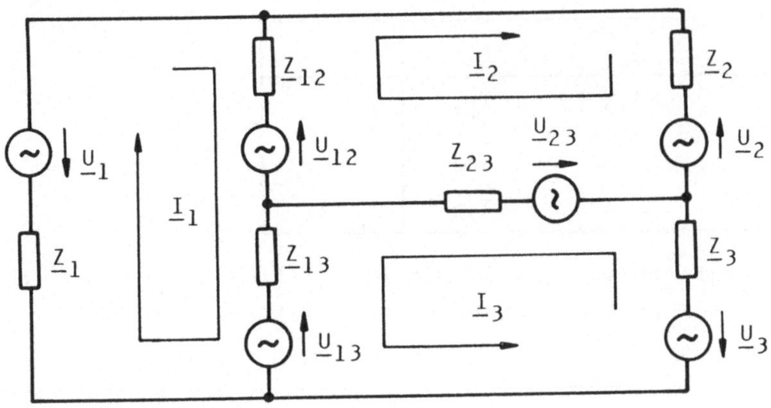

Bild 2.37: Ansatz mit Maschenströmen

Zur Berechnung der Maschenströme sind drei Maschengleichungen
erforderlich:

$$\underline{I}_1\underline{Z}_1 + (\underline{I}_1-\underline{I}_2)\underline{Z}_{12} + (\underline{I}_1+\underline{I}_3)\underline{Z}_{13} = \underline{U}_1+\underline{U}_{12}+\underline{U}_{13} \tag{2-64a}$$

$$\underline{I}_2\underline{Z}_2 + (\underline{I}_2-\underline{I}_1)\underline{Z}_{12} + (\underline{I}_2+\underline{I}_3)\underline{Z}_{23} = \underline{U}_2-\underline{U}_{12}+\underline{U}_{23} \tag{2-64b}$$

$$\underline{I}_3\underline{Z}_3 + (\underline{I}_3+\underline{I}_2)\underline{Z}_{23} + (\underline{I}_3+\underline{I}_1)\underline{Z}_{13} = \underline{U}_3+\underline{U}_{13}+\underline{U}_{23} \tag{2-64c}$$

2.14.3 Direkter Ansatz mit der Widerstandsmatrix

Mit dem folgenden Ansatz kann das Gleichungssystem der Maschenströme, nach Maschenströmen geordnet, direkt der Schaltung entnommen werden. Das Gleichungssystem (2-64) lautet
nach einer Umformung in der Matrixschreibweise:

$$\begin{bmatrix} \underline{Z}_1+\underline{Z}_{12}+\underline{Z}_{13} & -\underline{Z}_{12} & \underline{Z}_{13} \\ -\underline{Z}_{12} & \underline{Z}_2+\underline{Z}_{12}+\underline{Z}_{23} & \underline{Z}_{23} \\ \underline{Z}_{13} & & \underline{Z}_3+\underline{Z}_{13}+\underline{Z}_{23} \end{bmatrix} \cdot \begin{bmatrix} \underline{I}_1 \\ \underline{I}_2 \\ \underline{I}_3 \end{bmatrix} = \begin{bmatrix} \underline{U}_1+\underline{U}_{12}+\underline{U}_{13} \\ \underline{U}_2-\underline{U}_{12}+\underline{U}_{23} \\ \underline{U}_3+\underline{U}_{13}+\underline{U}_{23} \end{bmatrix} \tag{2-65}$$

Mit den allgemeinen Elementen A_{ij} kann das Gleichungssystem
in der folgenden für die Rechnung günstigen schematischen
Form geschrieben werden:

$\underline{I}_1$	$\underline{I}_2$	$\underline{I}_3$	$\Sigma\underline{U}$
$\underline{A}_{11}$	$\underline{A}_{12}$	$\underline{A}_{13}$	$\underline{A}_{14}$
$\underline{A}_{21}$	$\underline{A}_{22}$	$\underline{A}_{23}$	$\underline{A}_{24}$
$\underline{A}_{31}$	$\underline{A}_{32}$	$\underline{A}_{33}$	$\underline{A}_{34}$

$$(2-66)$$

Durch Vergleich von (2-65) mit (2-66) findet man die folgenden allgemeinen Eigenschaften der erweiterten Widerstandsmatrix (2-66):

$\underline{I}_1$, $\underline{I}_2$, $\underline{I}_3$	Maschenströme in den Maschen 1,2 und 3
$\underline{A}_{11}$, $\underline{A}_{22}$, $\underline{A}_{33}$	Hauptdiagonalelemente der Widerstands-matrix. Summe aller Widerstände in den Maschen 1,2 und 3.
$\underline{A}_{12} = \underline{A}_{21}$	Koppelwiderstand zwischen den Maschen 1 und 2. Ein Koppelwiderstand ist positiv einzusetzen, wenn er von den Maschen-strömen gleichsinnig, und negativ, wenn er gegensinnig durchflossen wird.
$\underline{A}_{14}$, $\underline{A}_{24}$, $\underline{A}_{34}$	Negative Summe aller Quellenspannungen in den Maschen 1,2 und 3, wenn die Maschen in Richtung der Maschenströme durchlaufen werden. Es wird also die Quellenspannung positiv gezählt, deren Zählpfeil dem Ma-schenstrom entgegen gerichtet ist.

Man erkennt, daß die Widerstandsmatrix bezüglich ihrer Hauptdiagonalen symmetrisch ist. Diese Tatsache kann zur Kontrolle
und zur Verkürzung der Rechnung mit dem Gauß-Algorithmus aus-
genutzt werden.

Alle Elemente des Schemas (2-66) können also direkt der
Schaltung entnommen werden. Dieses Schema, das ja ein Gleichungssystem repräsentiert, kann entweder mit dem Gauß-Algorithmus oder mit Determinanten nach den unbekannten Maschenströmen aufgelöst werden. Mit der Kenntnis der Maschenströme
ist dann auch die gesamte Strom- und Spannungsverteilung des
Netzwerkes bekannt.

Beispiel 1:

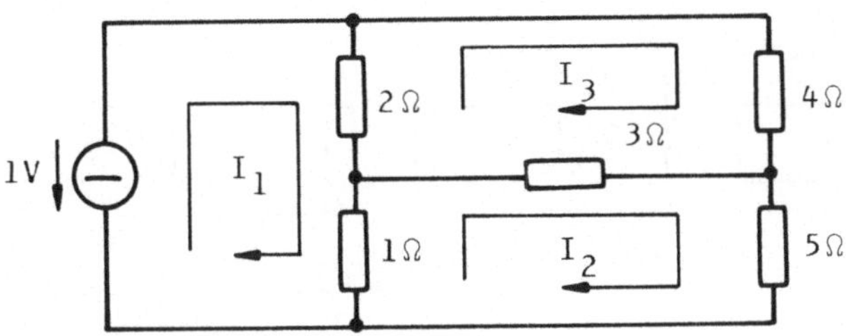

Gesucht ist der Eingangswiderstand R_{in} der Schaltung.

Wird die Schaltung von einer Spannungsquelle von 1V gespeist, dann ist der Eingangswiderstand $R_{in}= 1V/I_1$. Der Strom I_1 wird mit dem Maschenstromverfahren berechnet. Das Gleichungssystem wird in der Form des Schemas (2-66) angeschrieben. Die Elemente der Widerstandsmatrix können direkt der Schaltung entnommen werden. Für die numerische Auflösung mit einem Rechnerprogramm kann die untere Dreiecksmatrix weggelassen werden (wegen der Symmetrie der Widerstandsmatrix).

I_1	I_2	I_3	ΣU
3Ω	−1Ω	−2Ω	1V
	9Ω	−3Ω	0
		9Ω	0

Werden die Einheiten V und Ω aus der Matrix ausgeklammert und den Variablen I_1, I_2 und I_3 zugeordnet, dann sind alle Elemente der Matrix reine Zahlenwerte:

I_1/A	I_2/A	I_3/A	Σ/V
3	−1	−2	1
	9	−3	0
		9	0

Die Auflösung ergibt $I_1 = 0.453\,A$. Hieraus folgt der Eingangswiderstand:

$$R_{in} = 1V/0.453A = 2.21\,\Omega$$

Beispiel 2:

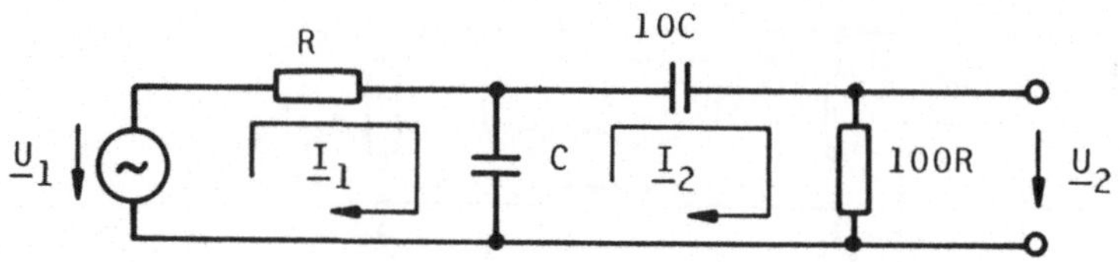

Gesucht ist das Spannungsverhältnis $\underline{U}_2/\underline{U}_1$.

Zunächst wird der Maschenstrom $\underline{I}_2$ berechnet. Das Gleichungssystem der Maschenströme wird in der schematischen Form
(2-66) angeschrieben. Zur Vermeidung von Doppelbrüchen in der
Lösung werden die Gleichungen sofort mit $j\omega C$ multipliziert.

$\underline{I}_1$	$\underline{I}_2$	$\Sigma\underline{U}$
$R + \dfrac{1}{j\omega C}$	$- \dfrac{1}{j\omega C}$	$\underline{U}_1$
$\dfrac{1}{j\omega C}$	$100R + \dfrac{1}{j\omega C} + \dfrac{1}{j10\omega C}$	0
$1 + j\omega RC$	-1	$j\omega C\underline{U}_1$
-1	$1.1 + j100\omega RC$	0

Die Auflösung erfolgt hier mit Determinanten:

$$\underline{I}_2 = \frac{j\omega C\underline{U}_1}{(1 + j\omega RC)(1.1 + j100\omega RC) - 1}$$

Außerdem gilt:

$$\underline{I}_2 = \frac{\underline{U}_2}{100R}$$

Hieraus folgt das gesuchte Spannungsverhältnis:

$$\frac{\underline{U}_2}{\underline{U}_1} = \frac{j1000\omega RC}{1 + 1011j\omega RC + 1000(j\omega RC)^2}$$

Beispiel 3:

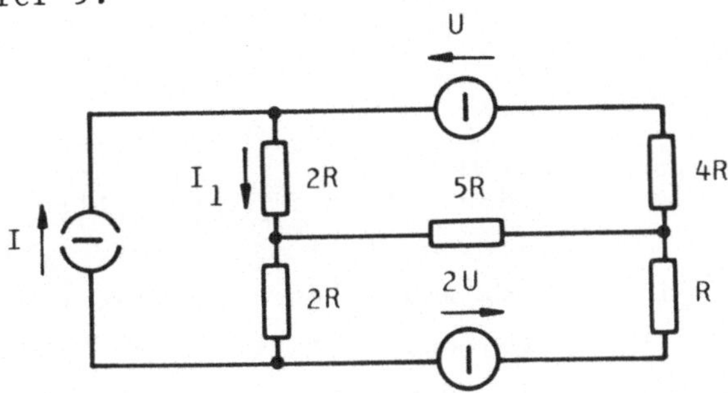

Der Strom I_1 ist zu berechnen.

Da für das Maschenstromverfahren nur Spannungsquellen zuge-
lassen sind, muß die Stromquelle in eine äquivalente Spannungsquelle umgewandelt werden. Dies geschieht mit dem im Abschnitt 2.13.2 geschilderten Verfahren. Der Quellenstrom I
erzeugt in der gewählten äußeren Umlaufbahn Spannungsabfälle
an den Widerständen 4R und R. Diese Spannungsabfälle werden
als äquivalente Quellenspannungen gesetzt.

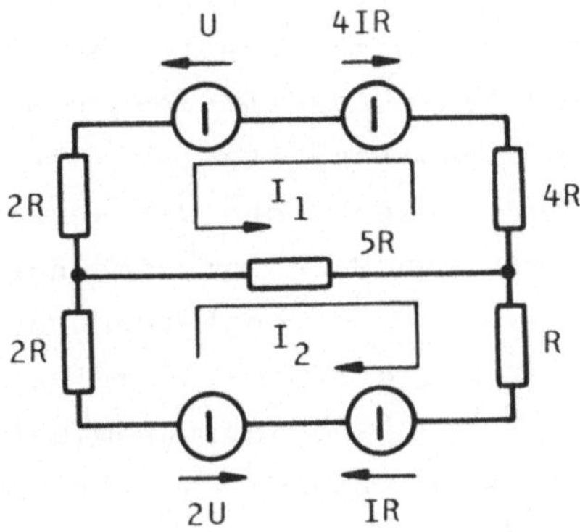

Die Maschenstromgleichungen lauten:

I_1	I_2	ΣU
11R	5R	4IR - U
5R	8R	-IR + 2U

Sie werden mit Determinanten aufgelöst:

$$I_1 = \frac{(4IR - U)8R - (-IR + 2U)5R}{11R \cdot 8R - 5R \cdot 5R} = 0.59I - 0.29\frac{U}{R}$$

2.15 Knotenpunktpotentialverfahren

2.15.1 Voraussetzungen

Das Verfahren setzt voraus, daß sich nur Stromquellen im Netzwerk befinden. Diese Voraussetzung läßt sich immer realisie-
ren, indem jeder Zweig in eine äquivalente Ersatzstromquelle
umgewandelt wird. Besteht ein Zweig nur aus einer Spannungsquelle, dann muß diese vor der Umwandlung verlegt werden
(siehe Abschnitt 2.13.1).

2.15.2 Ansatz mit Knotenpunktpotentialen

Das Verfahren wird an einem Netzwerk mit drei Knotenpunktpotentialen erläutert (Bild 2.38). Der Ansatz erfolgt mit den
Knotenpunktpotentialen als Unbekannte, d.h. den Spannungen
eines jeden Knotens zu einem gewählten Bezugsknoten. Die
Zweigspannungen sind dann die Differenzen der Knotenpunktpotentiale. Es sind K-1 Knotenpunktpotentiale erforderlich,
wenn K die Anzahl der Knoten eines Netzwerkes ist. Es ist
leicht einzusehen, daß die Maschengleichungen automatisch
erfüllt werden, so daß nur Knotengleichungen erforderlich
sind. In dem Netzwerk des Bildes 2.38 sei angenommen, daß
die Umwandlung der Zweige in Ersatzstromquellen bereits
durchgeführt ist. Jeder Zweig besteht also aus einer Paral-

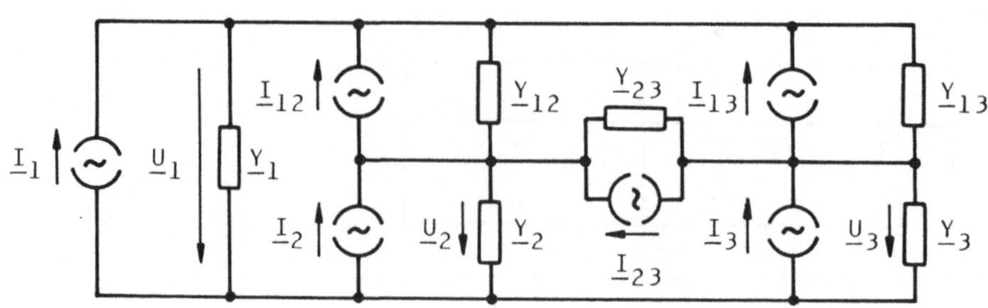

Bild 2.38: Ansatz mit Knotenpunktpotentialen

lelschaltung einer idealen Stromquelle mit einem Leitwert. Die Zweige dürfen natürlich auch unvollständig sein. Zur Berechnung der Knotenpunktpotentiale $\underline{U}_1$, $\underline{U}_2$ und $\underline{U}_3$ sind drei Knotengleichungen erforderlich:

$$\underline{U}_1\underline{Y}_1 + (\underline{U}_1-\underline{U}_2)\underline{Y}_{12} + (\underline{U}_1-\underline{U}_3)\underline{Y}_{13} = \underline{I}_1+\underline{I}_{12}+\underline{I}_{13} \qquad (2-67a)$$

$$\underline{U}_2\underline{Y}_2 + (\underline{U}_2-\underline{U}_1)\underline{Y}_{12} + (\underline{U}_1-\underline{U}_3)\underline{Y}_{23} = \underline{I}_2-\underline{I}_{12}+\underline{I}_{23} \qquad (2-67b)$$

$$\underline{U}_3\underline{Y}_3 + (\underline{U}_3-\underline{U}_2)\underline{Y}_{23} + (\underline{U}_3-\underline{U}_1)\underline{Y}_{13} = \underline{I}_3-\underline{I}_{13}-\underline{I}_{23} \qquad (2-67c)$$

2.15.3 Direkter Ansatz mit der Leitwertmatrix

Mit dem folgenden Ansatz kann das bereits geordnete Gleichungssystem der Knotenpunktpotentiale direkt der Schaltung entnommen werden. Das Gleichungssystem (2-67) lautet nach einer Umformung in der Matrixschreibweise:

$$\begin{bmatrix} \underline{Y}_1+\underline{Y}_{12}+\underline{Y}_{13} & -\underline{Y}_{12} & -\underline{Y}_{13} \\ -\underline{Y}_{12} & \underline{Y}_2+\underline{Y}_{12}+\underline{Y}_{23} & -\underline{Y}_{23} \\ -\underline{Y}_{13} & -\underline{Y}_{23} & \underline{Y}_3+\underline{Y}_{13}+\underline{Y}_{23} \end{bmatrix} \cdot \begin{bmatrix} \underline{U}_1 \\ \underline{U}_2 \\ \underline{U}_3 \end{bmatrix} = \begin{bmatrix} \underline{I}_1+\underline{I}_{12}+\underline{I}_{13} \\ \underline{I}_2-\underline{I}_{12}+\underline{I}_{23} \\ \underline{I}_3-\underline{I}_{13}-\underline{I}_{23} \end{bmatrix} \qquad (2-68)$$

Mit den allgemeinen Elementen $\underline{A}_{ij}$ kann das Gleichungssystem in der folgenden schematischen Form geschrieben werden:

$\underline{U}_1$	$\underline{U}_2$	$\underline{U}_3$	$\Sigma\underline{I}$
$\underline{A}_{11}$	$\underline{A}_{12}$	$\underline{A}_{13}$	$\underline{A}_{14}$
$\underline{A}_{21}$	$\underline{A}_{22}$	$\underline{A}_{23}$	$\underline{A}_{24}$
$\underline{A}_{31}$	$\underline{A}_{32}$	$\underline{A}_{33}$	$\underline{A}_{34}$

$$(2-69)$$

Durch Vergleich von (2-68) mit (2-69) findet man die folgenden allgemeinen Eigenschaften der erweiterten Leitwertmatrix (2-69):

$\underline{U}_1$, $\underline{U}_2$, $\underline{U}_3$	Knotenpunktpotentiale der Knoten 1,2 und 3 zu einem gewählten Bezugsknoten.
$\underline{A}_{11}$, $\underline{A}_{22}$, $\underline{A}_{33}$	Hauptdiagonalelemente der Leitwertmatrix. Summe der Leitwerte aller mit einem Knoten verknüpften Zweige.
$\underline{A}_{12} = \underline{A}_{21}$ usw.	Koppelleitwert zwischen den Knoten 1 und 2. Die Koppelleitwerte sind immer negativ in die Matrix einzusetzen.
$\underline{A}_{14}$, $\underline{A}_{24}$, $\underline{A}_{34}$	Summe aller in einen Knoten 1,2 und 3 hineinfließenden Quellenströme.

Man erkennt, daß auch die Leitwertmatrix bezüglich ihrer Hauptdiagonalen symmetrisch ist. Diese Tatsache bringt Vorteile bei der Rechnung mit dem Gauß-Algorithmus.

Die Elemente des Schemas (2-69) können mit den Vorschriften der Tabelle direkt der Schaltung entnommen werden. Die Auflösung erfolgt entweder mit dem Gauß-Algorithmus oder mit Determinanten. Mit der Kenntnis aller Knotenpunktpotentiale ist dann auch die gesamte Spannungs- und Stromverteilung des Netzwerkes bekannt.

Vergleicht man das Knotenpunktpotentialverfahren mit dem Maschenstromverfahren, so wird man feststellen, daß jede Analyseaufgabe grundsätzlich mit beiden Verfahren gelöst werden kann. Sie sind beide allgemeine Verfahren und prinzipiell gleichwertig. Welchem Verfahren man in einem speziellen Fall den Vorzug gibt, hängt von verschiedenen Gesichtspunkten ab. Für das Knotenpunktpotentialverfahren spricht:

1. wenn es weniger Gleichungen als das Maschenstromverfahren benötigt,

2. wenn in der Schaltung überwiegend Stromquellen vorhanden sind,

3. wenn in erster Linie die Spannungsverteilung des Netzwerkes von Interesse ist.

Das Umgekehrte gilt für das Maschenstromverfahren.

Beispiel 1:

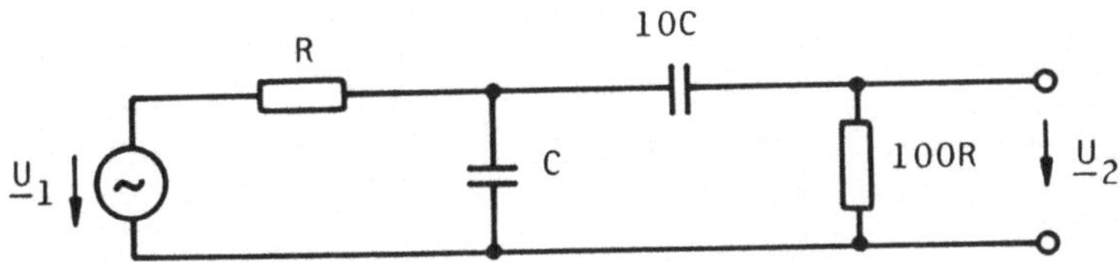

Gesucht ist das Spannungsverhältnis $\underline{U}_2/\underline{U}_1$.

Da für das Knotenpunktpotentialverfahren nur Stromquellen zu-
gelassen sind, muß die Spannungsquelle zunächst in eine äquivalente Stromquelle umgewandelt werden:

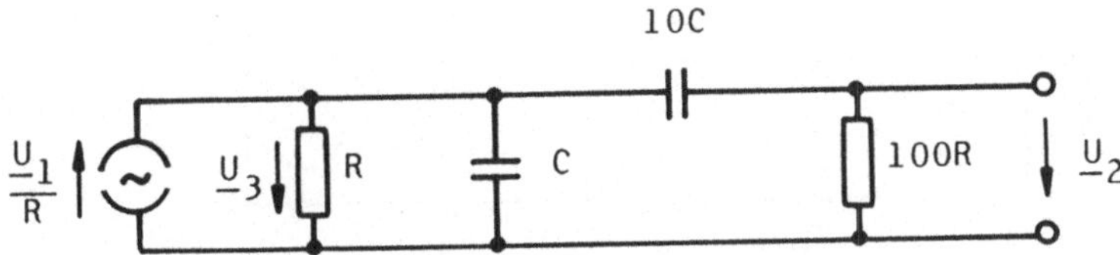

Das Gleichungssystem der Knotenpunktpotentiale $\underline{U}_2$ und $\underline{U}_3$
wird in der schematischen Form (2-69) angeschrieben. Die Ele-
mente der Leitwertmatrix werden direkt der Schaltung entnommen:

$\underline{U}_2$	$\underline{U}_3$	$\Sigma\underline{I}$
$\dfrac{1}{100R} + j\omega 10C$	$-j\omega 10C$	0
$-j\omega 10C$	$\dfrac{1}{R} + j\omega C + j\omega 10C$	$\underline{U}_1/R$
$1 + 1000j\omega RC$	$-1000j\omega RC$	0
$-10j\omega RC$	$1 + 11j\omega RC$	$\underline{U}_1$

Das Gleichungssystem wird am besten mit Determinanten aufgelöst:

$$\frac{\underline{U}_2}{\underline{U}_1} = \frac{1000j\omega RC}{1 + 1011j\omega RC + 1000(j\omega RC)^2}$$

Man vergleiche mit Beispiel 2 (Maschenstromverfahren).

Beispiel 2:

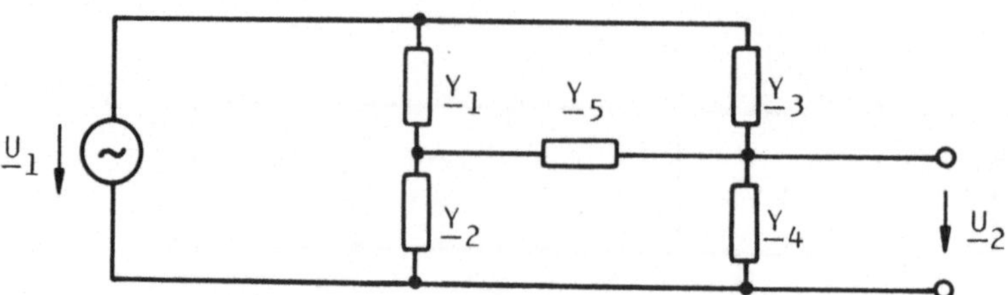

Gesucht ist das Spannungsverhältnis $\underline{U}_2/\underline{U}_1$.

Die Spannungsquelle muß vor der Umwandlung in Stromquellen
verlegt werden (siehe Abschnitt 2.13.1).

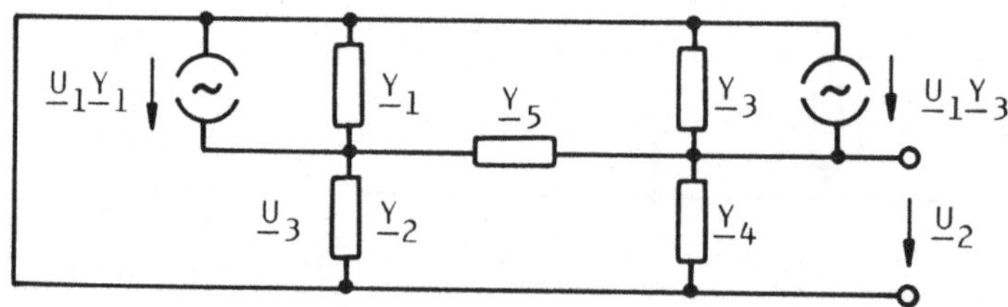

Man beachte, daß durch die Verlegung der Spannungsquelle ein
Knoten abgebaut wurde. Damit ergibt sich eine Leitwertmatrix
mit nur zwei Knotenspannungen $\underline{U}_2$ und $\underline{U}_3$.

$\underline{U}_2$	$\underline{U}_3$	$\Sigma\underline{I}$
$\underline{Y}_3 + \underline{Y}_4 + \underline{Y}_5$	$-\underline{Y}_5$	$\underline{U}_1\underline{Y}_3$
$-\underline{Y}_5$	$\underline{Y}_1 + \underline{Y}_2 + \underline{Y}_5$	$\underline{U}_1\underline{Y}_1$

Das Gleichungssystem wird mit Determinanten nach $\underline{U}_2$ aufgelöst:

$$\frac{\underline{U}_2}{\underline{U}_1} = \frac{\underline{Y}_3(\underline{Y}_1+\underline{Y}_2+\underline{Y}_5) + \underline{Y}_1\underline{Y}_5}{(\underline{Y}_1+\underline{Y}_2+\underline{Y}_5)(\underline{Y}_3+\underline{Y}_4+\underline{Y}_5) - \underline{Y}_5^{\,2}}$$

2.16 Wechselstromleistung

2.16.1 Augenblicksleistung

Die Augenblicksleistung eines Wechselstromzweipols ist:

$$p(t) = u(t) \cdot i(t) \tag{2-70}$$

Bild 2.39: Zweipol im Verbraucherzählpfeilsystem

Spannung und Strom seien phasenverschoben:

$$u(t) = \sqrt{2}\, U \cos(\omega t + \phi_u) \tag{2-71}$$

$$i(t) = \sqrt{2}\, I \cos(\omega t + \phi_i) \tag{2-72}$$

Dann ist die Augenblicksleistung:

$$p(t) = 2\, U\, I \cos(\omega t + \phi_u) \cos(\omega t + \phi_i)$$

$$= U\, I \cos(\phi_u - \phi_i) + U\, I \cos(2\omega t + \phi_u + \phi_i) \tag{2-73}$$

Der erste Term in (2-73) ist der Mittelwert der Wechselstrom-
leistung: die Wirkleistung. Der zweite Term ist eine pulsie-
rende Leistung doppelter Frequenz mit dem Mittelwert Null.

Es wird die Phasenverschiebung der Spannung gegenüber dem
Strom definiert durch:

$$\phi = \phi_u - \phi_i \tag{2-74}$$

Dann ist die Wirkleistung des Zweipols:

$$P = U\, I \cos\phi \tag{2-75}$$

Eine positive Leistung im Verbraucherzählpfeilsystem ist eine
Verbraucherleistung und umgekehrt.

2.16.2 Komplexe Leistung

Für die komplexe Leistung $\underline{S}$ wird der Ansatz gemacht:

$$\underline{S} = \underline{U}\,\underline{I}^* = U\,e^{j\phi_u}\,I\,e^{-j\phi_i} \tag{2-76}$$

$$= U\,I\,e^{j\phi} = U\,I\,\cos\phi + j\,U\,I\,\sin\phi \tag{2-77}$$

Der Realteil in (2-77) ist gleich der Wirkleistung in (2-75).
Somit hat sich also der Ansatz (2-76) als sinnvoll erwiesen.

Es wird nun definiert:

$$\underline{S} = P + jQ = S\,e^{j\phi} \tag{2-78}$$

Hierin ist:

$$P = \mathrm{Re}(\underline{U}\,\underline{I}^*) \qquad\qquad \text{die Wirkleistung} \tag{2-79}$$

$$Q = \mathrm{Im}(\underline{U}\,\underline{I}^*) \qquad\qquad \text{die Blindleistung} \tag{2-80}$$

$$S = U\,I = \sqrt{P^2 + Q^2} \qquad \text{die Scheinleistung} \tag{2-81}$$

Für die praktische Berechnung der Wirkleistung werden die Formeln (2-75) und (2-79) benutzt.

Beispiel:

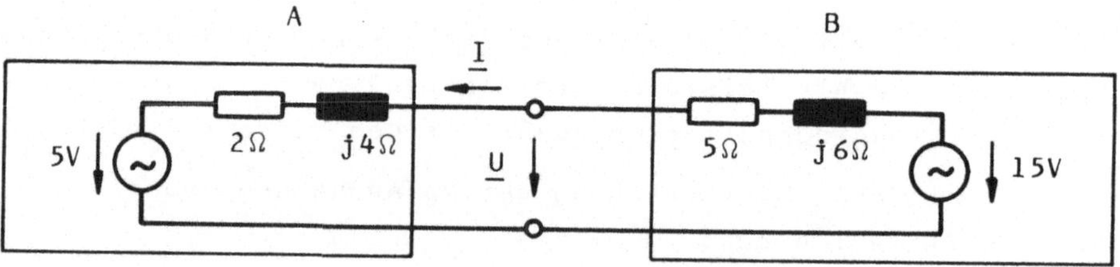

Gesucht ist die Wirkleistung des Zweipols A.

$$\underline{I} = \frac{15V - 5V}{7\Omega + j10\Omega} = 0.47A - j0.67A$$

$$\underline{U} = 5V + \underline{I}(2\Omega + j4\Omega) = 8.62V + j0.54V$$

Die Wirkleistung von A im Verbraucherzählpfeilsystem ist:

$$P_A = \mathrm{Re}(\underline{U}\,\underline{I}^*) = \mathrm{Re}((8.62V+j0.54V)(0.47A+j0.67A)) = 3.7\,W$$

2.17 Leistungsanpassung

Ein aktiver Zweipol soll mit einer solchen Impedanz $\underline{Z}$ belastet
werden, daß ihm maximale Wirkleistung entnommen wird. Der aktive Zweipol wird zunächst durch eine Ersatzzweipolquelle ersetzt.

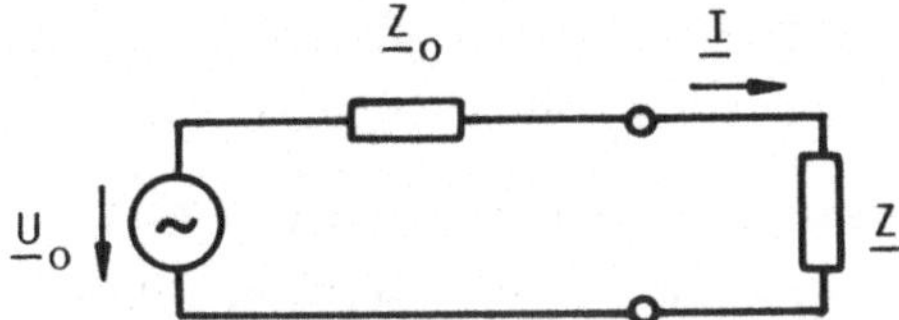

Bild 2.40: Ersatzzweipolquelle mit Anpassungswiderstand

Dann folgt für die Leistung im Belastungswiderstand $\underline{Z}$:

$$\underline{I} = \frac{\underline{U}_0}{\underline{Z}_0 + \underline{Z}} = \frac{\underline{U}_0}{R_0 + R + j(X_0 + X)}$$

$$P = |\underline{I}|^2 R = \frac{U_0^2 R}{(R_0 + R)^2 + (X_0 + X)^2} \qquad (2\text{-}82)$$

Der Realteil R und der Imaginärteil X des Belastungswider-
standes $\underline{Z}$ können unabhängig voneinander variiert werden. Das
Maximum von P wird durch partielle Differentiation ermittelt:

$$\frac{\partial P}{\partial X} = 0 \qquad \text{liefert} \qquad X = -X_0 \qquad (2\text{-}83)$$

$$\frac{\partial P}{\partial R} = 0 \qquad \text{liefert} \qquad R = R_0 \qquad (2\text{-}84)$$

Beide Bedingungen für maximale Leistungsabgabe können zu einer einzigen zusammengefaßt werden:

$$\underline{Z} = \underline{Z}_0^* \qquad (2\text{-}85)$$

Durch Einsetzen von (2-85) in (2-82) folgt die maximale
(verfügbare) Leistung der Ersatzquelle:

$$P_{max} = U_0^2 / (4R_0) \qquad (2\text{-}85)$$

Beispiel:

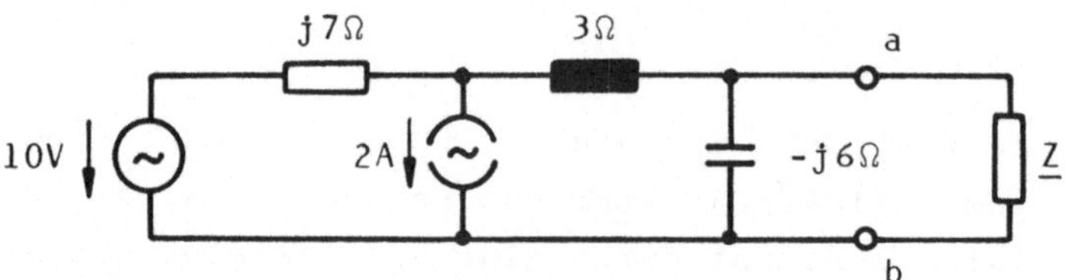

Der Anpassungswiderstand $\underline{Z}$ soll so dimensioniert werden, daß
dem aktiven Zweipol maximale Wirkleistung entnommen wird.
Wie groß ist die verfügbare Leistung des Zweipols ?

Zunächst wird der Kurzschlußstrom einer äquivalenten Ersatzquelle bezüglich der Klemmen a,b mit dem Überlagerungssatz
bestimmt:

$$\underline{I}_o = \frac{10V}{3\Omega + j7\Omega} - 2A\,\frac{j7\Omega}{3\Omega + j7\Omega} = -1.17A - j1.93A$$

Der Innenleitwert der Ersatzquelle ergibt sich, wenn die
Quellen zu Null gemacht werden:

$$\underline{Y}_o = \frac{1}{3\Omega + j7\Omega} + \frac{1}{-j6\Omega} = 0.0517S + j0.0460S$$

Der Innenwiderstand ist:

$$\underline{Z}_o = 1/\underline{Y}_o = 10.8\Omega - j9.60\Omega$$

Hieraus folgt die Leerlaufspannung der Ersatzquelle:

$$\underline{U}_o = \underline{I}_o\,\underline{Z}_o = -31.2V - j9.60V = 32.6V\,e^{-j163^o}$$

Der Anpassungswiderstand bzw. -leitwert ist:

$$\underline{Z} = \underline{Z}_o^{\,*} = 10.8\Omega + j9.60\Omega$$

$$\underline{Y} = \underline{Y}_o^{\,*} = 0.0517S - j0.0460S$$

Er kann also durch einen Ohmschen Widerstand und eine Induktivität in Reihen- oder Parallelschaltung realisiert werden.

Die verfügbare Leistung des Zweipols beträgt:

$$P_{max} = \frac{U_o^2}{4R_o} = \frac{(32.6V)^2}{4\cdot 10.8\Omega} = 24.7\,W$$

2.18 Ersatzschaltungen der Gegeninduktivität

2.18.1 Kopplungsersatzbild

Die Gegeninduktivität kann auf Ersatzschaltungen mit Induktivitäten zurückgeführt werden. Damit lassen sich die behandelten Analyseverfahren auch auf Schaltungen mit Gegeninduktivi-
täten anwenden.

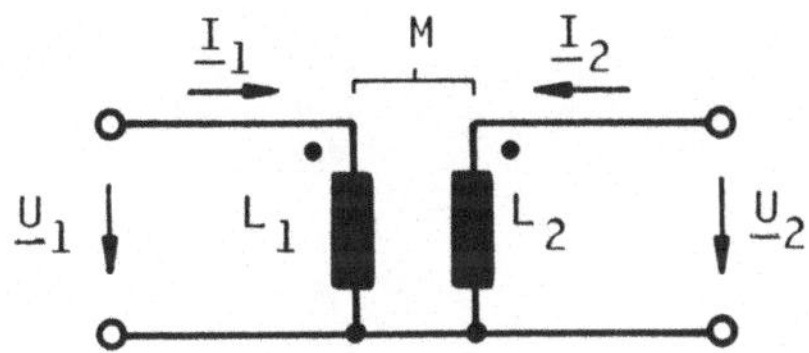

Bild 2.41: Gekoppelte Spulen ohne Verluste

Nach dem Überlagerungssatz und mit den Strom-Spannungsbezie-
hungen an der Gegeninduktivität (2-40) und (2-41) gelten für
den Übertrager (Bild 2.41) die Vierpolgleichungen:

$$\underline{U}_1 = j\omega L_1 \underline{I}_1 + j\omega M \underline{I}_2 \qquad (2\text{-}86)$$

$$\underline{U}_2 = j\omega M \underline{I}_1 + j\omega L_2 \underline{I}_2 \qquad (2\text{-}87)$$

Diese Gleichungen werden mit der Maschenregel durch das folgende Kopplungsersatzbild erfüllt.

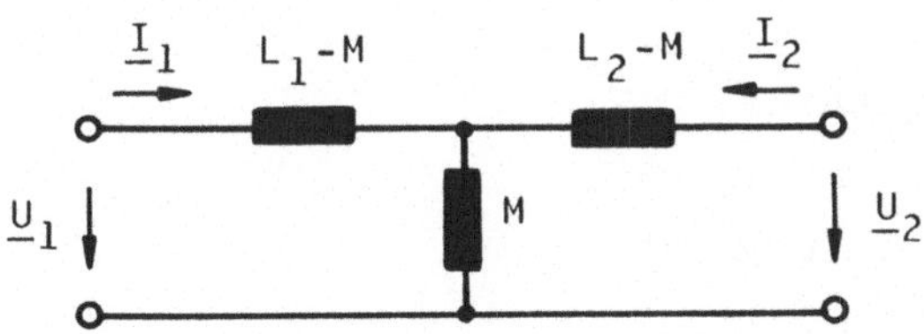

Bild 2.42: Kopplungsersatzbild des Übertragers Bild 2.41

Die Ersatzinduktivitäten L_1-M und L_2-M können formal negativ
werden. Dies entspricht dann einem kapazitiven Blindwiderstand.

Es wird der Kopplungsgrad k definiert:

$$k = \frac{M}{\sqrt{L_1 L_2}} \leq 1 \tag{2-88}$$

Die Spannungsübersetzung für sekundären Leerlauf ergibt sich z.B. mit der Spannungsteilerregel aus dem Kopplungsersatzbild:

$$\frac{U_2}{U_1} \; (I_2 = 0) = \frac{M}{L_1} = k \sqrt{L_2/L_1} \tag{2-89}$$

Die Spannungsübersetzung für primären Leerlauf ist entsprechend:

$$\frac{U_1}{U_2} \; (I_1 = 0) = \frac{M}{L_2} = k \sqrt{L_1/L_2} \tag{2-90}$$

Für vollständige Kopplung k=1 ist die Spannungsübersetzung ü in beiden Richtungen reziprok:

$$\frac{U_1}{U_2} = ü = \sqrt{L_1/L_2} \tag{2-91}$$

Für die Stromübersetzung gilt entsprechend für sekundären Kurzschluß:

$$\frac{I_2}{I_1} \; (U_2 = 0) = - \frac{M}{L_2} = -k \sqrt{L_1/L_2} \tag{2-92}$$

und für primären Kurzschluß:

$$\frac{I_1}{I_2} \; (U_1 = 0) = - \frac{M}{L_1} = -k \sqrt{L_2/L_1} \tag{2-93}$$

Für vollständige Kopplung k=1 ist auch die Stromübersetzung 1/ü in beiden Richtungen reziprok:

$$\frac{I_1}{I_2} = \frac{1}{ü} = \sqrt{L_2/L_1} \tag{2-94}$$

Beispiel 1:

Gegeben ist ein verlustloser Übertrager mit vollständiger
Kopplung k=1. Seine Daten sind: $\omega M=100\Omega$, $\omega L_1=10\Omega$, $\omega L_2=1000\Omega$.

Gesucht sind:

1) das Spannungsverhältnis $\underline{U}_2/\underline{U}_1$ für Leerlauf und Belastung
   mit $R=100\Omega$,

2) das Stromverhältnis $\underline{I}_2/\underline{I}_1$ für Kurzschluß und Belastung
   mit $R=100\Omega$.

Lösung:

Zunächst wird das Kopplungsersatzbild entsprechend Bild 2.42
ermittelt:

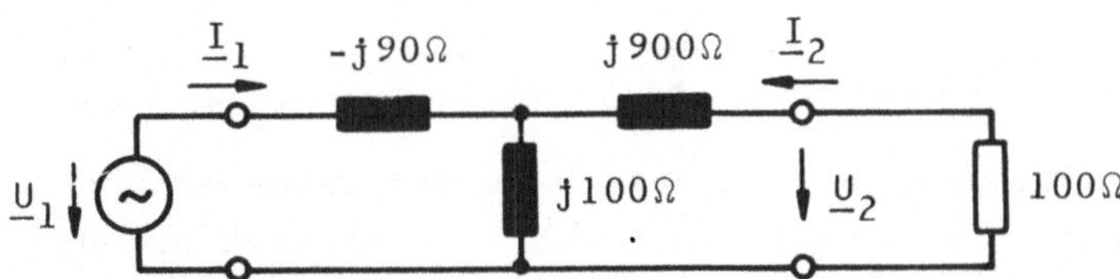

Für sekundären Leerlauf ist das Spannungsverhältnis mit
Gl.(2-91):

$$\underline{U}_2/\underline{U}_1 = \sqrt{L_2/L_1} = \sqrt{\omega L_2/(\omega L_1)} = 10$$

Für Belastung mit $R=100\Omega$ wird das Spannungsverhältnis mit nor-
malen Analyseverfahren, z.B. mit dem Maschenstromverfahren
ermittelt. Es ergibt sich auch hier:

$$\underline{U}_2/\underline{U}_1 = 10$$

Für sekundären Kurzschluß ist das Stromverhältnis mit (2-94):

$$\underline{I}_2/\underline{I}_1 = -\sqrt{L_1/L_2} = -1/10$$

Das Stromverhältnis bei Belastung mit $R=100\Omega$ ergibt sich z.B.
mit dem Maschenstromverfahren zu:

$$\underline{I}_2/\underline{I}_1 = -1/10.05$$

Der Übertrager mit vollständiger Kopplung k=1 hat also annähernd die Eigenschaften des idealen Übertragers (s.2.18.2).

Beispiel 2:

Gegeben ist ein verlustbehafteter Übertrager mit den Daten:
L_1=5H, L_2=20H, R_1=10 , R_2=20 , k=0.8 und ω=10 1/s. Er wird
mit einem Widerstand von 100Ω belastet.

Gesucht sind das Spannungsverhältnis $\underline{U}_2/\underline{U}_1$ und das Stromverhältnis $\underline{I}_2/\underline{I}_1$.

Lösung:

Zunächst wird das Kopplungsersatzbild ermittelt:

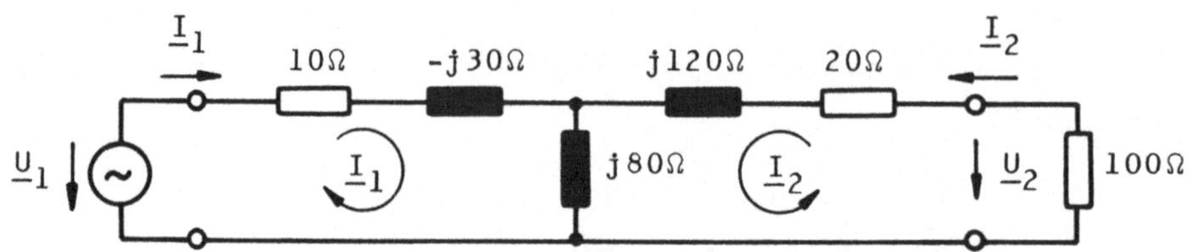

R_1 und R_2 sind die Wicklungswiderstände der primären und sekundären Spulen. Die Gegeninduktivität ergibt sich aus der
Gl.(2-88):

$$M = k\sqrt{L_1 L_2} = 8H$$

Zur Bestimmung der Ströme $\underline{I}_1$ und $\underline{I}_2$ wird das Maschenstromverfahren angewandt:

$\underline{I}_1$	$\underline{I}_2$	$\Sigma\underline{U}$
10Ω + j50Ω	j80Ω	$\underline{U}_1$
j80Ω	120Ω +j200Ω	0

Die Auflösung dieses Gleichungssystems ergibt:

$$\underline{I}_1 = (0.0188 - j0.0206)\underline{U}_1/\Omega$$

$$\underline{I}_2 = (-0.00917 + j0.00275)\underline{U}_1/\Omega$$

Hieraus folgt das Spannungsverhältnis:

$$\underline{U}_2/\underline{U}_1 = -\underline{I}_2 \cdot 100\Omega/\underline{U}_1 = 0.958\,e^{-j16.7^{\circ}}$$

und das Stromverhältnis:

$$\underline{I}_2/\underline{I}_1 = 0.343\,e^{-j149^{\circ}}$$

2.18.2 Idealer Übertrager

Der ideale Übertrager wird durch die folgenden Gleichungen
definiert. Das Spannungsübersetzungsverhältnis

$$\underline{U}_1/\underline{U}_2 = ü \qquad\qquad (2\text{-}95)$$

und das Stromübersetzungsverhältnis

$$\underline{I}_1/\underline{I}_2 = -1/ü \qquad\qquad (2\text{-}96)$$

sind konstant.

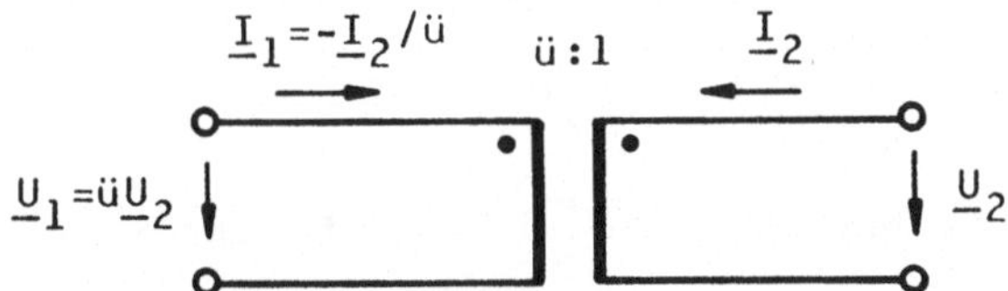

Bild 2.43: Idealer Übertrager

Wird die Gl.(2-95) durch die Gl.(2-96) dividiert, dann ergibt
sich das Widerstandsübersetzungsverhältnis:

$$\frac{\underline{U}_1/\underline{I}_1}{\underline{U}_2/\underline{I}_2} = \frac{\underline{Z}_1}{-\underline{Z}_2} = -ü^2 \qquad\qquad (2\text{-}97)$$

Beispiel: Wird die Sekundärseite eines idealen Übertragers
mit ü=2 durch einen Widerstand $R_2=100\,\Omega$ belastet, so wird auf
der Primärseite ein Widerstand von

$$R_1 = ü^2 R_2 = 400\,\Omega$$

gemessen.

Der ideale Übertrager läßt sich durch das Kopplungsersatzbild
nicht darstellen. Er kann aber durch ein Kopplungsersatzbild
angenähert werden, wenn k=1 und M hinreichend groß gewählt
werden. Die übrigen Daten der Näherung sind dann:

$$L_1 = üM \qquad\text{und}\qquad L_2 = M/ü \qquad\qquad (2\text{-}98)$$

2.19 Frequenzgang, Bode-Diagramm

Der komplexe Frequenzgang

$$\underline{F}(\omega) = F(\omega)\, e^{j\phi(\omega)} = \frac{\underline{X}_2}{\underline{X}_1} \tag{2-99}$$

ist das frequenzabhängige Verhältnis einer komplexen Ausgangs-
größe $\underline{X}_2$ zu einer komplexen Eingangsgröße $\underline{X}_1$. Der Frequenzgang läßt sich für Schaltungen mit konzentrierten Elementen
immer als rationale Funktion schreiben:

$$\underline{F}(j\omega) = \frac{a_o + a_1(j\omega) + a_2(j\omega)^2 + a_3(j\omega)^3 + \ldots}{b_o + b_1(j\omega) + b_2(j\omega)^2 + b_3(j\omega)^3 + \ldots} \tag{2-100}$$

Der Zähler und Nenner können als Produkt von Linearfaktoren
umgeschrieben werden:

$$\underline{F}(j\omega) = K\, \frac{(j\omega - s_{o1})(j\omega - s_{o2})(j\omega - s_{o3})\ldots}{(j\omega - s_1)(j\omega - s_2)(j\omega - s_3)\ldots} \tag{2-101}$$

Hierin sind s_{o1}, s_{o2} usw. die Nullstellen und s_1, s_2 usw. die
Pole. Sie können entweder reell oder konjugiert komplex sein.

Eine zweckmäßige Form der Darstellung des Frequenzganges ist
das Bode-Diagramm. In diesem wird dargestellt:

1) der logarithmische Amplitudengang $20\lg F(\omega)$ als Funktion
   von $\lg\omega$, gemessen in Dezibel (dB).
2) der Phasengang $\phi(\omega)$ als Funktion von $\lg\omega$.

Aus der Gl.(2-101) folgt für den logarithmischen Amplitudengang:

$$20\lg F(\omega) = 20\lg K + 20\lg|j\omega-s_{o1}| + 20\lg|j\omega-s_{o2}| + \ldots$$
$$- 20\lg|j\omega-s_1| + 20\lg|j\omega-s_2| + \ldots \tag{2 102}$$

Der Vorteil dieser Darstellung besteht im wesentlichen darin,
daß die einzelnen Amplitudengänge addiert werden können.

2.19.1 Reelle Pole und Nullstellen

Sind die Pole und Nullstellen in (2-101) reell, dann läßt sich
eine sehr einfache graphische Konstruktion des logarithmischen Amplitudenganges durchführen. An dem Schaltungsbeispiel
Bild 2.44 wird die Konstruktion des Bode-Diagramms gezeigt.

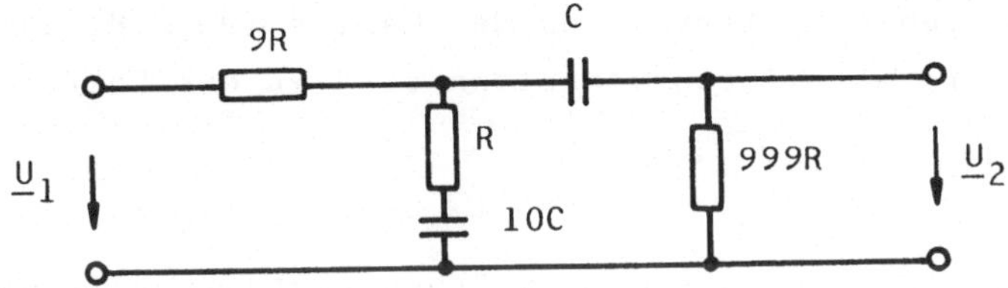

Bild 2.44: RC-Schaltung

Der komplexe Frequenzgang kann z.B. mit dem Maschenstromverfahren ermittelt werden:

$$\underline{F}(j\omega) = \underline{U}_2/\underline{U}_1 = \frac{j\omega T(1 + 10\cdot j\omega T)}{1 + 1108\cdot j\omega T + 99900\,(j\omega)^2 T^2} \cdot 999$$

Hier ist zur Abkürzung T=RC gesetzt worden. Werden die Nullstellen des Nenners (Pole) bestimmt, dann kann der Nenner in
Linearfaktoren zerlegt werden:

$$\underline{F}(j\omega) = 999\,\frac{j\omega T(1 + 10j\omega T)}{(1 + 100j\omega T)(1 + 1000j\omega T)} \qquad (2\text{-}103)$$

Wir betrachten zunächst einen einzelnen Linearfaktor im Nenner, z.B.:

$$\underline{F}_1(j\omega) = \frac{1}{1 + 100j\omega T}$$

Der Amplitudengang dieses Linearfaktors ist:

$$F_1(\omega) = |\underline{F}_1(j\omega)| = \frac{1}{\sqrt{1 + (100\omega T)^2}}$$

Für kleine und große Frequenzen nähert sich der Amplitudengang den beiden Asymptoten:

$$\omega \to 0 \; ; \qquad F_1(\omega) \simeq 1 \; ; \qquad 20\lg F_1(\omega) \simeq 0$$

$$\omega \to \infty \; ; \qquad F_1(\omega) \simeq \frac{1}{100\omega T} \; ; \qquad 20\lg F_1(\omega) \simeq -20\lg(100\omega T)$$

Die Asymptoten sind im logarithmischen Maßstab Geraden. Die
letztere hat einen Zuwachs von -20dB für $\Delta\lg\omega = 1$, d.h. für
eine Dekade, also eine Steigung von -20 dB/Dekade. Eine Dekade ist ein Frequenzintervall um den Faktor 10, z.B. von $\omega=10$
bis $\omega=100$. Die Asymptoten schneiden sich in der Eckfrequenz:

$$\omega_e = \frac{1}{100T}$$

Hier ist die Abweichung vom wirklichen Verlauf des Amplitudenganges am größten und beträgt -3dB.

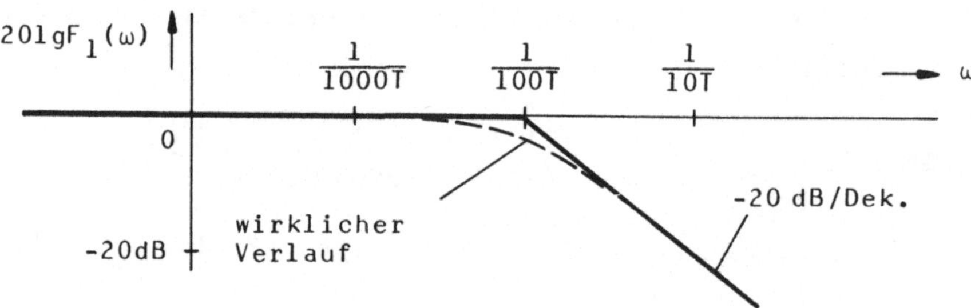

Bild 2.45: Amplitudengang eines reellen Poles

Wir betrachten jetzt einen Linearfaktor im Zähler von (2-103):

$$\underline{F}_2(j\omega) = 1 + 10j\omega T$$

In ganz analoger Weise ergibt sich hier die asymptotische
Darstellung des Bildes 2.46.

Entsprechend Gl.(2-102) werden die logarithmischen Amplitudengänge der einzelnen Linearfaktoren addiert. Hieraus folgt
die folgende Konstruktionsregel für den resultierenden Amplitudengang:

1) Zeichnung der Asymptote des Gesamtamplitudenganges
   $20\lg F(\omega)$ für $\omega \to 0$.

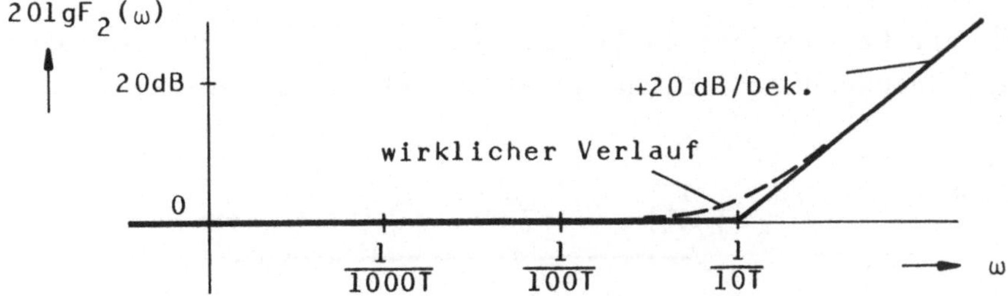

Bild 2.46: Amplitudengang einer reellen Nullstelle

2) Jeder Linearfaktor $1 + j\omega T$ im Nenner von $\underline{F}(j\omega)$ bewirkt
   bei der Eckfrequenz $\omega_e = 1/T$ eine Änderung der Steigung
   um -20dB/Dekade. Steht der Linearfaktor im Zähler, dann
   bewirkt er eine Änderung der Steigung um +20dB/Dekade.

Mit diesen Vorschriften wird jetzt der Amplitudengang der
Gl.(2-103) im Zusammenhang bestimmt. Die Asymptote ergibt
sich, indem in (2-103) kleine Größen gegenüber Eins vernach-
lässigt werden:

$$\omega \to 0 \; ; \qquad F(\omega) \simeq 999\omega T \; ; \qquad 20\lg F(\omega) \simeq 20\lg(999\omega T)$$

Diese Asymptote hat eine Steigung von +20dB/Dek. und den
Wert 1 entsprechend 0 Dezibel für die Durchtrittsfrequenz:

$$\omega_d = 1/(999T)$$

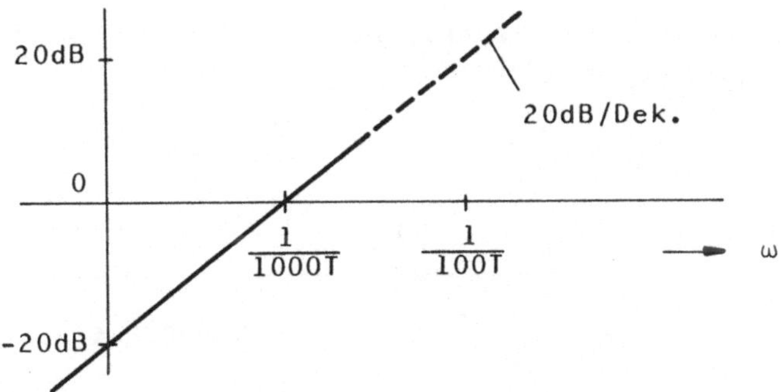

Bild 2.47: Asymptote von $F(\omega)$ für $\omega \to 0$

Nun werden die Eckfrequenzen von links nach rechts eingezeichnet. Bei der ersten Eckfrequenz $\omega_{e1} = 1/(1000T)$ erfolgt eine Änderung der Steigung um -20dB/Dek. (Polstelle).

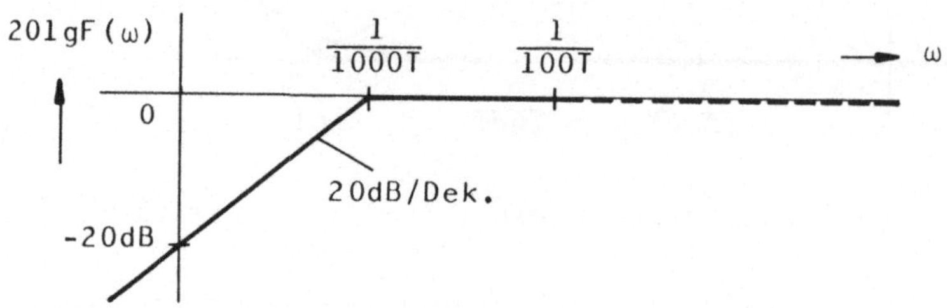

Bild 2.48: Amplitudengang nach der ersten Eckfrequenz

Bei der zweiten Eckfrequenz $\omega_{e2} = 1/(100T)$ erfolgt wiederum eine Änderung der Steigung um -20dB/Dek., da auch sie im Nenner auftritt.

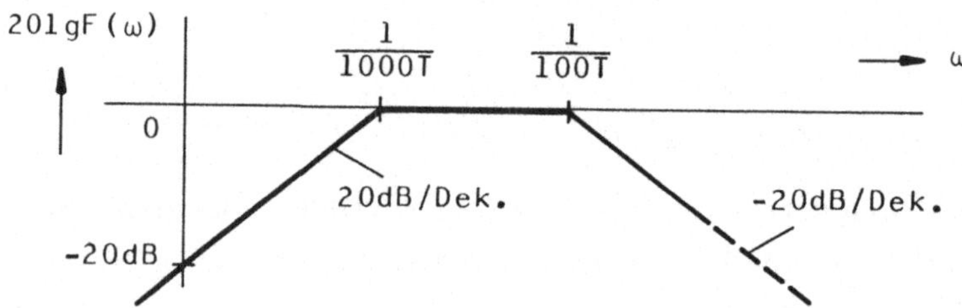

Bild 2.49: Amplitudengang nach der zweiten Eckfrequenz

Bei der dritten Eckfrequenz $\omega_{e3} = 1/(10T)$ erfolgt eine Änderung der Steigung um +20dB/Dek., da sie im Zähler auftritt (Nullstelle von $\underline{F}(j\omega)$).

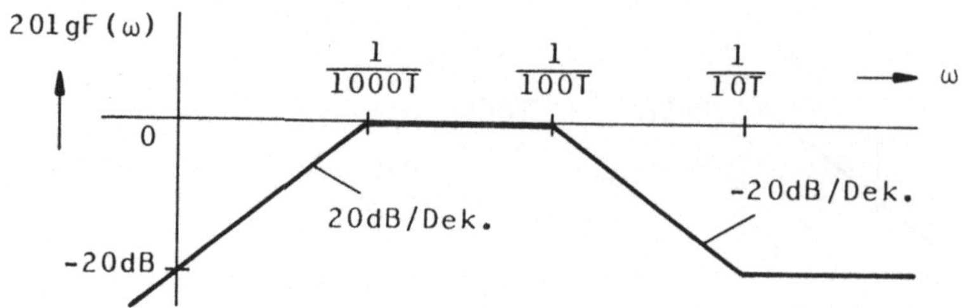

Bild 2.50: Amplitudengang nach der dritten Eckfrequenz

2.19.2 Komplexe Pole

Komplexe Pole treten immer als konjugiert komplexe Paare auf:

$$s_1, s_1^* = -\omega_0 \vartheta \pm j\omega_0 \sqrt{1-\vartheta^2} \qquad (2-104)$$

Sie können zusammengefaßt werden zu einem quadratischen Ausdruck:

$$\underline{F}(j\omega) = \frac{\omega_0^2}{(j\omega-s_1)(j\omega-s_1^*)} = \frac{1}{1 + 2\vartheta(\frac{j\omega}{\omega_0}) + (\frac{j\omega}{\omega_0})^2} \qquad (2-105)$$

Hierin ist ϑ der Dämpfungsgrad und ω_0 die Kennfrequenz.

Die Pole lassen sich in der komplexen s-Ebene als Punkte darstellen.

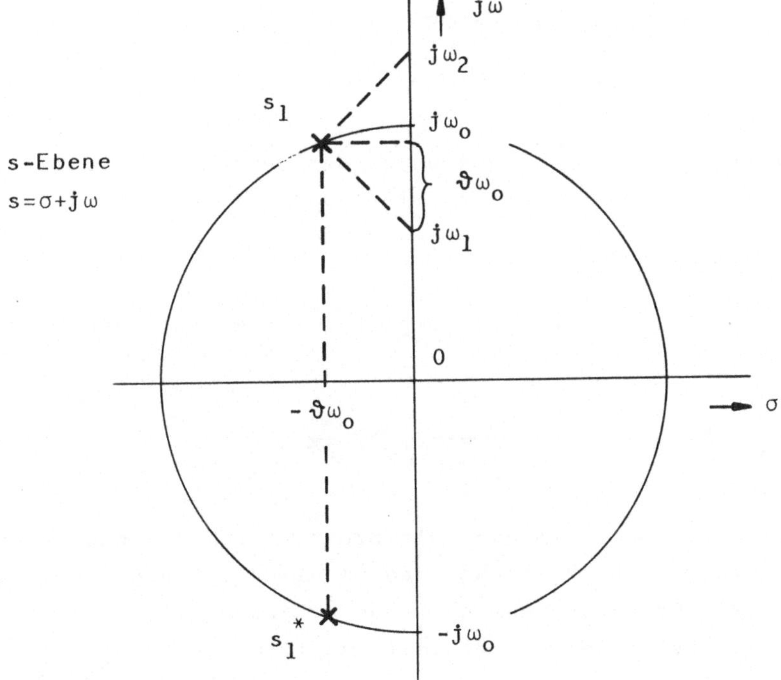

Bild 2.51: Komplexe Pole in der s-Ebene

Die Pole bewegen sich bei Variation von ϑ auf einem Kreis mit dem Radius ω_0. Dies folgt, wenn man in (2-104) $|s_1| = \omega_0$ berechnet.

Eine einfache graphische Konstruktion des Amplitudenganges ist bei komplexen Polen nicht mehr möglich. Für den wichtigen und häufig vorkommenden Fall einer kleinen Dämpfung jedoch können die folgenden Abschätzungen über den Verlauf des Amplitudenganges in der unmittelbaren Umgebung des Poles durchgeführt werden. In diesem Falle kann nämlich angenommen werden, daß der Pol s_1 in Bild 2.51 sehr dicht an der $j\omega$-Achse liegt. Sein Imaginärteil ist annähernd gleich ω_0. Aus (2-105) folgt der Amplitudengang:

$$F(\omega) = \frac{\omega_0^2}{|j\omega - s_1| \cdot |j\omega - s_1^*|} \qquad (2\text{-}106)$$

Für $\omega \simeq \omega_0$ ist die Strecke $|j\omega - s_1|$ in Bild 2.51 ein Minimum und gleich dem Realteil des Pols:

$$|j\omega_0 - s_1| \simeq 2\vartheta\omega_0 \qquad (2\text{-}107)$$

Die Strecke $|j\omega - s_1^*|$ kann unter der gemachten Voraussetzung sehr kleiner Dämpfung als konstant angenommen werden:

$$|j\omega - s_1^*| \simeq 2\omega_0 \qquad (2\text{-}108)$$

Durch Einsetzen in (2-106) folgt das Maximum des Amplitudenganges:

$$F_{max} \simeq F(\omega_0) \simeq \frac{\omega_0^2}{(2\vartheta\omega_0)(2\omega_0)} \simeq \frac{1}{2\vartheta} \qquad (2\text{-}109)$$

Außer dem Maximum kann auch die Breite der Resonanzüberhöhung durch geometrische Betrachtungen im Bild 2.51 abgeschätzt werden. Als Grenzfrequenzen ω_1 und ω_2 werden die Frequenzen definiert, bei denen die maximale Amplitude auf $F_{max}/\sqrt{2}$ absinkt. Wird wiederum die Voraussetzung sehr geringer Dämpfung gemacht, so gilt offenbar entsprechend Bild 2.51:

$$\omega_1 \simeq \omega_o - \vartheta\,\omega_o \tag{2-110}$$

$$\omega_2 \simeq \omega_o + \vartheta\,\omega_o \tag{2-111}$$

Als Bandbreite wird die Differenz der Grenzfrequenzen definiert. Die Bandbreite B ist also gleich der Breite des Amplitudenganges bei der Amplitude $F_{max}/\sqrt{2}$ bzw. $20\lg F_{max}$ - 3dB:

$$B = \omega_2 - \omega_1 = 2\,\vartheta\,\omega_o \tag{2-112}$$

Der Verlauf des Amplitudenganges in der weiteren Entfernung
vom Pol kann durch Asymptoten dargestellt werden. Aus Gl.
(2-105) folgt:

$$j\omega \to 0 \;\; ; \;\; \underline{F}(j\omega) \simeq 1 \;\; ; \;\; 20\lg F(\omega) \simeq 0 \tag{2-113}$$

$$j\omega \to \infty \;\; ; \;\; \underline{F}(j\omega) \simeq 1/(j\omega/\omega_o)^2 \;\; ; \;\; 20\lg F(\omega) \simeq -40\lg(\omega/\omega_o)^2$$

Die Asymptoten haben eine Steigung von 0 bzw. -40dB/Dek. und
schneiden sich in ω_o. Die Kennfrequenz ω_o kann für einen komplexen Pol als Eckfrequenz betrachtet werden. Hier springt
die Steigung um -40dB/Dek.. Die Abweichung des wirklichen
Amplitudenganges vom asymptotischen ist entsprechend (2-109):

$$20\lg F(\omega_o) \simeq 20\lg F_{max} \simeq 20\lg \frac{1}{2\vartheta} \tag{2-114}$$

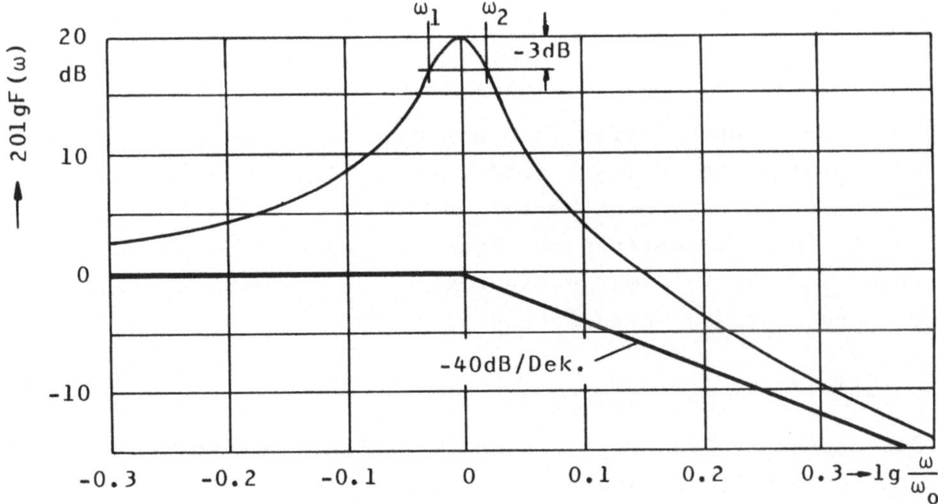

Bild 2.52: Amplitudengang eines komplexen Poles für $\vartheta = 0.05$

Beispiel 1: Serienschwingkreis

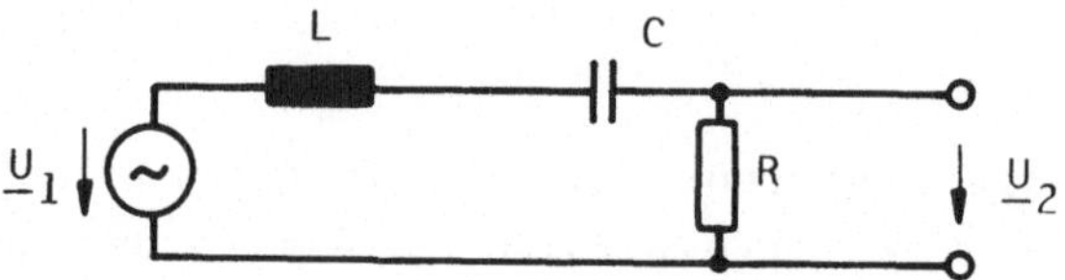

Mit der Spannungsteilerregel ergibt sich der Frequenzgang:

$$\underline{F}(j\omega) = \frac{\underline{U}_2}{\underline{U}_1} = \frac{j\omega RC}{1 + j\omega RC + (j\omega)^2 LC} \qquad (2\text{-}115)$$

Durch Koeffizientenvergleich mit (2-105)

$$\underline{F}(j\omega) = \frac{1}{1 + 2\,\vartheta\,(\frac{j\omega}{\omega_o}) + (\frac{j\omega}{\omega_o})^2}$$

findet man die Kennfrequenz

$$1/\omega_o^2 = LC \qquad \rightarrow \qquad \omega_o = \frac{1}{\sqrt{LC}} \qquad (2\text{-}116)$$

sowie den Dämpfungsgrad

$$2\,\vartheta/\omega_o = RC \qquad \rightarrow \qquad 2\,\vartheta = \omega_o RC = R/\sqrt{L/C} = R/Z_o \qquad (2\text{-}117)$$

mit dem Kennwiderstand

$$Z_o = \omega_o L = 1/(\omega_o C) = \sqrt{L/C} \qquad (2\text{-}118)$$

Für einen Dämpfungsgrad $\vartheta < 1$ hat der Frequenzgang ein konjugiert komplexes Polpaar. Außerdem ist eine Nullstelle bei
$j\omega = 0$ vorhanden. Diese beeinflußt den Verlauf des Amplitudenganges in der unmittelbaren Umgebung des Pols (also von $j\omega_o$)
kaum, sofern die Dämpfung sehr klein ist. Für $\omega = \omega_o$ lautet
der Frequenzgang entsprechend (2-115):

$$\underline{F}(j\omega_o) = F_{max} = 1 \qquad (2\text{-}119)$$

Bei dieser Frequenz ist die Phase gleich Null (Phasenresonanz)
und der Amplitudengang hat ein Maximum. Die Breite dieses
Maximums wird durch die Bandbreite B (2-112) ausgedrückt:

$$B = 2\,\vartheta\,\omega_o$$

Andererseits wird die Güte Q als Verhältnis der Kennfrequenz ω_0 zur Bandbreite B definiert:

$$Q = \omega_0/B \qquad\qquad\qquad (2-120)$$

Dann besteht mit (2-117) der Zusammenhang:

$$Q = \frac{1}{2\vartheta} = Z_0/R \qquad\qquad\qquad (2-121)$$

Die Güte ist also gleich dem Verhältnis des Kennwiderstandes zum Serienverlustwiderstand.

Die Asymptoten des Amplitudenganges für kleine und große Frequenzen sind:

$$\omega \to 0 \;;\quad \underline{F}(j\omega) \simeq j\omega RC \quad\;;\; 20\lg F(\omega) \simeq 20\lg(\omega RC) \qquad (2-122)$$

$$\omega \to \infty \;;\quad \underline{F}(j\omega) \simeq R/(j\omega L) \;;\; 20\lg F(\omega) \simeq -20\lg(\omega L/R) \qquad (2-123)$$

In ihrem Schnittpunkt ω_0 haben sie den Wert $-20\lg Q$. Dieser Wert ist entsprechend (2-114) gleich der maximalen Abweichung des asymptotischen vom wirklichen Amplitudengang.

Zahlenbeispiel:
Aus den gegebenen Daten $R = 2\Omega$, $L = 20mH$, $C = 50\mu F$ folgen:
$\omega_0 = 1000 \; 1/s$, $Z_0 = 20\Omega$, $Q = 10$ und $B = 100 \; 1/s$.

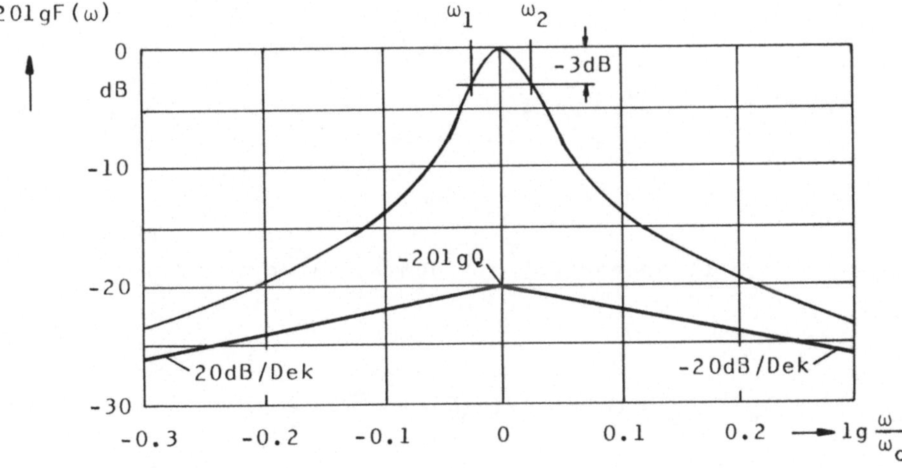

Bild 2.53: Amplitudengang eines Schwingkreises mit Q=10

Beispiel 2: Parallelschwingkreis

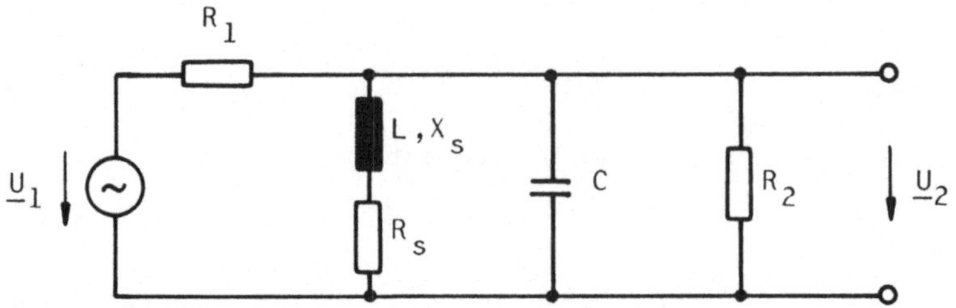

Bild 2.54: Parallelschwingkreis mit drei
           Dämpfungswiderständen

Die exakte Bestimmung der Güte dieses Schwingkreises ist umständlich. Unter der Voraussetzung hoher Güte ist eine einfache Näherung möglich. Die Schaltung wird zunächst in eine
äquivalente Ersatzschaltung umgewandelt.

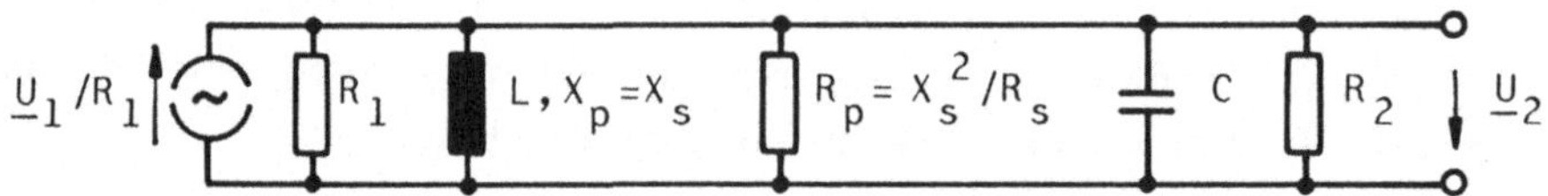

Bild 2.55: Ersatzschaltung zu Bild 2.54

Für die Umrechnung der Serienschaltung R_s, X_s in eine äquivalente Parallelschaltung R_p, X_p gibt es eine einfache Näherung:

$$\frac{1}{R_p} + \frac{1}{jX_p} = \frac{1}{R_s + jX_s} = \frac{R_s/X_s^2 - j/X_s}{1 + (R_s/X_s)^2}$$

Wenn nun

$$R_s/X_s \ll 1 \qquad\qquad (2-124)$$

ist, dann gilt angenähert mit dem Kennwiderstand Z_o:

$$R_s R_p \simeq X_s^2 = Z_o^2 \qquad\qquad (2-125)$$

$$X_s = X_p = Z_o = \omega_o L = 1/(\omega_o C) = \sqrt{L/C} \qquad\qquad (2-126)$$

Die parallelen Widerstände können zusammengefaßt werden zu
R_{ges}. Der komplexe Frequenzgang lautet dann:

$$\underline{F}(j\omega) = \frac{\underline{U}_2}{\underline{U}_1} = \frac{j\omega L/R_1}{1 + j\omega L/R_{ges} + (j\omega)^2 LC} \tag{2-127}$$

Durch Koeffizientenvergleich mit (2-105)

$$\underline{F}(j\omega) = \frac{1}{1 + \frac{1}{Q}(j\omega/\omega_o) + (j\omega/\omega_o)^2}$$

findet man:

$$1/\omega_o^2 = LC \qquad \rightarrow \qquad \omega_o = 1/\sqrt{LC} \tag{2-128}$$

$$1/(Q\omega_o) = L/R_{ges} \qquad \rightarrow \qquad Q = R_{ges}/(\omega_o L) \tag{2-129}$$

Aus (2-129) folgt:

$$\frac{1}{Q} = 2\vartheta = \frac{Z_o}{R_{ges}} = \frac{Z_o}{R_1} + \frac{R_s}{Z_o} + \frac{Z_o}{R_2} \tag{2-130}$$

Diese Gleichung besagt: die Anteile eines jeden Widerstandes
an $1/Q$ werden addiert. Ein Serienwiderstand verursacht den
Anteil R_s/Z_o, ein Parallelwiderstand den Anteil Z_o/R_p (vergl.
auch Beispiel 1:Serienschwingkreis). Die hierfür in (2-124)
gemachte Voraussetzung $R_s/Z_o \ll 1$ bedeutet also eine hohe
Güte.

Zahlenbeispiel: aus den gegebenen Daten $R_1 = 10k\Omega$, $R_s = 2\Omega$,
$R_2 = 3k\Omega$, $L = 2mH$, $C = 0.2\mu F$ folgen die Ergebnisse:

$$\omega_o = 50\,000\ 1/s \qquad\qquad \text{mit (2-128)}$$

$$Z_o = 100\Omega \qquad\qquad \text{mit (2-126)}$$

$$Q = 15.78 \qquad\qquad \text{mit (2-130)}$$

$$\vartheta = 0.0317 \qquad\qquad \text{mit (2-130)}$$

$$B = 3167\ 1/s \qquad\qquad \text{mit (2-112)}$$

$$F_{max} = 0.158 \qquad\qquad \text{mit (2-127)}$$

$$\omega_1 = 48417\ 1/s \qquad\qquad \text{mit (2-110)}$$

$$\omega_2 = 51583\ 1/s \qquad\qquad \text{mit (2-111)}$$

2.19.3 Phasengang

Für den asymptotischen Verlauf des Phasenganges gilt die Beziehung: eine Steigung des Amplitudenganges von n·20dB/Dek.
entspricht einer konstanten Phase von n·90°, wenn n eine ganze positive oder negative Zahl ist.

Beispiel:
Gegeben ist der komplexe Frequenzgang eines Schwingkreises:

$$\underline{F}(j\omega) = \frac{1/Q \cdot (j\omega/\omega_o)}{1 + 1/Q \cdot (j\omega/\omega_o) + (j\omega/\omega_o)^2} \tag{2-127}$$

Die Asymptoten für kleine und große Frequenzen lauten:

$$\omega \to 0 \ ; \ \underline{F}(j\omega) \simeq 1/Q \cdot j\omega/\omega_o \ ; \ 20\lg F(\omega) \simeq 20\lg(1/Q \cdot \omega/\omega_o) \ ; \ \phi \simeq 90°$$

$$\omega \to \infty \ ; \ \underline{F}(j\omega) \simeq \frac{1}{Q(j\omega/\omega_o)} \ ; \ 20\lg F(\omega) \simeq -20\lg(1/Q \cdot \omega/\omega_o) \ ; \ \phi \simeq -90°$$

Für eine relativ geringe Güte von Q = 2 sind in Bild 2.56 der
asymptotische und der mit (2-127) errechnete genaue Verlauf
des Amplituden- und des Phasenganges gegenübergestellt.

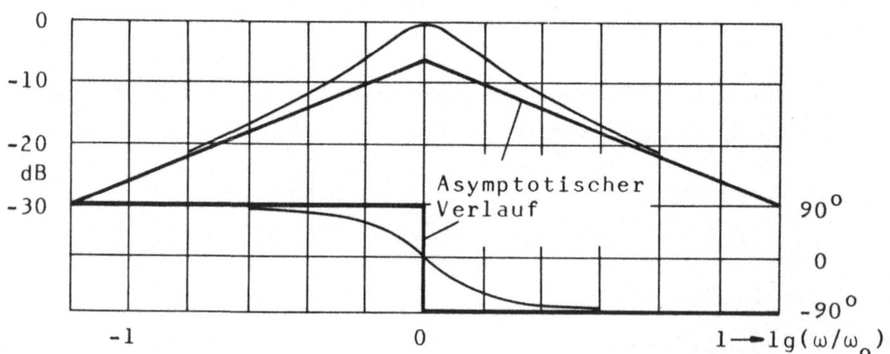

Bild 2.56: Amplituden- und Phasengang zu Gl.(2-127)

Die asymptotische Konstruktion des Phasenganges ist also eine
sehr grobe Näherung. Für seine genaue Bestimmung verwende man
am besten geeignete Rechnerprogramme. Das Gleiche gilt in
diesem Beispiel auch für den Amplitudengang.

3 Programm Komplexe Arithmetik ACOM

Mit diesem Programm können elementare Berechnungen in komplexer Arithmetik ausgeführt werden. Für die Berechnung von
Wechselstromkreisen benötigt man nur die vier komplexen
Grundrechenarten. Wichtig ist, daß ein derartiges Programm
Kettenrechnungen in einfacher Weise durchführen kann. Hierfür eignet sich besonders gut die Stackregistertechnik, wie
sie von UPN-Rechnern her bekannt ist.

3.1 Theoretische Grundlagen

Löst man die Gleichung

$$x^2 + 2x + 5 = 0$$

nach x auf, so erhält man die beiden Lösungen:

$$x_1 = -1 + 2\sqrt{-1} \qquad \text{und} \qquad x_2 = -1 - 2\sqrt{-1}$$

Setzt man

$$j^2 = -1 \qquad \text{oder} \qquad j = \sqrt{-1} , \qquad\qquad (3.1)$$

dann lassen sich die Lösungen auch so schreiben:

$$x_1 = -1 + j2 \qquad \text{und} \qquad x_2 = -1 - j2$$

x_1 und x_2 sind komplexe Zahlen. Sie haben den gleichen Realteil -1 und einen Imaginärteil mit verschiedenem Vorzeichen
+2 bzw. -2. Sie sind zueinander konjugiert komplex.

Mit der Beziehung (3.1) können die folgenden elementaren
Rechenregeln komplexer Zahlen direkt aus denen reeller Zah-
len hergeleitet werden. Die entsprechenden Operationen des
Programms sind in Klammern angegeben.

Komplexe Addition (Operation +):

$$(a + jb) + (c + jd) = (a + c) + j(b + d)$$

Zwei komplexe Zahlen werden also addiert, indem ihre Realteile a und c und ihre Imaginärteile b und d addiert werden.

Komplexe Subtraktion (Operation C, anschließend +):

Sie kann auf die komplexe Addition zurückgeführt werden,
indem zunächst ein Vorzeichenwechsel und dann die Addition
durchgeführt werden:

$$(a + jb) - (c + jd) = (a + jb) + (-c - jd)$$

Komplexe Multiplikation (Operation *):

Durch Ausmultiplizieren ergibt sich mit $j^2 = -1$:

$$(a + jb)(c + jd) = (ac - bd) + j(ad + bc)$$

Das Ergebnis der komplexen Multiplikation ist also wieder
eine komplexe Zahl.

Komplexe Inversion (Operation I):

Durch Erweitern mit a-jb (konjugiert komplexe Erweiterung)
ergibt sich:

$$\frac{1}{a + jb} = \frac{1}{a + jb} \frac{a - jb}{a - jb} = \frac{a}{a^2 + b^2} - j \frac{b}{a^2 + b^2}$$

Der Kehrwert einer komplexen Zahl ist also auch eine komplexe Zahl.

Komplexe Division (Operation I, anschließend *):

Sie kann auf die Inversion mit nachfolgender Multiplikation
zurückgeführt werden:

$$\frac{a + jb}{c + jd} = \frac{1}{c + jd} (a + jb)$$

In den Anwendungen wird häufig die Polarform einer komplexen Zahl benutzt. Die Polarform (P-Form) und die rechtwinklige Form (R-Form) sind durch die Euler-Gleichung miteinander verknüpft:

$$r\,e^{j\phi} = r(\cos\phi + j\sin\phi) = a + jb$$

Hierin sind r und ϕ die Polarkoordinaten und a und b die rechtwinkligen Koordinaten.

Komplexe Zahlen lassen sich als Punkt in der komplexen Zahlenebene darstellen:

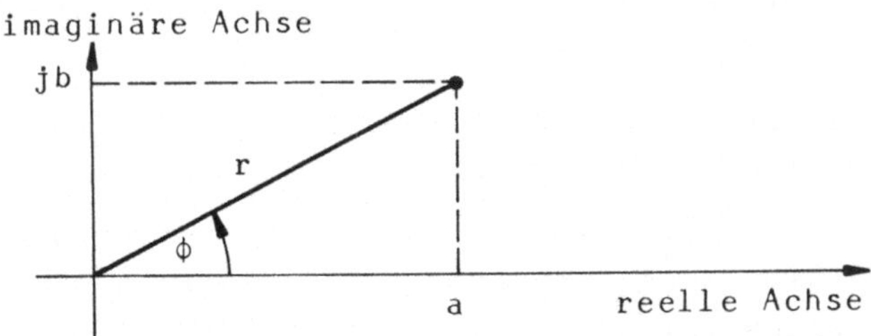

Bild 3.1: Komplexe Zahlenebene

Aufgrund geometrischer Beziehungen gelten die folgenden Umrechnungsformeln zwischen der R-Form und der P-Form:

$$r = \sqrt{a^2 + b^2} = |a + jb| \qquad \text{Betrag}$$

$$\phi = \arctan(b/a) \qquad \text{Phase}$$

$$a = r\cos\phi \qquad \text{Realteil}$$

$$b = r\sin\phi \qquad \text{Imaginärteil}$$

Für die Umrechnung gibt es auf fast allen programmierbaren Taschenrechnern Funktionstasten. In dem vorliegenden Programm werden die folgenden Operationen angewandt:

R-Form → P-Form   (Operation P)

P-Form → R-Form   (Operation R)

Die Rechnung der geschilderten komplexen Operationen wird
in einem Stackregister ausgeführt. Bild 3.2 zeigt den Datenfluß.

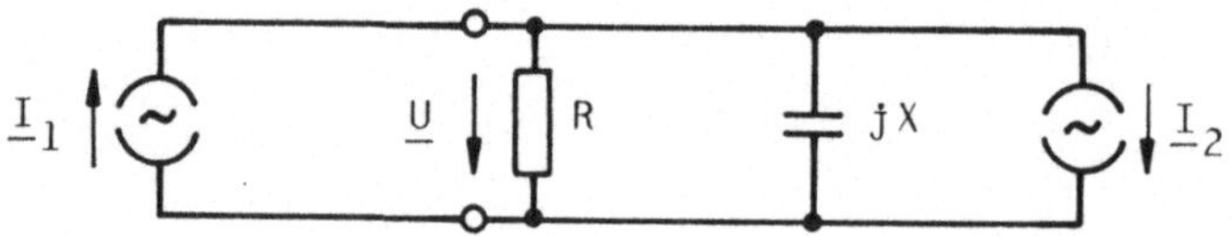

Bild 3.2: Datenfluß des Stackregisters

Bei Operationen mit zwei Operanden, also Addition und Multi-
plikation, befindet sich der eine Operand in den Registern
X,Y und der andere in U,V. Das Ergebnis befindet sich in
X,Y und wird angezeigt.

Die Register R,S dienen zum Speichern von Zwischenergebnis-
sen. Diese Register werden automatisch belegt, wenn eine
neue komplexe Zahl mit der Operation E eingegeben wird.
Hierbei wird zunächst die komplexe Zahl in U,V nach R,S und
dann die komplexe Zahl in X,Y nach U,V geschoben. Anschließend wird die eingegebene komplexe Zahl nach X,Y gespeichert.

Wird nun eine komplexe Addition oder Multiplikation ausgeführt, so gehen beide Operanden (X,Y und U,V) verloren, während das Ergebnis in X,Y steht. Anschließend wird die komplexe Zahl im Zwischenspeicher R,S automatisch nach U,V
zurückgeschoben, wo sie jetzt für eine weitere Addition oder
Multiplikation zur Verfügung steht. Ihr Wert in R,S bleibt
dabei erhalten.

Dieses Vorgehen entspricht der umgekehrten polnischen Nota-
tion, wie sie in den sogenannten UPN-Rechnern für reelle
Rechenoperationen verwendet wird.

Alle Operationen werden nach dem Programmstart durch Drücken
einer Taste ausgelöst. Die komplexe Addition wird z.B. durch
Drücken der Taste + ausgelöst. Diese Taste (und andere) ist
durch das Programm neu "belegt" worden. Nach Beendigung jeder Operation befindet sich der Rechner in einer Warte-
schleife und reagiert dann nur auf die "belegten" Operations-
tasten.

Als Beispiel für den Datenfluß des Stackregisters soll der
Ausdruck

$$(2 + j3)(4 - j5) + (6 + j7)(8 - j9)$$

berechnet werden. In der Tabelle Bild 3.3 wird der Inhalt
der einzelnen Register nach jeder Operation gezeigt.

Operation (Tasten)	Register						Erläuterung
	X	Y	U	V	R	S	
E 2 {EXE} 3 {EXE}	2	3	0	0	0	0	Eingabe: 2 + j3
E 4 {EXE} -5 {EXE}	4	-5	2	3	0	0	Eingabe: 4 - j5
*	23	2	0	0	0	0	Multiplikation
E 6 {EXE} 7 {EXE}	6	7	23	2	0	0	Eingabe: 6 + j7
E 8 {EXE} -9 {EXE}	8	-9	6	7	23	2	Eingabe: 8 - j9
*	111	2	23	2	23	2	Multiplikation
+	134	4	23	2	23	2	Addition

Bild 3.3: Beispiel für Stackregister

Das Ergebnis befindet sich in X,Y und lautet: 134 + j4.
Man beachte, daß bei dieser Technik besondere Zwischen-
speicheroperationen nicht benötigt werden.

3.2 Bedienungsanleitung

Nr.	Tasten	Anzeige	Bemerkung
1	{F1} {P∅}	(X) (Y)	Programmstart
2	E (X) {EXE} (Y) {EXE}	X? Y? (X) (Y)	Umspeichern U→R, V→S, X→U, Y→V. Anschließend Eingabe einer neuen komplexen Zahl nach X,Y.
3	R	(X) (Y)	Umwandlung der komplexen Zahl in X,Y von der P-Form in die R-Form.
4	P	(X) (Y)	Umwandlung der komplexen Zahl in X,Y von der R-Form in die P-Form.
5	+	(X) (Y)	Addition: X+U→X, Y+V→Y. Anschließend Umspeichern: R→U, S→V.
6	C	(X) (Y)	Vorzeichenwechsel: -X→X, -Y→Y
7	*	(X) (Y)	Multiplikation: X*U-Y*V→X, X*V+Y*U→Y. Anschließend Umspeichern R→U, S→V.
8	I	(X) (Y)	Inversion: $\dfrac{X}{X^2+Y^2}\to X$, $\dfrac{-Y}{X^2+Y^2}\to Y$
9	X	X=(X)	Anzeige von (X) mit voller Stellenzahl.
10	Y	Y=(Y)	Anzeige von (Y) mit voller Stellenzahl.
11	Z	(X) (Y)	Gleichzeitige Anzeige von (X) und (Y) mit verminderter Stellenzahl (normale Anzeige).
			Anmerkungen: Die komplexe Subtraktion wird auf Vorzeichenwechsel mit anschließender Addition zurückgeführt. Die komplexe Division wird auf Inversion mit nachfolgender Multiplikation zurückgeführt. Alle Rechenoperationen müssen in der R-Form ausgeführt werden. Nur zum Zwecke der Eingabe oder der Anzeige eines Ergebnisses darf die P-Form verwendet werden.

3.3 Programmauflistung

Basic-Programm	Erläuterungen
P0: 272 STEPS	
1 $="ECRP+*IXYZ": WAIT 1	Tastencode
2 SET E3:PRT X;" ";Y:SET N	Anzeige einer komplexen Zahl
3 W$=KEY:IF W$="" THEN 3	Warteschleife für nächste Operation
4 FOR Z=1 TO 10:IF W$=MID(Z,1) THEN Z*10	Sprung zu der getasteten Operation
5 NEXT Z:GOTO 3	
10 R=U:S=V:U=X:V=Y :INP "X",X,"Y",Y:GOTO 2	Zwischenspeichern der alten und Eingabe einer neuen komplexen Zahl
20 X=-X:Y=-Y:GOTO 2	Vorzeichenwechsel
30 PRC X,Y:GOTO 2	P-Form in R-Form
40 RPC X,Y:GOTO 2	R-Form in P-Form
50 X=X+U:Y=Y+V	Komplexe Addition
55 U=R:V=S:GOTO 2	
60 W=X:X=W*U-Y*V:Y=W*V+Y*U:GOTO 55	Komplexe Multiplikation
70 W=X*X+Y*Y:X=X/W:Y=-Y/W:GOTO 2	Komplexe Inversion
80 PRT "X=";X:GOTO 3	Anzeige X
90 PRT "Y=";Y:GOTO 3	Anzeige Y
100 GOTO 2	Rückkehr zur normalen Anzeige

3.4 Speicherbelegung

Register	Inhalt
R	Realteil
S	Imaginärteil
U	Realteil
V	Imaginärteil
W	Zwischenspeicher
X	Realteil oder Betrag
Y	Imaginärteil oder Phase
Z	Index für Tastenbelegung
$	ECRP+*IXYZ für Tastenbelegung

3.5 Übungsaufgaben

Die Benutzung des Programms wird in den folgenden Übungsaufgaben an einigen typischen Problemen der elementaren
Schaltungsberechnung gezeigt. Besonderes Augenmerk richte
man auf die Handhabung der Zwischenspeichertechnik.

In der jeweils angegebenen Tastenfolge ist der Start des
Programms mit {F1} {PØ} nicht jedesmal aufgeführt, da er
sich ständig wiederholt.

Programm: Komplexe Arithmetik ACOM

Aufgabe: 3.1 | **Anwendung: Maschenregel**

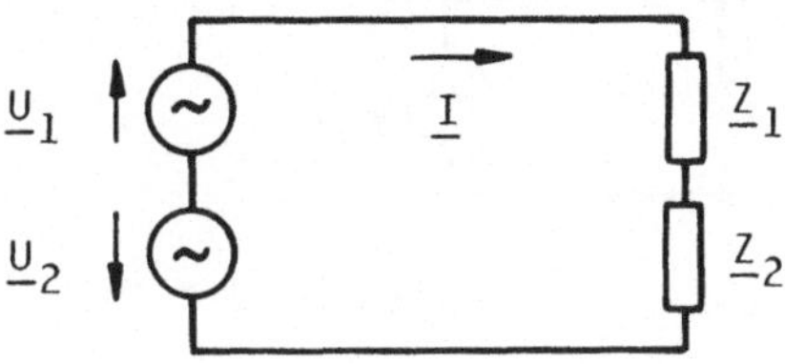

$$\underline{U}_1 = 8V\, e^{j50^{\circ}}$$
$$\underline{U}_2 = 5V\, e^{-j20^{\circ}}$$
$$\underline{Z}_1 = 20\,\Omega + j15\,\Omega$$
$$\underline{Z}_2 = 12\,\Omega\, e^{j18^{\circ}}$$

Man berechne den Strom $\underline{I}$.

Aus dem Ansatz mit der Maschenregel

$$\underline{U}_1 - \underline{U}_2 + \underline{I}(\underline{Z}_1 + \underline{Z}_2) = 0$$

folgt:

$$\underline{I} = \frac{\underline{U}_2 - \underline{U}_1}{\underline{Z}_1 + \underline{Z}_2}$$

Tasten	Anzeige	Bemerkung
E	X?	
5 {EXE}	Y?	
-20 {EXE}	5.00E 00 -2.00E 01	$\underline{U}_2$ (P-Form)
R	4.70E 00 -1.71E 00	(R-Form)
E	X?	
8 {EXE}	Y?	
50 {EXE}	8.00E 00 5.00E 01	$\underline{U}_1$ (P-Form)
R	5.14E 00 6.13E 00	(R-Form)
C	-5.14E 00 -6.13E 00	$-\underline{U}_1$
+	-4.44E-01 -7.84E 00	$\underline{U}_2 - \underline{U}_1$
E	X?	
20 {EXE}	Y?	
15 {EXE}	2.00E 01 1.50E 01	$\underline{Z}_1$
E	X?	
12 {EXE}	Y?	
18 {EXE}	1.20E 01 1.80E 01	$\underline{Z}_2$ (P-Form)
R	1.14E 01 3.71E 00	(R-Form)
+	3.14E 01 1.87E 01	$\underline{Z}_1 + \underline{Z}_2$
I	2.35E-02 -1.40E-02	
*	-1.20E-01 -1.78E-01	$(\underline{U}_2-\underline{U}_1)/(\underline{Z}_1+\underline{Z}_2)$ (R-Form)
P	2.15E-01 -1.24E 02	(P-Form)

Aus der Tabelle entnimmt man das Ergebnis:

$$\underline{I} = -0.12A - j0.178A = 0.215A\, e^{-j124^{\circ}}$$

Programm: Komplexe Arithmetik ACOM

| Aufgabe: 3.2 | Anwendung: Knotenregel |

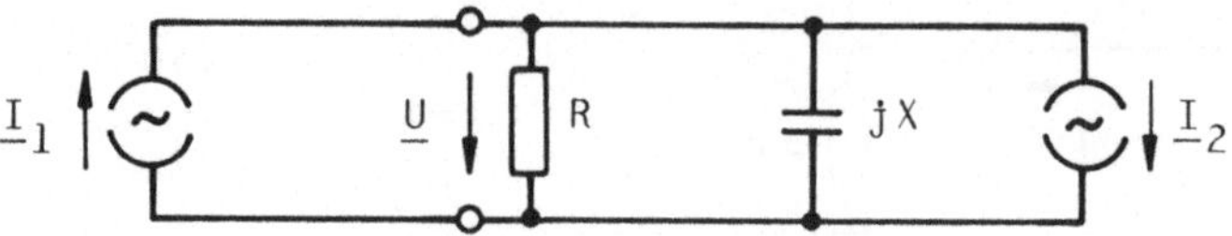

$\underline{I}_1 = 10A\,e^{j60^o}$, $\underline{I}_2 = 5A\,e^{-j10^o}$, $R = 20\Omega$, $X = -30\Omega$

Man berechne die Spannung $\underline{U}$.

Aus dem Ansatz mit der Knotenregel

$$\underline{I}_1 - \underline{I}_2 - \underline{U}/R - \underline{U}/(jX) = 0$$

ergibt sich:

$$\underline{U} = \frac{\underline{I}_1 - \underline{I}_2}{1/R + 1/(jX)}$$

Tasten	Anzeige	Bemerkung
E	X?	
10 {EXE}	Y?	
60 {EXE}	1.00E 01 6.00E 01	$\underline{I}_1$ (P-Form)
R	5.00E 00 8.66E 00	(R-Form)
E	X?	
5 {EXE}	Y?	
-10 {EXE}	5.00E 00 -1.00E 01	$\underline{I}_2$ (P-Form)
R	4.92E 00 -8.68E-01	(R-Form)
C	-4.92E 00 8.68E-01	
+	7.60E-02 9.53E 00	$\underline{I}_1 - \underline{I}_2$
E	X?	
1/20 {EXE}	Y?	
1/30 {EXE}	5.00E-02 3.33E-02	$1/R - j/X$
I	1.38E 01 -9.23E 00	
*	8.90E 01 1.31E 02	$\underline{U}$ (R-Form)
P	1.59E 02 5.59E 01	(P-Form)

Man beachte, daß auch ein Basic-Ausdruck (z.B. 1/20) eingegeben werden kann.

Das Ergebnis lautet:

$$\underline{U} = 89.0V + j131V = 159V\,e^{j55.9^o}$$

Programm: Komplexe Arithmetik ACOM

Aufgabe: 3.3	Anwendung: Ersatzwiderstand

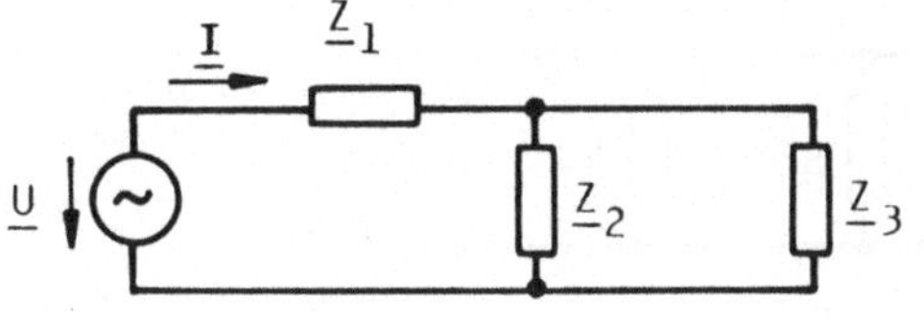

$$\underline{U} = 20V$$
$$\underline{Z}_1 = 2\Omega + j3\Omega$$
$$\underline{Z}_2 = 4\Omega - j5\Omega$$
$$\underline{Z}_3 = 3\Omega + j6\Omega$$

Man bestimme den Ersatzwiderstand $\underline{Z}_{ges}$ und berechne mit diesem den Strom $\underline{I}$.

Der Ersatzwiderstand der Reihenparallelschaltung ist:

$$\underline{Z}_{ges} = \frac{1}{1/\underline{Z}_2 + 1/\underline{Z}_3} + \underline{Z}_1$$

Hieraus folgt der gesuchte Strom:

$$\underline{I} = \underline{U}/\underline{Z}_{ges}$$

Tasten	Anzeige	Bemerkung
E	X?	
4 {EXE}	Y?	
-5 {EXE}	4.00E 00 -5.00E 00	$\underline{Z}_2$
I	9.76E-02 1.22E-01	$1/\underline{Z}_2$
E	X?	
3 {EXE}	Y?	
6 {EXE}	3.00E 00 6.00E 00	$\underline{Z}_3$
I	6.67E-02 -1.33E-01	$1/\underline{Z}_3$
+	1.64E-01 -1.14E-02	$1/\underline{Z}_2 + 1/\underline{Z}_3$
I	6.06E 00 4.20E-01	
E	X?	
2 {EXE}	Y?	
3 {EXE}	2.00E 00 3.00E 00	$\underline{Z}_1$
+	8.06E 00 3.42E 00	$\underline{Z}_{ges}$
I	1.05E-01 -4.46E-02	$1/\underline{Z}_{ges}$
E	X?	
20 {EXE}	Y?	
0 {EXE}	2.00E 01 0.00E 00	$\underline{U}$
*	2.10E 00 -8.92E-01	$\underline{I}$ (R-Form)
P	2.28E 00 -2.30E 01	(P-Form)

Die Ergebnisse sind:

$$\underline{Z}_{ges} = 8.06\Omega + j3.42\Omega$$

$$\underline{I} = 2.10A - j0.892A = 2.28A\,e^{-j23°}$$

Programm: Komplexe Arithmetik ACOM

| Aufgabe: 3.4 | Anwendung: Komplexer Spannungsteiler |

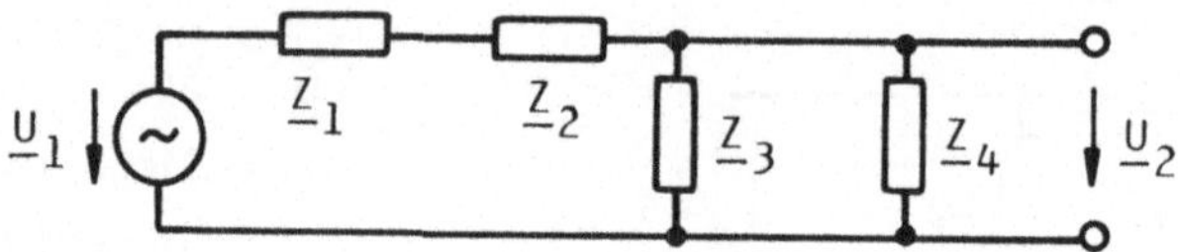

$$\underline{Z}_1 = 5\,\Omega\,e^{j20^{\circ}}, \quad \underline{Z}_2 = 3\,\Omega\,e^{-j70^{\circ}}, \quad \underline{Z}_3 = 4\,\Omega + j7\,\Omega, \quad \underline{Z}_4 = 6\,\Omega + j2\,\Omega$$

Man bestimme das Spannungsverhältnis $\underline{U}_2/\underline{U}_1$.

Mit der Spannungsteilerregel ergibt sich:

$$\underline{U}_2/\underline{U}_1 = \frac{1}{1 + (1/\underline{Z}_3 + 1/\underline{Z}_4)(\underline{Z}_1 + \underline{Z}_2)}$$

Tasten	Anzeige	Bemerkung
E	X?	
4 {EXE}	Y?	
7 {EXE}	4.00E 00 7.00E 00	$\underline{Z}_3$ $1/\underline{Z}_3$
I	6.15E-02 -1.08E-01	
E	X?	
6 {EXE}	Y?	
2 {EXE}	6.00E 00 2.00E 00	$\underline{Z}_4$ $1/\underline{Z}_4$
I	1.50E-01 -5.00E-02	
+	2.12E-01 -1.58E-01	$1/\underline{Z}_3 + 1/\underline{Z}_4$
E	X?	
5 {EXE}	Y?	
20 {EXE}	5.00E 00 2.00E 01	$\underline{Z}_1$ (P-Form)
R	4.70E 00 1.71E 00	(R-Form)
E	X?	
3 {EXE}	Y?	
-70 {EXE}	3.00E 00 -7.00E 01	$\underline{Z}_2$ (P-Form)
R	1.03E 00 -2.82E 00	(R-Form)
+	5.72E 00 -1.11E 00	$\underline{Z}_1 + \underline{Z}_2$
*	1.04E 00 -1.14E 00	$(1/\underline{Z}_3 + 1/\underline{Z}_4)(\underline{Z}_1 + \underline{Z}_2)$
E	X?	
1 {EXE}	Y?	
0 {EXE}	1.00E 00 0.00E 00	1
+	2.04E 00 -1.14E 00	$1 + (1/\underline{Z}_3 + 1/\underline{Z}_4)(\underline{Z}_1 + \underline{Z}_2)$
I	3.74E-01 2.09E-01	$\underline{U}_2/\underline{U}_1$
P	4.29E-01 2.92E 01	

Aus der Tabelle entnimmt man das Ergebnis:

$$\underline{U}_2/\underline{U}_1 = 0.374 + j0.209 = 0.429\,e^{j29.2^{\circ}}$$

Programm: Komplexe Arithmetik ACOM	
Aufgabe: 3.5	Anwendung: Komplexer Stromteiler

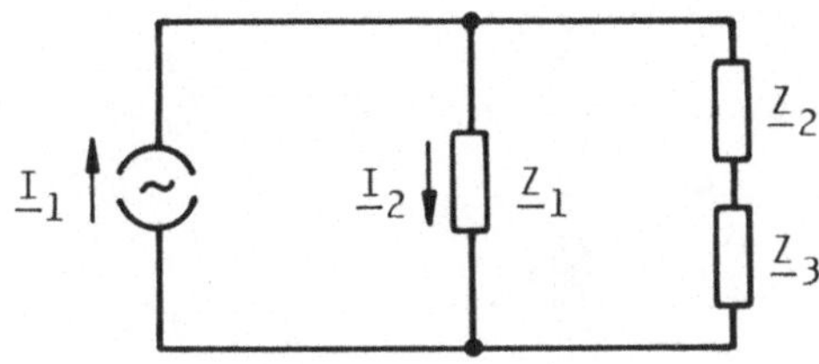

$$\underline{I}_1 = 8A$$

$$\underline{Z}_1 = 3\Omega + j2\Omega$$

$$\underline{Z}_2 = 5\Omega\, e^{-j60^\circ}$$

$$\underline{Z}_3 = 4\Omega\, e^{j25^\circ}$$

Der Strom $\underline{I}_2$ ist zu bestimmen.

Mit der Stromteilerregel ergibt sich:

$$\underline{I}_2 = \underline{I}_1 \frac{\underline{Z}_2 + \underline{Z}_3}{\underline{Z}_1 + \underline{Z}_2 + \underline{Z}_3} = \underline{I}_1 \frac{1}{1 + \underline{Z}_1/(\underline{Z}_2 + \underline{Z}_3)}$$

In der letzteren Form ist der Aufwand für die Eingabe am geringsten.

Tasten	Anzeige	Bemerkung
E	X?	
5 {EXE}	Y?	
-60 {EXE}	5.00E 00 -6.00E 01	$\underline{Z}_2$ (P-Form)
R	2.50E 00 -4.33E	(R-Form)
E	X?	
4 {EXE}	Y?	
25 {EXE}	4.00E 00 2.50E 01	$\underline{Z}_3$ (P-Form)
R	3.63E 00 1.69E 00	(R-Form)
+	6.13E 00 -2.64E 00	$\underline{Z}_2 + \underline{Z}_3$
I	1.38E-01 5.93E-02	$1/(\underline{Z}_2 + \underline{Z}_3)$
E	X?	
3 {EXE}	Y?	
2 {EXE}	3.00E 00 2.00E 00	$\underline{Z}_1$
*	2.94E-01 4.53E-01	$\underline{Z}_1/(\underline{Z}_2 + \underline{Z}_3)$
E	X?	
1 {EXE}	Y?	
0 {EXE}	1.00E 00 0.00E 00	1
+	1.29E 00 4.53E-01	$1 + \underline{Z}_1/(\underline{Z}_2 + \underline{Z}_3)$
I	6.88E-01 -2.41E-01	
E	X?	
8 {EXE}	Y?	
0 {EXE}	8.00E 00 0.00E 00	8
*	5.51E 00 -1.93E 00	$\underline{I}_2$

Das Ergebnis ist: $\underline{I}_2 = 5.51A - j1.93A$

Programm: Komplexe Arithmetik ACOM

| Aufgabe: 3.6 | Anwendung: Brückenschaltung |

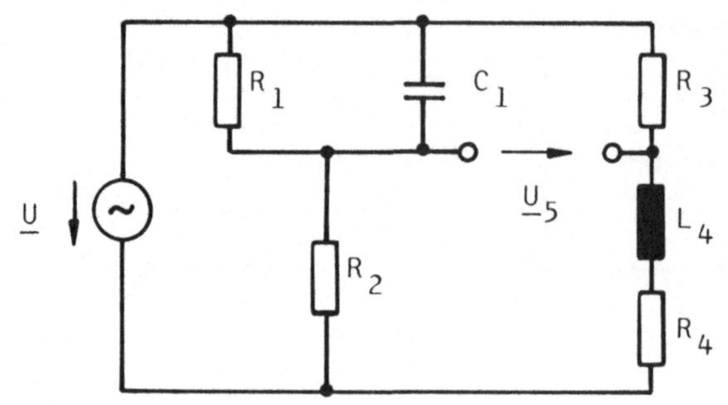

$$R_1 = 5\,\Omega$$
$$R_2 = 8\,\Omega$$
$$R_3 = 6\,\Omega$$
$$R_4 = 3\,\Omega$$
$$C_1 = 1000\,\mu F$$
$$L_4 = 20\,mH$$
$$\omega = 100\,\frac{1}{s}$$

Das Spannungsverhältnis $\underline{U}_5/\underline{U}$ ist zu bestimmen.

Mit der Spannungsteilerregel ergibt sich sofort:

$$\frac{\underline{U}_5}{\underline{U}} = \frac{1}{1 + (R_4 + j\omega L_4)/R_3} - \frac{1}{1 + R_2(1/R_1 + j\omega C_1)}$$

$$= \frac{1}{1 + R_4/R_3 + j\omega L_4/R_3} - \frac{1}{1 + R_2/R_1 + j\omega C_1 R_2}$$

Tasten	Anzeige	Bemerkung
E	X?	
1+3/6 {EXE}	Y?	
100*0.02/6 {EXE}	1.50E 00 3.33E-01	$1 + R_4/R_3 + j\omega L_4/R_3$
I	6.35E-01 -1.41E-01	
E	X?	
1+8/5 {EXE}	Y?	
100*1E-3*8 {EXE}	2.60E 00 8.00E-01	$1 + R_2/R_1 + j\omega C_1 R_2$
I	3.51E-01 -1.08E-01	
C	-3.51E-01 1.08E-01	
+	2.84E-01 -3.31E-02	$\underline{U}_5/\underline{U}$ (R-Form)
P	2.86E-01 -6.64E 00	(P-Form)

Man beachte, daß auch Basic-Ausdrücke (z.B. 1+3/6) eingegeben werden dürfen.

Das Ergebnis lautet:

$$\underline{U}_5/\underline{U} = 0.284 - j0.0331 = 0.286\,e^{-j6.64°}$$

Programm: Komplexe Arithmetik ACOM

| Aufgabe: 3.7 | Anwendung: Drehstrom |

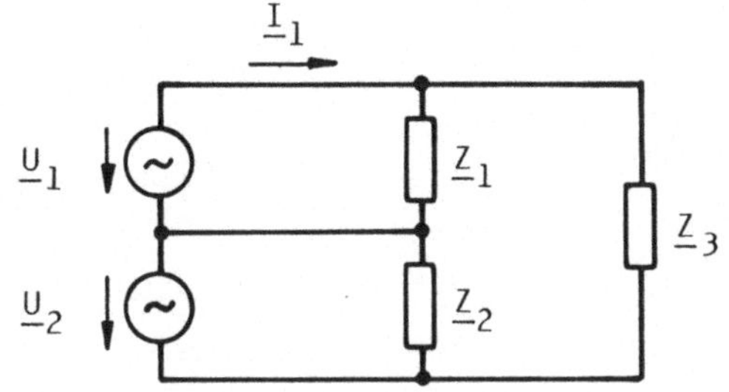

$$\underline{U}_1 = 230V$$
$$\underline{U}_2 = 230V\, e^{j120^\circ}$$
$$\underline{Z}_1 = 4\Omega + j7\Omega$$
$$\underline{Z}_2 = 3\Omega - j5\Omega$$
$$\underline{Z}_3 = 2\Omega + j4\Omega$$

Durch die Spannungsquellen $\underline{U}_1$ und $\underline{U}_2$ ist ein Drehstromsystem gegeben, das mit einer unsymmstrischen Dreieckschaltung belastet wird. Man berechne den Außenleiterstrom $\underline{I}_1$.

Nach der Kirchhoffschen Knotenregel ist:

$$\underline{I}_1 = \underline{U}_1/\underline{Z}_1 + (\underline{U}_1 + \underline{U}_2)/\underline{Z}_3$$

Tasten	Anzeige	Bemerkung
E	X?	
230 {EXE}	Y?	
0 {EXE}	2.30E 02 0.00E 00	$\underline{U}_1$
E	X?	
230 {EXE}	Y?	
120 {EXE}	2.30E 02 1.20E 02	$\underline{U}_2$ (P-Form)
R	-1.15E 02 1.99E 02	(R-Form)
+	1.15E 02 1.99E 02	$\underline{U}_1 + \underline{U}_2$
E	X?	
2 {EXE}	Y?	
4 {EXE}	2.00E 00 4.00E 00	$\underline{Z}_3$
I	1.00E-01 -2.00E-01	$1/\underline{Z}_3$
*	5.13E 01 -3.08E 00	$(\underline{U}_1 + \underline{U}_2)/\underline{Z}_3$
E	X?	
230 {EXE}	Y?	
0 {EXE}	2.30E 02 0.00E 00	$\underline{U}_1$
E	X?	
4 {EXE}	Y?	
7 {EXE}	4.00E 00 7.00E 00	$\underline{Z}_1$
I	6.15E-02 -1.08E-01	$1/\underline{Z}_1$
*	1.42E 01 -2.48E 01	$\underline{U}_1/\underline{Z}_1$
+	6.55E 01 -2.79E 01	$\underline{I}_1$ (R-Form)
P	7.12E 01 -2.30E 01	(P-Form)

Der gesuchte Strom ist also:

$$\underline{I}_1 = 65.5A - j27.9A = 71.2A\, e^{-j23^\circ}$$

Programm: Komplexe Arithmetik ACOM

Aufgabe: 3.8   Anwendung: Ersatzzweipolquelle

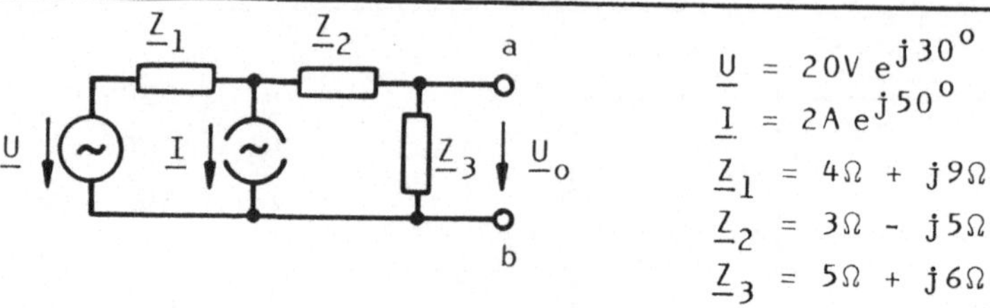

Die Daten $\underline{U}_0$, $\underline{I}_0$ und $\underline{Z}_0$ einer äquivalenten Ersatzquelle bezüglich der Klemmen a,b sind zu bestimmen. Wie groß sind für Leistungsanpassung der Lastwiderstand $\underline{Z}_L$ und die verfügbare (maximale) Leistung der Ersatzquelle?

Den Kurzschlußstrom $\underline{I}_0$ über die Klemmen a,b findet man sofort mit dem Überlagerungssatz:

$$\underline{I}_0 = \frac{\underline{U}}{\underline{Z}_1 + \underline{Z}_2} - \underline{I}\,\frac{\underline{Z}_1}{\underline{Z}_1 + \underline{Z}_2} = \frac{\underline{U} - \underline{I}\,\underline{Z}_1}{\underline{Z}_1 + \underline{Z}_2}$$

Der Innenwiderstand $\underline{Z}_0$ ergibt sich, wenn beide Quellen zu Null gemacht werden, d.h. die Spannungsquelle durch einen Kurzschluß und die Stromquelle durch eine Unterbrechung ersetzt werden:

$$\underline{Z}_0 = \underline{Z}_3 || (\underline{Z}_1 + \underline{Z}_2) = \frac{1}{\dfrac{1}{\underline{Z}_3} + \dfrac{1}{\underline{Z}_1 + \underline{Z}_2}}$$

Hieraus folgt die Leerlaufspannung $\underline{U}_0$ durch Anwendung der Beziehung:

$$\underline{U}_0 = \underline{I}_0\,\underline{Z}_0$$

Der Belastungswiderstand $\underline{Z}_L$ ist gleich dem konjugiert komplexen Innenwiderstand:

$$\underline{Z}_L = \underline{Z}_0^{*}$$

Programm: Komplexe Arithmetik ACOM	
Aufgabe: 3.8	Anwendung: Ersatzzweipolquelle

Es ergibt sich der folgende Rechenablauf.

Tasten	Anzeige	Bemerkung
E	X?	
2 {EXE}	Y?	
50 {EXE}	2.00E 00 5.00E 01	$\underline{I}$ (P-Form)
R	1.29E 00 1.53E 00	(R-Form)
E	X?	
4 {EXE}	Y?	
9 {EXE}	4.00E 00 9.00E 00	$\underline{Z}_1$
*	-8.65E 00 1.77E 01	$\underline{I}\,\underline{Z}_1$
C	8.65E 00 -1.77E 01	$-\underline{I}\,\underline{Z}_1$
E	X?	
20 {EXE}	Y?	
30 {EXE}	2.00E 01 3.00E 01	$\underline{U}$ (P-Form)
R	1.73E 01 1.00E 01	(R-Form)
+	2.60E 01 -7.70E 00	$\underline{U} - \underline{I}\,\underline{Z}_1$
E	X?	
7 {EXE}	Y?	
4 {EXE}	7.00E 00 4.00E 00	$\underline{Z}_1+\underline{Z}_2$
I	1.08E-01 -6.15E-02	
*	2.32E 00 -2.43E 00	$\underline{I}_o$
E	X?	
7 {EXE}	Y?	
4 {EXE}	7.00E 00 4.00E 00	$\underline{Z}_1+\underline{Z}_2$
I	1.08E-01 -6.15E-02	
E	X?	
5 {EXE}	Y?	
6 {EXE}	5.00E 00 6.00E 00	$\underline{Z}_3$
I	8.20E-02 -9.84E-02	$1/\underline{Z}_3$
+	1.90E-01 -1.60E-01	
I	3.08E 00 2.60E 00	$\underline{Z}_o$
*	1.35E 01 -1.44E 00	$\underline{U}_o$ (R-Form)
P	1.35E 01 -6.12E 00	(P-Form)

Der Tabelle entnimmt man die Daten der Ersatzquelle:

$$\underline{U}_o = 13.5V - j1.44V = 13.5V\,e^{-j6.12^o}$$

$$\underline{I}_o = 2.32A - j2.43A$$

$$\underline{Z}_o = 3.08\Omega + j2.60\Omega$$

Die Anpassungsdaten sind:

$$\underline{Z}_L = 3.08\Omega - j2.60\Omega, \quad P_{max} = \frac{|\underline{U}_o|^2}{4Re\,\underline{Z}_o} = 14.8\ W$$

Programm: Komplexe Arithmetik ACOM

Aufgabe: 3.9 | Anwendung: Maschenstrom-Verfahren

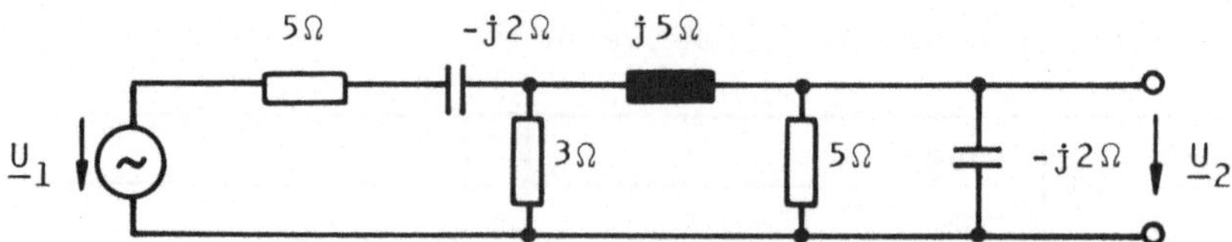

Gesucht ist das Spannungsverhältnis $\underline{U}_2/\underline{U}_1$.

Allgemein stellt sich die Schaltung folgendermaßen dar:

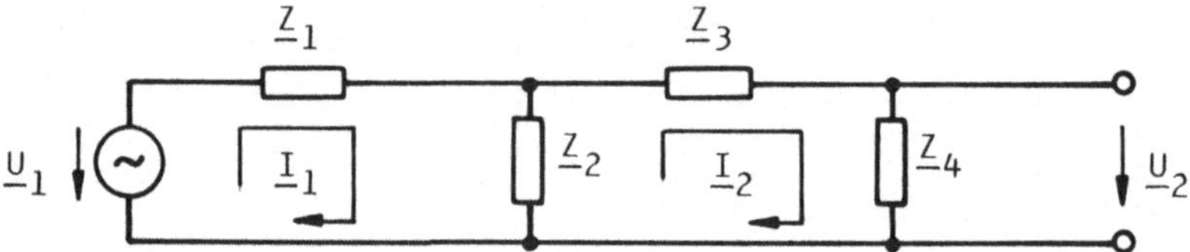

Das Gleichungssystem der Maschenströme $\underline{I}_1$ und $\underline{I}_2$ lautet dann
in schematischer Darstellung:

$\underline{I}_1$	$\underline{I}_2$	$\Sigma\underline{U}$
$\underline{Z}_1 + \underline{Z}_2$	$-\underline{Z}_2$	$\underline{U}_1$
$-\underline{Z}_2$	$\underline{Z}_2 + \underline{Z}_3 + \underline{Z}_4$	0

Es wird mit Determinanten nach $\underline{I}_2$ aufgelöst. Mit $\underline{I}_2$ ergibt
sich die Spannung $\underline{U}_2$ als Spannungsabfall an $\underline{Z}_4$:

$$\underline{U}_2 = \underline{Z}_4\,\underline{I}_2 = \underline{Z}_4\,\frac{\underline{U}_1\,\underline{Z}_2}{(\underline{Z}_1 + \underline{Z}_2)(\underline{Z}_2 + \underline{Z}_3 + \underline{Z}_4) - \underline{Z}_2^2}$$

Hieraus folgt die für die Rechnung günstige Form des Span-
nungsverhältnisses:

$$\underline{U}_2/\underline{U}_1 = \frac{1}{\underline{Z}_1\,\underline{Y}_4 + (1 + \underline{Z}_1/\underline{Z}_2)(1 + \underline{Z}_3\,\underline{Y}_4)}$$

mit $\underline{Y}_4 = 1/\underline{Z}_4$

Programm: Komplexe Arithmetik ACOM		
Aufgabe: 3.9	Anwendung: Maschenstrom-Verfahren	
Es ergibt sich der folgende Rechenablauf:		

Tasten	Anzeige	Bemerkung
E	X?	
5 {EXE}	Y?	
-2 {EXE}	5.00E 00 -2.00E 00	$\underline{Z}_1$
E	X?	
3 {EXE}	Y?	
0 {EXE}	3.00E 00 0.00E 00	$\underline{Z}_2$
I	3.33E-01 0.00E 00	$1/\underline{Z}_2$
*	1.67E 00 -6.67E-01	$\underline{Z}_1/\underline{Z}_2$
E	X?	
1 {EXE}	Y?	
0 {EXE}	1.00E 00 0.00E 00	1
+	2.67E 00 -6.67E-01	$1 + \underline{Z}_1/\underline{Z}_2$
E	X?	
0 {EXE}	Y?	
5 {EXE}	0.00E 00 5.00E 00	$\underline{Z}_3$
E	X?	
1/5 {EXE}	Y?	
1/2 {EXE}	2.00E-01 5.00E-01	$\underline{Y}_4$
*	-2.50E 00 1.00E 00	$\underline{Z}_3 \underline{Y}_4$
E	X?	
1 {EXE}	Y?	
0 {EXE}	1.00E 00 0.00E 00	1
+	-1.50E 00 1.00E 00	$1 + \underline{Z}_3\underline{Y}_4$
*	-3.33E 00 3.67E 00	$(1+\underline{Z}_1/\underline{Z}_2)(1+\underline{Z}_3\underline{Y}_4)$
E	X?	
5 {EXE}	Y?	
-2 {EXE}	5.00E 00 -2 00E 00	$\underline{Z}_1$
E	X?	
1/5 {EXE}	Y?	
1/2 {EXE}	2.00E-01 5.00E-01	$\underline{Y}_4$
*	2.00E 00 2.10E 00	$\underline{Z}_1 \underline{Y}_4$
+	-1.33E 00 5.77E 00	
I	-3.81E-02 -1.65E-01	$\underline{U}_2/\underline{U}_1$ (R-Form)
P	1.69E-01 -1.03E 02	(P-Form)

Das gesuchte Spannungsverhältnis ist also:

$$\underline{U}_2/\underline{U}_1 = -0.0381 - j0.165 = 0.169\,e^{-j103^{\circ}}$$

4 Programm Komplexer Gauß-Algorithmus GCOM

In den Programmbibliotheken und Anwendermodulen programmierbarer Taschenrechner wird gewöhnlich der Gauß-Algorithmus
für die reelle unsymmetrische Matrix angeboten. Das Maschen-
strom- und das Knotenpunktpotential-Verfahren führen jedoch
auf lineare symmetrische und komplexe Gleichungssysteme.
Sind nur starre Spannungs- und Stromquellen vorhanden, dann
sind die komplexe Widerstandsmatrix und die komplexe Leitwertmatrix symmetrisch zu ihrer Hauptdiagonalen. In dem vorliegenden Programm wird daher nur die obere Dreieckmatrix
eingegeben und gespeichert. Hierdurch wird Speicher gespart,
die Rechengeschwindigkeit erhöht und der Aufwand für die
Eingabe vermindert. Das Programm kann wahlweise für Gleich-
stromberechnungen (reelle Matrix) und Wechselstromberech-
nungen (komplexe Matrix) eingesetzt werden. Die Ordnung der
Matrix ist variabel.

4.1 Theoretische Grundlagen

Zur Illustration des Gauß-Algorithmus werde zunächst ein
Gleichungssystem dritter Ordnung mit unsymmetrischer Koeffizientenmatrix betrachtet.

$$
\begin{bmatrix} A_{11} & A_{12} & A_{13} \\ A_{21} & A_{22} & A_{23} \\ A_{31} & A_{32} & A_{33} \end{bmatrix}
\begin{bmatrix} X_1 \\ X_2 \\ X_3 \end{bmatrix}
=
\begin{bmatrix} A_{14} \\ A_{24} \\ A_{34} \end{bmatrix}
$$

Bild 4.1: Gleichungssystem mit unsymmetrischer
          Koeffizientenmatrix

Dieses Gleichungssystem kann in kompakter Weise als "erweiterte" Matrix geschrieben werden (Bild 4.2).

$$\begin{bmatrix} A_{11} & A_{12} & A_{13} & A_{14} \\ A_{21} & A_{22} & A_{23} & A_{24} \\ A_{31} & A_{32} & A_{33} & A_{34} \end{bmatrix}$$

Bild 4.2: Erweiterte Matrix

Jede Zeile der erweiterten Matrix entspricht einer Gleichung
des Gleichungssystems. Ziel des Gauß-Algorithmus ist es nun,
die erweiterte Matrix durch "elementare Zeilenoperationen"
in eine reduzierte Matrix umzuwandeln, die unterhalb der
Hauptdiagonalen nur Nullen enthält (Bild 4.3).

$$\begin{bmatrix} B_{11} & B_{12} & B_{13} & B_{14} \\ 0 & B_{22} & B_{23} & B_{24} \\ 0 & 0 & B_{33} & B_{34} \end{bmatrix}$$

Bild 4.3: Reduzierte erweiterte Matrix

Die letzte Zeile der reduzierten Matrix entspricht einer
Gleichung mit nur einer Unbekannten, deren Wert leicht zu
berechnen ist:

$$X_3 = B_{34}/B_{33}$$

Eine Null in Bild 4.3 wird durch eine elementare Zeilenope-
ration erzeugt. Mit einem geeigneten Multiplikator wird eine
ganze Zeile, die Pivotzeile, multipliziert und dann von der
zu reduzierenden Zeile subtrahiert. Ein Zahlenbeispiel möge
das verdeutlichen.

Gegeben sei die erweiterte Matrix in Bild 4.4.

$$\begin{bmatrix} \boxed{16} & -8 & -4 & 4 \\ -8 & 12 & -2 & 18 \\ -4 & -2 & 11 & -19 \end{bmatrix}$$

Pivotelement

Bild 4.4: Zahlenbeispiel einer erweiterten Matrix

In der ersten Reduktionsstufe ist die erste Zeile die Pivotzeile. In dieser ist 16 das Pivotelement. Der Multiplikator für die Reduktion der zweiten Zeile lautet -8/16 und für die Reduktion der dritten Zeile -4/16. Das Ergebnis der ersten Reduktionsstufe ist die Matrix in Bild 4.5.

$$\begin{matrix} & & \text{Pivotelement} & \\ 16 & -8 & -4 & 4 \\ 0 & \boxed{8} & -4 & 20 \\ 0 & -4 & 10 & -18 \end{matrix}$$

Bild 4.5: Matrix nach der ersten Reduktionsstufe

In Bild 4.5 entspricht die zweite und die dritte Zeile einem Gleichungssystem zweier Gleichungen mit nur noch zwei Unbekannten X_2 und X_3. Auf dieses Gleichungssystem wird die zweite Reduktionsstufe angewendet. Jetzt ist die zweite Zeile die Pivotzeile. In dieser ist 8 das Pivotelement. Der Multiplikator für die Reduktion der dritten Zeile lautet -4/8. Das Ergebnis der zweiten und letzten Reduktionsstufe ist die Matrix in Bild 4.6.

$$\begin{bmatrix} 16 & -8 & -4 & 4 \\ 0 & 8 & -4 & 20 \\ 0 & 0 & 8 & -8 \end{bmatrix}$$

Bild 4.6: Matrix nach der zweiten Reduktionsstufe

Aus der dritten Zeile gewinnt man das Ergebnis:

$$X_3 = -8/8 = -1$$

Durch Einsetzen von X_3 in die zweite Gleichung ergibt sich $X_2 = 2$ und durch Einsetzen von X_2 und X_3 in die erste Gleichung $X_1 = 1$.

Allgemein ergeben sich die folgenden Beziehungen für die Reduktion (Vorwärts-Algorithmus). Das Gleichungssystem bestehe aus N Gleichungen. Das aktuelle Pivotelement sei A(K,K). Die zu reduzierende Zeile habe den Zeilenindex I. Der laufende

Spaltenindex während der Reduktion einer Zeile sei J. Der
Multiplikator werde mit M bezeichnet. Nehmen wir nun der
Einfachheit halber an, daß die Matrixelemente reell sind,
dann läßt sich die Reduktion einer unsymmetrischen Matrix
in allgemeiner Weise durch das kleine Basic-Programm in
Bild 4.7 beschreiben.

```
10   FOR K=1 TO N-1
20   FOR I=K+1 TO N
30   M=A(I,K)/A(K,K)
40   FOR J=K+1 TO N+1
50   A(I,J)=A(I,J) - M*A(K,J)
```

Bild 4.7: Basic-Programm für die Reduktion einer reellen
unsymmetrischen erweiterten Matrix

Ist nun die Matrix symmetrisch, dann ergeben sich Vereinfachungen. Die gegebene Matrix des Zahlenbeispiels Bild 4.4
war symmetrisch. Man erkennt in Bild 4.5, daß das reduzierte
System nach der ersten Reduktionsstufe auch wieder symmetrisch ist. Allgemein läßt sich feststellen, daß bei einer
gegebenen symmetrischen Matrix die Matrizen nach allen Re-
duktionsstufen ebenfalls symmetrisch sind, wenn in jeder Reduktionsstufe das obere linke Element der reduzierten Matrix
als Pivotelement genommen wird. Die untere Dreieckmatrix
ist also in jeder Reduktionsstufe überflüssig und kann daher
von vornherein weggelassen werden (Bild 4.8).

$$\begin{bmatrix} A_{11} & A_{12} & A_{13} & A_{14} \\ & A_{22} & A_{23} & A_{24} \\ & & A_{33} & A_{34} \end{bmatrix}$$

Bild 4.8: Symmetrische erweiterte Matrix in
verkürzter Darstellung

In einer symmetrischen Matrix ist A(I,K)=A(K,I). Der Spaltenindex läuft jetzt von I bis N+1; die reduzierte Zeile ist
also kürzer. Fügt man diese Änderungen in das Basic-Programm
Bild 4.7 ein, so ergibt sich Bild 4.9.

```
10   FOR  K=1 TO  N-1
20   FOR  I=K+1 TO  N
30   M=A(K,I)/A(K,K)
40   FOR  J=I TO  N+1
50   A(I,J)=A(I,J) - M*A(K,J)
```

Bild 4.9: Basic-Programm für die Reduktion einer reellen
symmetrischen erweiterten Matrix

Ist nun die Matrix komplex, dann muß Speicherplatz für die
Imaginärteile zur Verfügung gestellt werden. Betrachtet man
die verkürzte Matrix in Bild 4.8, so erkennt man, daß der
vorhandene Speicherplatz für die untere Dreieckmatrix nicht
benutzt wird. Es liegt also nahe, in diesem Speicherbereich
die Imaginärteile zu speichern. In dem vorliegenden Programm
GCOM werden die Realteile und die Imaginärteile entsprechend
Bild 4.10 gespeichert.

$$
\begin{bmatrix}
I_{23} & I_{22} & R_{oo} & R_{o1} & R_{o2} & R_{o3} \\
I_{13} & I_{12} & I_{11} & R_{11} & R_{12} & R_{13} \\
I_{o3} & I_{o2} & I_{o1} & I_{oo} & R_{22} & R_{23}
\end{bmatrix}
$$

Bild 4.10: Speicherung der Real- und Imaginärteile
einer symmetrischen erweiterten Matrix

Aus programmtechnischen Gründen beginnen hier der Zeilen-
und Spaltenindex mit Null.

Für ein allgemeines Basic-Taschenrechnerprogramm zur Lösung
von Gleichungssystemen mit variabler Matrixgröße ist es
nicht sinnvoll, die Matrixelemente mit Doppelindizes zu
adressieren. Obwohl die Programmierung einfacher würde, so
könnte der vorhandene Speicher nicht immer voll genutzt werden, da die doppelte Indizierung bei Taschenrechnern an be-
stimmte Speicherbereiche gebunden ist. Daher wird hier die
Indizierung mit einem Index bevorzugt. Die Adressierung der
Realteile R_{IJ} und der Imaginärteile I_{IJ} erfolgt dann durch
Indexrechnung mit den folgenden Formeln:

$$R_{IJ} = A(R+J) , \qquad I_{IJ} = A(S-J)$$

mit den zeilenabhängigen Größen:

$$R = M*I + 2 \qquad \text{und} \qquad S = T - R$$

und den konstanten Größen:

$$M = N + 3 \qquad \text{(Zeilenlänge)}$$
$$T = N*(N + 3) - 1 \quad \text{(Index des letzten Elementes)}$$

Die Matrix der Real- und Imaginärteile des Bildes 4.10 wird also zeilenweise in einem Feld, beginnend mit $A(\emptyset)$, gespeichert.

Ein Zeilentausch (üblich bei Programmen für größere Rechner) ist in diesem Programm nicht vorgesehen. Sollte einmal, wenn in einem Subnetzwerk eine Resonanz auftritt, ein Pivotelement Null werden, was zu einer Division durch Null führt, dann ändere man die Zahlenwerte dieses Subnetzwerkes (z.B. Änderung der Frequenz) geringfügig.

4.2 Bedienungsanleitung

Der Ablauf der Bedienung wird getrennt am Beispiel einer reellen und einer komplexen Matrix gezeigt.

Beispiel 1: Reelle symmetrische Matrix

Gegeben ist das Gleichungssystem mit reeller symmetrischer Koeffizientenmatrix:

$$12\,X_1 \quad - \quad 4\,X_2 \quad - \quad 6\,X_3 \quad = \quad 2$$
$$-4\,X_1 \quad + \quad 9\,X_2 \quad - \quad 3\,X_3 \quad = \quad 5$$
$$-6\,X_1 \quad - \quad 3\,X_2 \quad + \quad 10\,X_3 \quad = \quad -5$$

Das Programm GCOM verwendet nur die obere erweiterte Dreieckmatrix, die in der üblichen schematischen Darstellung lautet:

X_1	X_2	X_3	
12	-4	-6	2
	9	-3	5
		10	-5

Die Eingabe der reellen Matrix wird weiter vereinfacht, indem das Programm nur die Realteile anfordert.

Tasten	Anzeige	Bemerkung
{F1} {P1}	N?	Ordnung der Matrix?
3 {EXE}	COMPLEX?	Ist die Matrix komplex?
Ø {EXE}	RE 1 1?	Wenn nein, dann Ø tasten
12 {EXE}	RE 1 2?	
-4 {EXE}	RE 1 3?	
-6 {EXE}	RE 1 4?	Eingabe nur Realteile
2 {EXE}	RE 2 2?	
9 {EXE}	RE 2 3?	
-3 {EXE}	RE 2 4?	
5 {EXE}	RE 3 3?	
10 {EXE}	RE 3 4?	
-5 {EXE}	X 3 =-0.08139534884	Anzeige der reellen Lö-
{CONT}	X 2 =0.6860465116	sung des Gleichungssys-
{CONT}	X 1 = 0.3546511628	tems

Beispiel 2: Komplexe symmetrische Matrix

Gegeben ist das Gleichungssystem mit komplexer symmetrischer
Koeffizientenmatrix:

$$(12 + j5) X_1 + (-4 + j5) X_2 + (-6 - j7) X_3 = 2 + j4$$
$$(-4 + j5) X_1 + (9 - j8) X_2 + (-3 + j4) X_3 = 5 + j3$$
$$(-6 - j7) X_1 + (-3 + j4) X_2 + (10 - j2) X_3 = -5 - j3$$

Das Programm GCOM verwendet nur die obere erweiterte Matrix,
die in der üblichen schematischen Darstellung lautet:

X_1	X_2	X_3	
12 + j5	-4 + j5	-6 - j7	2 + j4
	9 - j8	-3 + j4	5 + j3
		10 - j2	-5 - j3

Die folgende Tabelle zeigt die Bedienung des Rechners:

Tasten	Anzeige	Bemerkung
{F1} {P1}	N?	Ordnung der Matrix?
3 {EXE}	COMPLEX?	Ist die Matrix komplex?
1 {EXE}	RE 1 1?	Wenn ja, dann 1 tasten.
12 {EXE}	IM 1 1?	
5 {EXE}	RE 1 2?	
-4 {EXE}	IM 1 2?	
5 {EXE}	RE 1 3?	Eingabe der Real- und
-6 {EXE}	IM 1 3?	Imaginärteile
-7 {EXE}	RE 1 4?	
2 {EXE}	IM 1 4?	
4 {EXE}	RE 2 2?	
9 {EXE}	IM 2 2?	
-8 {EXE}	RE 2 3?	
-3 {EXE}	IM 2 3?	
4 {EXE}	RE 2 4?	
5 {EXE}	IM 2 4?	
3 {EXE}	RE 3 3?	
10 {EXE}	IM 3 3?	
-2 {EXE}	RE 3 4?	
-5 {EXE}	IM 3 4?	
-3 {EXE}	X 3 = 0.03022810263	Anzeige der komplexen
{CONT}	+J 0.2333098626	Lösung des Gleichungs-
{CONT}	X 2 = 0.4952889355	systems
{CONT}	+J 0.6256103752	
{CONT}	X 1 = 0.5684979286	
{CONT}	+J 0.2329135895	

4.3 Programmauflistung

Basic-Programm	Erläuterungen

`P1: 606 STEPS`
`10 VAC :INP "N",N,`
`   "COMPLEX",E:M=N`
`   +3:T=N*(N+3)-1`
	Eingabe der Matrix

`20 FOR I=0 TO 4-1:` `   GSB 290`	
`30 FOR J=I TO N`	

`40 PRT "RE";I+1;J+`
`   1;:INP A(R+J):I`
`   F E*1 THEN 80`	

`50 PRT "IM";I+1;J+` `   1;:INP A(S-J)`	
`80 NEXT J:NEXT I`	
`100 FOR K=0 TO N-2:` `   P=M*K+2:Q=T-P`	Vorwärts-Algorithmus
`110 FOR I=K+1 TO N-` `   1`	

`120 U=A(P+I):V=A(Q-`
`   I):X=A(P+K):Y=A`
`   (Q-K):GSB 280:G`
`   SB 290`	

`130 FOR J=I TO N:U=` `   A(P+J):V=A(Q-J)`	

`140 A(R+J)=A(R+J)-X`
`   *U+Y*V:A(S-J)=A`
`   (S-J)-X*V-Y*U`
	Reduktion eines Elementes

`150 NEXT J:NEXT I:N` `   EXT K`	

`200 FOR I=N-1 TO 0`
`   STEP -1:GSB 290`
`   :U=A(R+N):V=A(S`
`   -N)`
	Rückwärts-Algorithmus

`210 FOR J=I+1 TO N-`
`   1:IF J=N THEN 2`
`   40`	

`220 A=A(R+J):B=A(S-`
`   J):P=M*J+N+2:C=`
`   A(P):D=A(T-P)`	

`230 U=U-A*C+B*D:V=V` `   -A*D-B*C:NEXT J`	

`240 X=A(R+I):Y=A(S-`
`   I):GSB 280:A(R+`
`   N)=X:A(S-N)=Y`	

`250 PRT "X";I+1;" =`
`   ";X:IF E*1;NEXT`
`   I`
	Ausgabe Realteil

`260 Z$="+":IF Y<0;Z` `   $="-"`	Ausgabe Imaginärteil
`270 PRT Z$;"J";ABS` `   Y:NEXT I`	

`280 W=X*X+Y*Y:Z=(U*`
`   X+V*Y)/W:Y=(V*X`
`   -U*Y)/W:X=Z:RET`
	UP: Komplexe Division

`290 R=M*I+2:S=T-R:R` `   ET`	UP: Index Zeilenanfang

4.4 Speicherbelegung

Register	Inhalt
A	Zwischenspeicher
B	"
C	"
D	"
E	Wenn 1, komplex; wenn $\emptyset$, reell
I	Zeilenindex
J	Spaltenindex
K	Index des Pivotelementes
M	Zeilenlänge N+3
N	Ordnung der Matrix
P	Zwischenspeicher für Indexrechnung
Q	"
R	"
S	"
T	Index des letzten Elementes N*(N+3)-1
U	Zwischenspeicher für komplexe Rechnung
V	"
W	"
X	"
Y	"
Z	"
A(0)	Komplexe Matrix
A(1)	"
"	"
"	"
A(T)	"

Der Speicherbedarf für die Matrix beträgt N*(N+3). Mit der
Taste {DEFM} reserviert der Rechner Blöcke von je 10 Registern. Die folgende Tabelle zeigt einige Werte:

Ordnung N	2	3	4	5	6	7	8	9	10
Register	10	18	28	40	54	70	88	108	130
DFM	1	2	3	4	6	7	9	11	13

4.5 Übungsaufgaben

Entsprechend den Vorschriften des Maschenstrom-Verfahrens
und des Knotenpunktpotential-Verfahrens kann die symmetrische Widerstandsmatrix bzw. Leitwertmatrix unmittelbar aus
der Schaltung abgelesen werden. In den folgenden Aufgaben
wird das Programm GCOM eingesetzt, um aus der Matrix die
Strom- oder Spannungsverteilung des Netzwerkes zu berechnen.

Programm: Komplexer Gauß-Algorithmus GCOM

Aufgabe: 4.1 | Anwendung: Ersatzwiderstand

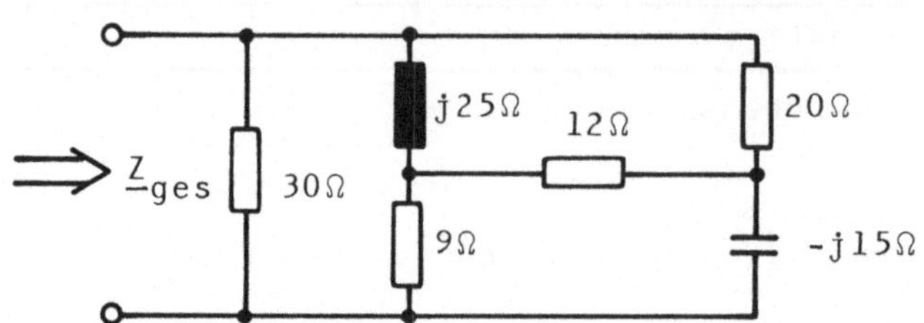

Der Ersatzwiderstand $\underline{Z}_{ges}$ ist zu bestimmen.

Speist man die Schaltung mit einer Stromquelle von 1A, dann ist der Zahlenwert der Eingangsspannung $\underline{U}_1$ gleich dem Zahlenwert des gesuchten Widerstandes:

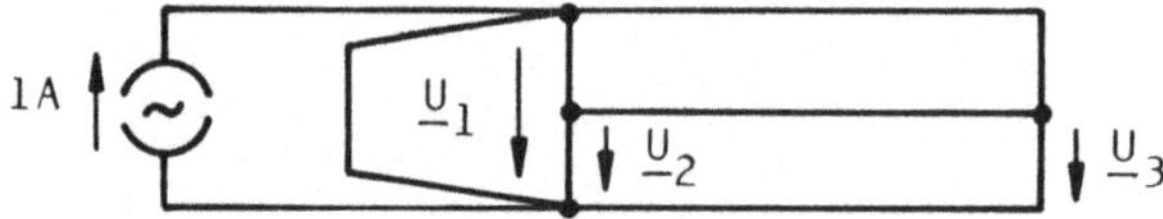

Die Matrix der Knotenpunktpotentiale $\underline{U}_1$, $\underline{U}_2$ und $\underline{U}_3$ läßt sich unmittelbar aus der Schaltung ablesen:

$\underline{U}_1$/V	$\underline{U}_2$/V	$\underline{U}_3$/V	$\Sigma\underline{I}$/A
1/30+1/20-j/25	j/25	-1/20	1
	1/9+1/12-j/25	-1/12	0
		1/12+1/20+j/15	0

Man beachte, daß von dem Programm auch Basic-Ausdrücke (z.B. 1/30+1/20) eingelesen werden.

Das Programm errechnet aus der Matrix die Spannungen:

$$\underline{U}_1 = 12.14V + j2.106V$$
$$\underline{U}_2 = 3.142V - j3.434V$$
$$\underline{U}_3 = 4.671V - j3.692V$$

Der gesuchte Widerstand ist also:

$$\underline{Z}_{ges} = \underline{U}_1/1A = 12.14\Omega + j2.106\Omega$$

Programm: Komplexer Gauß-Algorithmus GCOM

Aufgabe: 4.2 | Anwendung: Ersatzleitwert

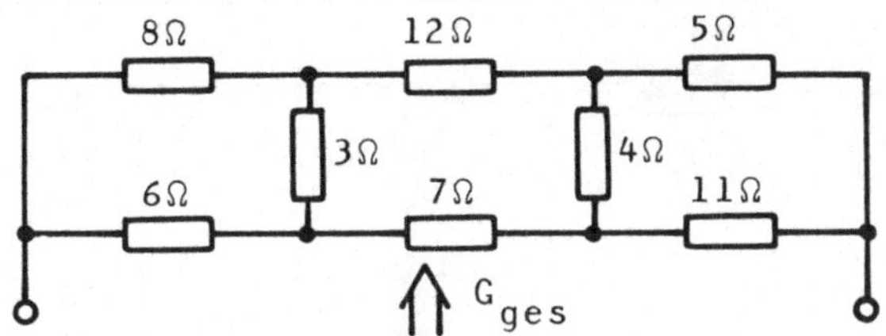

Gesucht ist der Ersatzleitwert G_{ges} bezüglich der Klemmen.

Speist man die Schaltung mit einer Spannungsquelle von 1V, dann ist der Zahlenwert des Eingangsstromes I_1 gleich dem Zahlenwert des gesuchten Leitwertes:

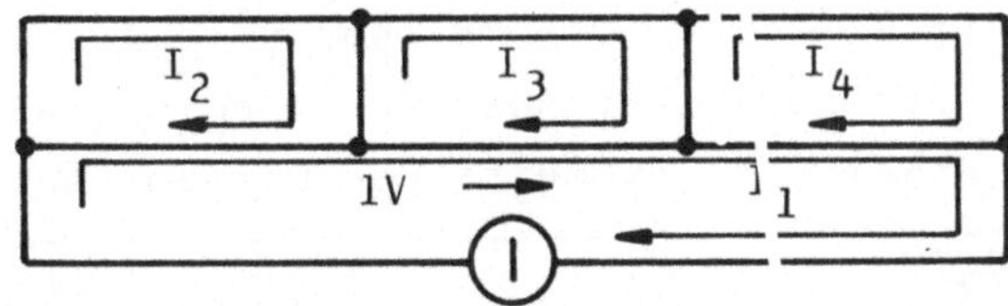

Die Matrix der Maschenströme gewinnt man direkt aus der Schaltung:

I_1/A	I_2/A	I_3/A	I_4/A	$\Sigma U/V$
24	-6	-7	-11	1
	17	-3	0	0
		22	-4	0
			20	0

Hieraus werden mit GCOM die Maschenströme bestimmt:

$$I_1 = 0.0931\,A$$
$$I_2 = 0.0410\,A$$
$$I_3 = 0.0462\,A$$
$$I_4 = 0.0604\,A$$

Der Maschenstrom I_1 ist identisch mit dem Eingangsstrom. Es folgt der gesuchte Leitwert:

$$G_{ges} = I_1/1V = 0.0931\ 1/\Omega$$

Programm: Komplexer Gauß-Algorithmus GCOM

Aufgabe: 4.3 | Anwendung: Spannungszeigerdiagramm

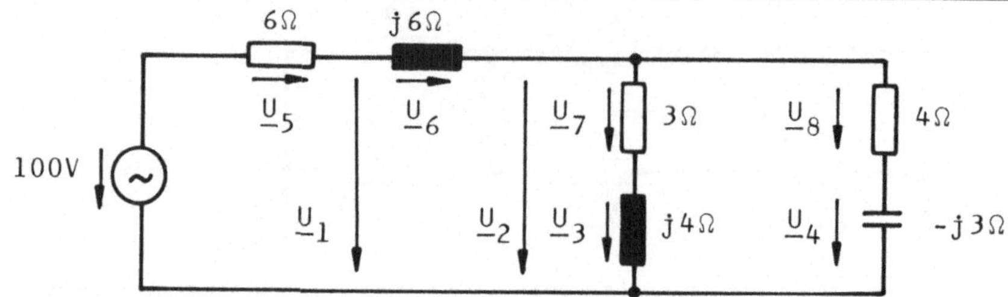

Gesucht ist das Zeigerdiagramm aller Spannungen des Netz-werkes.

Die Spannungsverteilung wird mit dem Knotenpunktpotential-Verfahren ermittelt. Es sind vier Knotenpunktpotentiale $\underline{U}_1$, $\underline{U}_2$, $\underline{U}_3$ und $\underline{U}_4$ erforderlich. Aus den Daten des Netzwerkes folgt sofort die erweiterte symmetrische Leitwertmatrix:

$\underline{U}_1/V$	$\underline{U}_2/V$	$\underline{U}_3/V$	$\underline{U}_4/V$	$\Sigma\underline{I}/A$
1/6-j/6	j/6	0	0	100/6
	1/3+1/4-j/6	-1/3	-1/4	0
		1/3-j/4	0	0
			1/4+j/3	0

Das Programm GCOM liefert aus der Matrix die Potentiale:

$$\underline{U}_1/V = 56.98 + j29.43 , \quad \underline{U}_2/V = 27.55 - j13.58$$
$$\underline{U}_3/V = 24.15 + j4.528 , \quad \underline{U}_4/V = 3.396 - j18.11$$

Trägt man zunächst die vier berechneten Spannungen in der komplexen Ebene als Zeiger im Nullpunkt ein, dann ergeben sich die Zeiger der übrigen Spannungen automatisch durch geometrische Subtraktion.

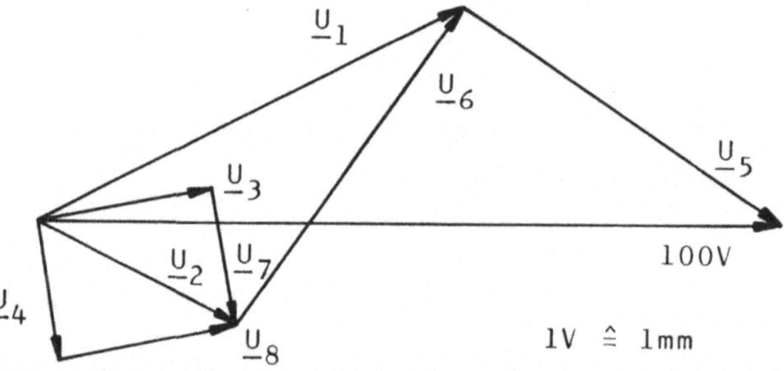

Programm: Komplexer Gauß-Algorithmus GCOM

Aufgabe: 4.4   Anwendung: Stromzeigerdiagramm

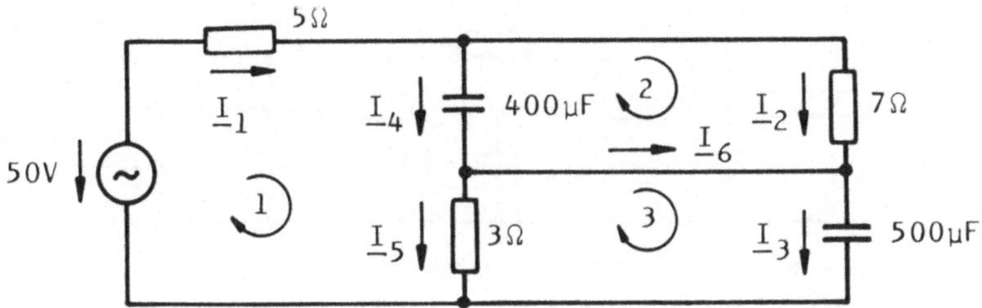

Gesucht ist das Zeigerdiagramm aller Ströme des Netzwerkes für die Frequenz $\omega=300$ 1/s.

Die Stromverteilung wird mit dem Maschenstrom-Verfahren ermittelt. Es sind drei Maschenströme erforderlich. Sie werden so gewählt, daß sie mit den Zweigströmen $\underline{I}_1$, $\underline{I}_2$ und $\underline{I}_3$ identisch sind. Aus dem Netzwerk läßt sich die symmetrische erweiterte Widerstandsmatrix ablesen:

$\underline{I}_1/A$	$\underline{I}_2/A$	$\underline{I}_3/A$	
8 - j/(300*400E-6)	j/(300*400E-6)	-5	50
	7 - j/(300*400E-6)	0	0
		3 - j/(300*500E-6)	0

Aus der Matrix errechnet das Programm die Maschenströme:

$$\underline{I}_1/A = 3.395 + j2.083 , \quad \underline{I}_2/A = 3.016 - j0.4506$$
$$\underline{I}_3/A = -0.3464 + j2.7017$$

Trägt man zunächst die drei berechneten Maschenströme als Zeiger in der komplexen Ebene im Nullpunkt ein, dann ergeben sich die Zeiger der übrigen Ströme durch geometrische Subtraktion.

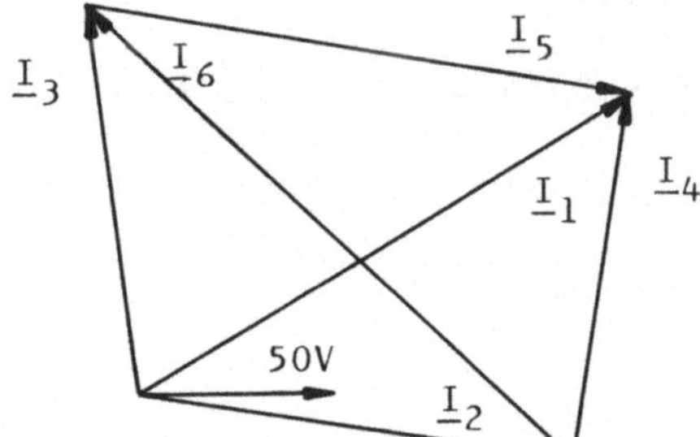

Programm: Komplexer Gauß-Algorithmus GCOM

Aufgabe: 4.5 | Anwendung: Spannungsübertragungsverhältnis

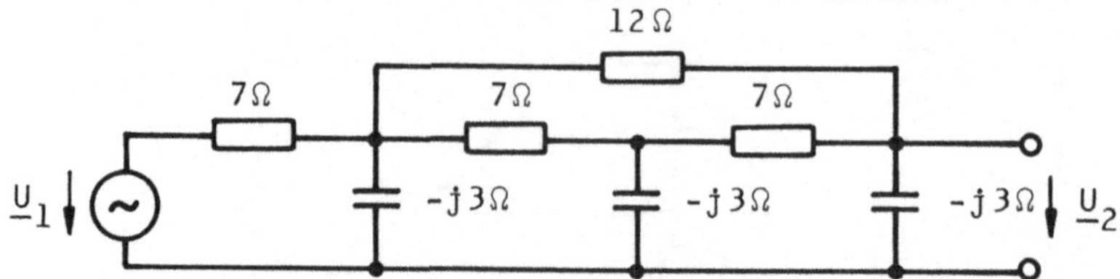

Das Spannungsverhältnis $\underline{U}_2/\underline{U}_1$ ist zu bestimmen.

Setzt man $\underline{U}_1=1V$, dann ist $\underline{U}_2/\underline{U}_1$ identisch mit dem Zahlenwert von $\underline{U}_2$. Für die Anwendung des Knotenpunktpotentialverfahrens ergibt sich nach Umwandlung der Spannungsquelle $\underline{U}_1=1V$ in eine äquivalente Stromquelle der folgende Graph:

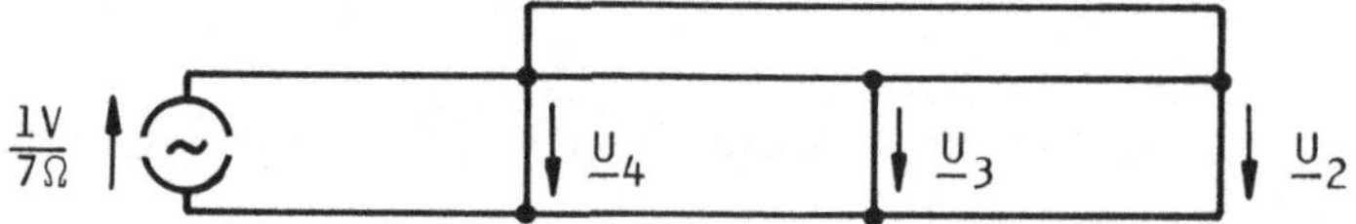

Man beachte, daß jetzt der Widerstand 7Ω parallel zu der Stromquelle liegt. Die Leitwertmatrix folgt unmittelbar aus der Schaltung:

$\underline{U}_2/V$	$\underline{U}_3/V$	$\underline{U}_4/V$	$\Sigma\underline{I}/A$
$1/7+1/12+j/3$	$-1/7$	$-1/12$	0
	$2/7+j/3$	$-1/7$	0
		$2/7+1/12+j/3$	$1/7$

Aus dieser errechnet das Programm GCOM die Potentiale:

$$\underline{U}_2/V = -0.04831 - j0.05999$$
$$\underline{U}_3/V = -0.03878 - j0.08766$$
$$\underline{U}_4/V = 0.1753 - j0.2058$$

Damit ist das gesuchte Spannungsverhältnis:

$$\underline{U}_2/\underline{U}_1 = \underline{U}_2/1V = -0.04831 - j0.05999$$
$$= 0.07702\, e^{-j128.8^{\circ}}$$

Programm: Komplexer Gauß-Algorithmus GCOM

| Aufgabe: 4.6 | Anwendung: Drehstromsystem |

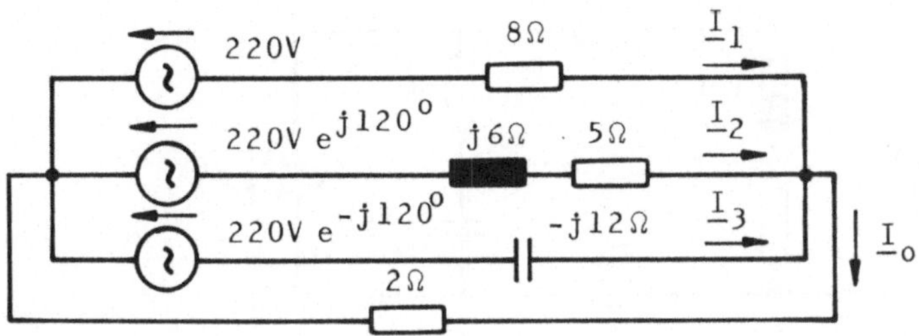

In dem unsymmetrischen Drehstromsystem bestimme man alle
Ströme.

Es sind drei Maschenströme erforderlich, die in dem folgenden Graphen dargestellt sind:

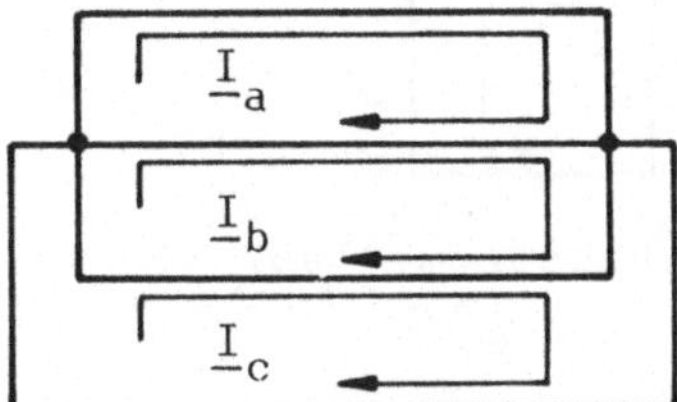

Die Matrix der Maschenströme wird unmittelbar der Schaltung
entnommen:

$\underline{I}_a$/A	$\underline{I}_b$/A	$\underline{I}_c$/A	$\Sigma\underline{U}$/V
13+j6	-5-j6	0	220 - 220*COS120 - j220*SIN120
	5-j6	j12	j2*220*SIN120
		2-j12	220*COS120 - j220*SIN120

Man beachte, daß die Basic-Ausdrücke auf der rechten Seite
eingelesen werden. Man braucht sie also nicht vorher auszu-
rechnen. Mit GCOM gewinnt man aus der Matrix die Maschenströme:

$$\underline{I}_a/A = 18.18 - j3.252 , \quad \underline{I}_b/A = 19.23 + j28.39$$
$$\underline{I}_c/A = 37.28 + j13.01$$

Hieraus folgen die Zweigströme durch Überlagerung:

$$\underline{I}_1 = \underline{I}_a , \quad \underline{I}_2 = \underline{I}_b - \underline{I}_a = 1.05A + j25.14A$$
$$\underline{I}_3 = \underline{I}_c - \underline{I}_b = 18.05A - j15.38A , \quad \underline{I}_o = \underline{I}_c$$

Programm: Komplexer Gauß-Algorithmus GCOM

Aufgabe: 4.7 | Anwendung: Leistungsbilanz

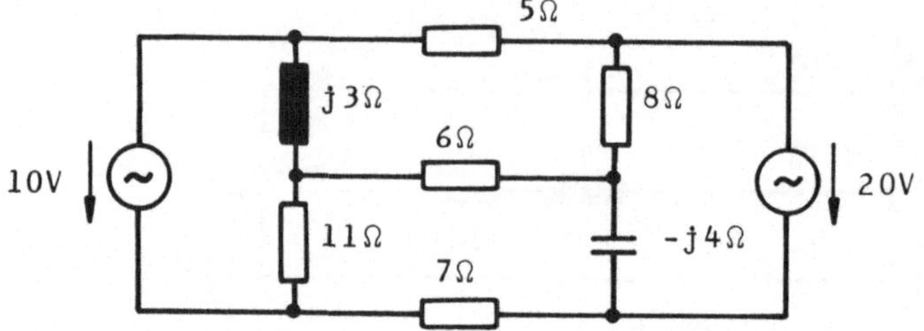

Welche Leistung wird in der Schaltung umgesetzt?

Die Struktur der Schaltung läßt sich durch den folgenden Graphen darstellen, in dem die vier Maschenströme eingezeichnet sind:

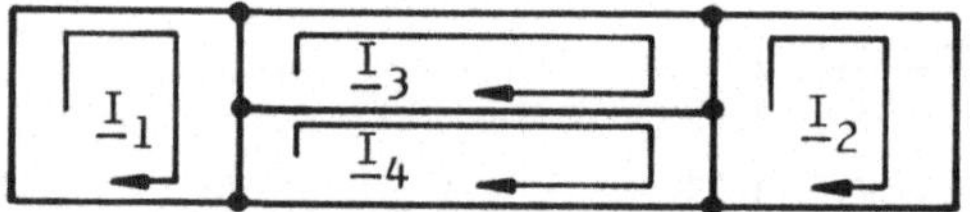

Die symmetrische Matrix der Maschenströme läßt sich direkt aus der Schaltung ablesen:

I_1/A	I_2/A	I_3/A	I_4/A	ΣU/V
$10+j3$	0	$-j3$	-11	10
	$8-j4$	-8	$j4$	-20
		$19+j3$	-6	0
			$24-j4$	0

Mit dieser Matrix errechnet das Programm GCOM die folgende Stromverteilung:

$$I_1 = 0.5644A - j0.3849A$$
$$I_2 = -2.963A - j1.613A$$
$$I_3 = -1.357A - j0.3209A$$
$$I_4 = -0.3785A + j0.1742A$$

Die Leistung beider Spannungsquellen im Erzeuger-Zählpfeilsystem ist:

$$P = 10V\ Re(I_1) - 20V\ Re(I_2) = 5.64W + 59.26W = 64.9W$$

Diese Leistung wird in den Widerständen verbraucht.

Programm: Komplexer Gauß-Algorithmus GCOM

Aufgabe: 4.8	Anwendung: Spannungsverteilung

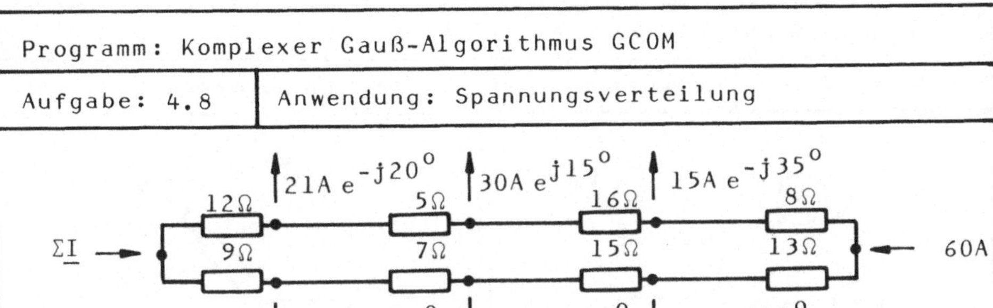

Ein Ringnetz wird von zwei Stromerzeugern gespeist. Man berechne die Spannungsverteilung des Netzwerkes, bezogen auf den linken Einspeisepunkt.

Das Netzwerk läßt sich durch den folgenden Graphen mit den eingezeichneten Knotenpunktpotentialen darstellen:

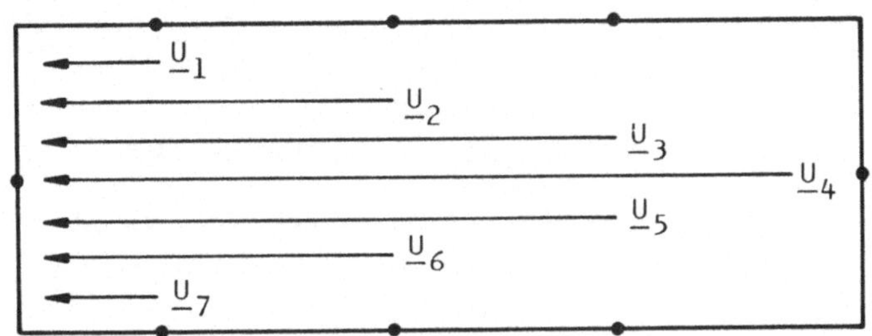

Die Leitwertmatrix folgt unmittelbar aus der Schaltung:

$\underline{U}_1$/V	$\underline{U}_2$/V	$\underline{U}_3$/V	$\underline{U}_4$/V	$\underline{U}_5$/V	$\underline{U}_6$/V	$\underline{U}_7$/V	$\Sigma\underline{I}$/A
1/12+1/5	-1/5	0	0	0	0	0	-21*COS20+j21*SIN20
	1/5+1/16	-1/16	0	0	0	0	-30*COS15-j30*SIN15
		1/16+1/8	-1/8	0	0	0	-15*COS35+j15*SIN35
			1/8+1/13	-1/13	0	0	60
				1/13+1/15	-1/15	0	-27*COS12-j27*SIN12
					1/15+1/7	-1/7	-18*COS25+j18*SIN25
						1/7+1/9	-11*COS30+j11*SIN30

Aus der Matrix liefert das Programm GCOM die Ergebnisse:

$$\underline{U}_1/V = -363.6 + j62.25 , \qquad \underline{U}_2/V = -416.4 + j52.27$$
$$\underline{U}_3/V = -121.8 + j144.6 , \qquad \underline{U}_4/V = 123.8 + j121.9$$
$$\underline{U}_5/V = -257.1 + j85.06 , \qquad \underline{U}_6/V = -300.5 + j126.7$$
$$\underline{U}_7/V = -206.5 + j92.95$$

Programm: Komplexer Gauß-Algorithmus GCOM

Aufgabe: 4.9   Anwendung: Stromverteilung eines Netzwerkes

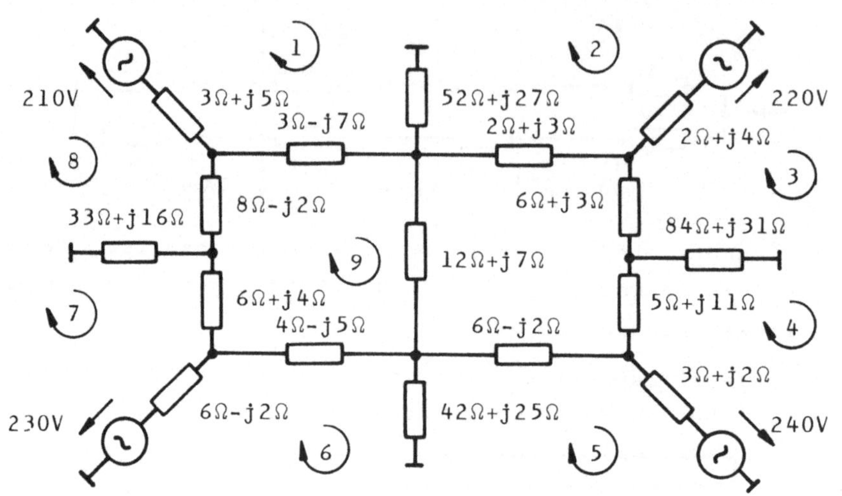

Gesucht ist die Stromverteilung des Netzwerkes.

Für die Anwendung des Maschenstrom-Verfahrens sind M=9 Maschenströme erforderlich. Dieser Wert folgt aus der Glei-
chungsbilanz:

$$M = 17 \text{ Zweige} - (9 \text{ Knoten} - 1) = 9$$

Man beachte, daß die Massepunkte einen gemeinsamen Knoten
bilden. Die gewählten Maschenströme sind in der Schaltung
dargestellt. Man erkennt, daß jeder Zweig von mindestens
einem Maschenstrom durchflossen wird. Die symmetrische
erweiterte Widerstandsmatrix kann unmittelbar aus der
Schaltung abgelesen werden (siehe Blatt 2). Das Programm
liefert als Ergebnis die folgenden Maschenströme:

$$\underline{I}_1 = -1.511A \; -j0.9213A \qquad \underline{I}_6 = 0.01821A \; -j0.4504A$$
$$\underline{I}_2 = 1.425A \; -j2.524A \qquad \underline{I}_7 = -3.892A \; +j0.03397A$$
$$\underline{I}_3 = -0.9013A \; -j0.2764A \qquad \underline{I}_8 = 0.7330A \; -j2.064A$$
$$\underline{I}_4 = 1.177A \; -j1.153A \qquad \underline{I}_9 = -0.9743A \; -j0.9196A$$
$$\underline{I}_5 = -3.633A \; +j1.412A$$

Die 17 Zweigströme ergeben sich durch Überlagerung der
Maschenströme.

Programm: Komplexer Gauß-Algorithmus GCOM	
Aufgabe: 4.9	Anwendung: Stromverteilung eines Netzwerkes

Die Matrix der Maschenströme lautet:

$\underline{I}_1$/A	$\underline{I}_2$/A	$\underline{I}_3$/A	$\underline{I}_4$/A	$\underline{I}_5$/A
58+j25	-52-j27	0	0	0
	56+j34	-2-j4	0	0
		92+j38	-84-j31	0
			92+j44	-3-j2
				51+j25

$\Rightarrow$

$\Rightarrow$

$\underline{I}_6$/A	$\underline{I}_7$/A	$\underline{I}_8$/A	$\underline{I}_9$/A	$\Sigma\underline{U}$/V
0	0	-3-j5	-3+j7	-210
0	0	0	0	220
0	0	0	0	-220
0	0	0	0	240
-42-j25	0	0	0	-240
52+j18	-6+j2	0	-4+j5	230
	45+j18	-33-j16	-6-j4	-230
		44+j19	-8+j2	210
			33-j3	0

Programm: Komplexer Gauß-Algorithmus GCOM

5 Reduktionsprogramm RED

Mit diesem Programm können Netzwerke analysiert werden, die
aus Widerständen, Kapazitäten, Induktivitäten, Blindwiderständen, starren Spannungs- und Stromquellen in beliebigen
parallelen oder seriellen Verknüpfungen bestehen dürfen. Als
Ergebnis liefert das Programm Spannungen, Ströme und Widerstände an beliebigen Klemmen des Netzwerkes. Von diesen kann
sowohl der Amplitudengang als auch der Phasengang geplottet
werden.

Außerdem können Frequenzgänge von rückgekoppelten Verstärkern
berechnet werden. Gewöhnlich wird hierfür das Knotenpunktpotentialverfahren eingesetzt. Das Reduktionsverfahren ist jedoch wesentlich schneller. Daher wird diesem Verfahren für
die Berechnung von Frequenzgängen mit programmierbaren Taschenrechnern der Vorzug gegeben.

Das zu analysierende Netzwerk wird durch allgemeinverständ-
liche, alphanumerische Makroanweisungen beschrieben, die im
Rechner gespeichert und, in der Ausführungsphase des Programms, interpretiert und beliebig oft für verschiedene Frequenzen durchgerechnet werden.

5.1 Theoretische Grundlagen

Jeder Zweipol kann für eine vorgegebene Frequenz zu einem
äquivalenten Zweipol reduziert werden, der aus nur zwei Elementen besteht. Der äquivalente Zweipol kann als Ersatzspannungsquelle angegeben werden.

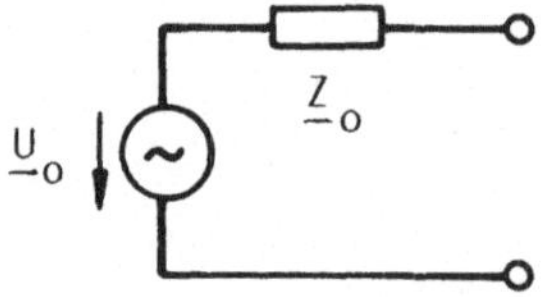

Bild 5.1: Ersatzspannungsquelle

Er kann auch als Ersatzstromquelle angegeben werden.

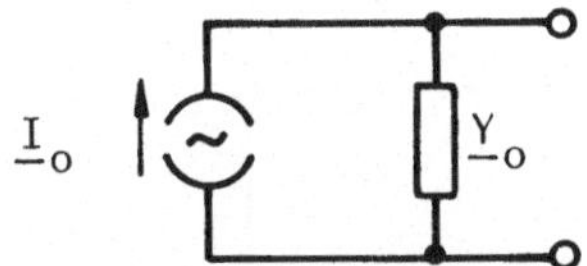

Bild 5.2: Ersatzstromquelle

Diese äquivalenten Zweipole können ineinander umgerechnet
werden mit den Formeln:

$$\underline{U}_o = \underline{I}_o \underline{Z}_o \quad \text{oder} \quad \underline{I}_o = \underline{U}_o \underline{Y}_o \qquad\qquad (5.1)$$

Zu einer Ersatzspannungsquelle kann eine Impedanz in Serie
geschaltet werden, indem ihr Wert einfach zu $\underline{Z}_o$ addiert wird;
eine Spannungsquelle kann in Serie geschaltet werden, indem
ihr Wert zu $\underline{U}_o$ addiert wird.

Andererseits kann zu einer Ersatzstromquelle eine Admittanz
(komplexer Leitwert) parallel geschaltet werden, indem ihr
Wert zu $\underline{Y}_o$ addiert wird; eine Stromquelle wird parallel geschaltet, indem ihr Wert zu $\underline{I}_o$ addiert wird.

Hieraus folgt allgemein: Zweipole werden in Serie geschaltet,
indem ihre $\underline{U}_o$ und $\underline{Z}_o$ addiert werden. Sie werden parallel geschaltet, indem ihre $\underline{I}_o$ und $\underline{Y}_o$ addiert werden. Für eine seri-
elle Verknüpfung muß der Zweipol als Ersatzspannungsquelle
vorliegen, für eine parallele Verknüpfung als Ersatzstromquelle.

Werden diese seriellen und parallelen Zuschaltungen nacheinander ausgeführt, so wird der zu analysierende Zweipol
Schritt für Schritt im Rechner aufgebaut mit den resultie-
renden Werten $\underline{U}_o$, $\underline{I}_o$ und $\underline{Z}_o$. Der äquivalente Zweipol wird
also dargestellt durch drei Größen:

    die Leerlaufspannung $\underline{U}_o$,
    den Kurzschlußstrom $\underline{I}_o$,
    den Innenwiderstand $\underline{Z}_o$.

Jede dieser Größen kann als Ergebnis ausgegeben werden. Die
Berechnung jeder Spannung, jedes Stromes und jeder Impedanz
der Schaltung wird auf die Berechnung dieser drei Größen zurückgeführt.

Der Reduktions-Algorithmus wird jetzt an einer konkreten
Schaltung erläutert.

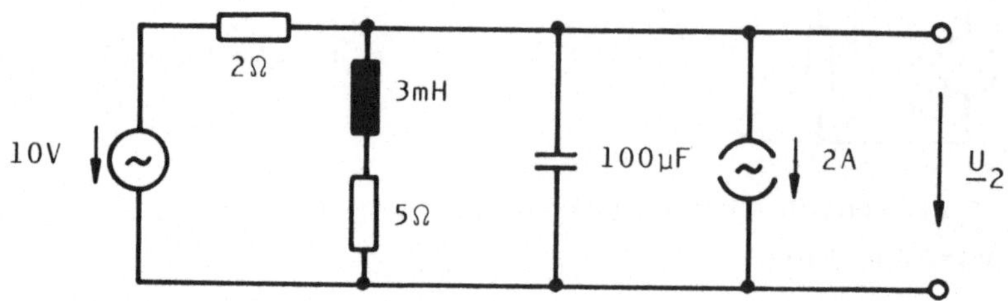

Bild 5.3: Zu reduzierender Zweipol

Die Spannung $\underline{U}_2$ soll berechnet werden. Die Schaltung wird
als Folge von Makro-Anweisungen in den Rechner eingegeben.
Wir beginnen mit der Spannungsquelle:

    US=10V

Mit dieser Anweisung haben wir den folgenden Zweipol:

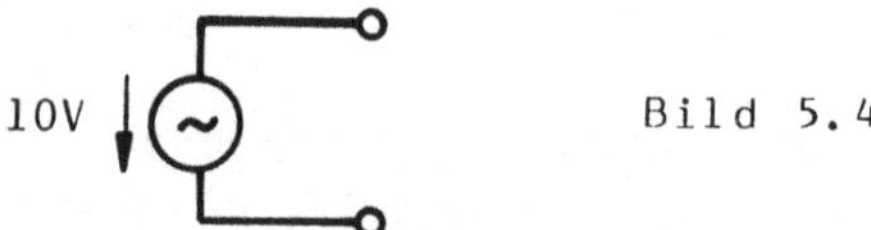

Bild 5.4

Jetzt wird ein Widerstand von 2Ω in Reihe geschaltet. Dies
wird durch die folgende Makro-Anweisung ausgedrückt:

    RS=2Ω

Die resultierende Schaltung ist:

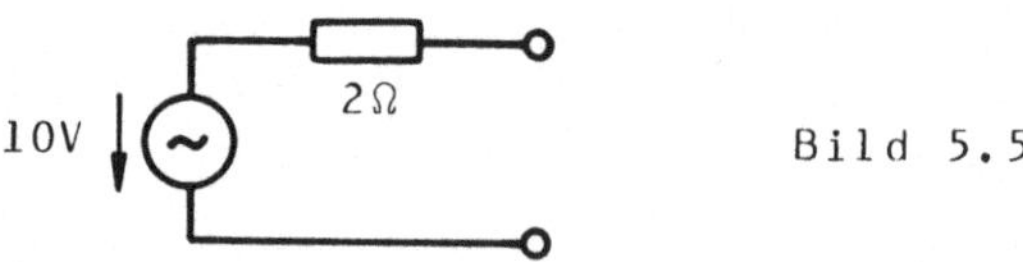

Bild 5.5

Bevor wir mit der Reihen- oder Parallelschaltung eines einzelnen Elementes fortfahren können, müssen wir den aktuellen
Zweipol in einem Stack zwischenspeichern. Dies wird ausgeführt durch die Makro-Anweisung:

    NEW

Jetzt kann mit dem Aufbau eines neuen Zweipols begonnen werden. Der nächste Zweipol beginnt mit einem Reihenwiderstand:

$$RS = 5\,\Omega$$

Eine Induktivität wird zu diesem Zweipol in Serie geschaltet:

$$LS = 3mH$$

Der aktuelle Zweipol ist jetzt:

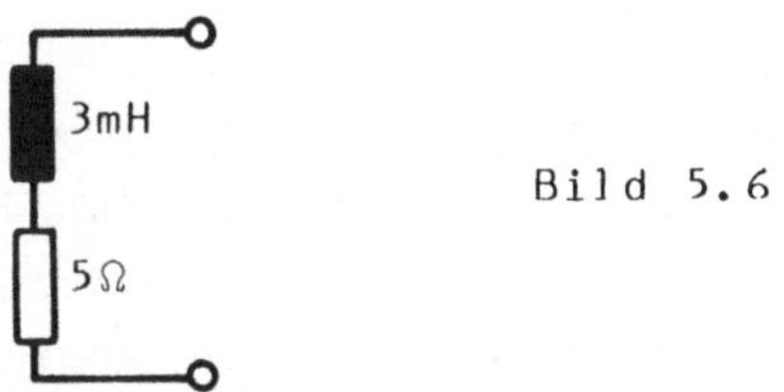

Bild 5.6

Jetzt werden der aktuelle und der gespeicherte Zweipol parallel geschaltet. Die Makro-Anweisung lautet:

$$PAR$$

Der resultierende Zweipol ist:

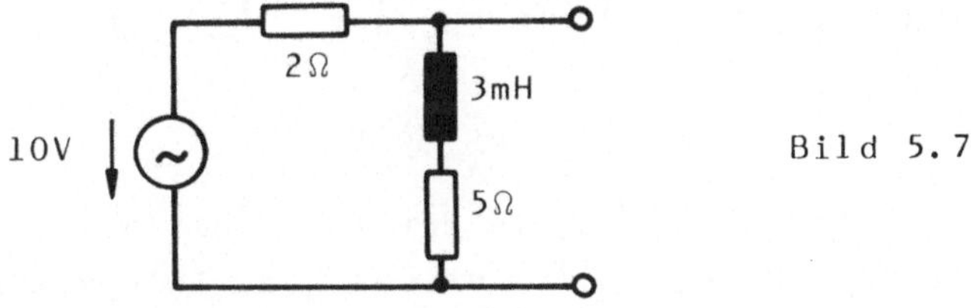

Bild 5.7

Nun wird eine Kapazität von 100µF parallel geschaltet durch
die Anweisung:

$$CP = 100µF$$

Schließlich wird eine Stromquelle von 2A parallel geschaltet:

$$IP = -2A$$

Das negative Vorzeichen des Stromes ist darauf zurückzuführen, daß dieser Strom eine negative Spannungskomponente von $\underline{U}_2$ verursacht. Jetzt ist der Aufbau der Schaltung beendet.

Die Leerlaufspannung wird durch die Makro-Anweisung

UØ

ausgegeben. Sie ist gleich der gesuchten Spannung U_2. Die
Folge aller Makro-Anweisungen wird nun im Zusammenhang angegeben:

```
US=10V          RS=5Ω           CP=100µF
RS=2Ω           LS=3mH          IP=-2A
NEW             PAR             UØ
                                END
```

Es wurde gezeigt, daß keine Zweige oder Knoten numeriert zu
werden brauchen. Dies wird erreicht durch eine spezielle
Speichertechnik. Drei verschiedene Zweipole können gleich-
zeitig in den Zweipolspeichern A, B und C gespeichert werden.
Jeder von ihnen besteht aus vier Registern (Real- und Imaginärteile von U_o und Z_o oder von I_o und Y_o). Der Datenfluß
zwischen diesen Speichern ist in dem folgenden Bild dargestellt.

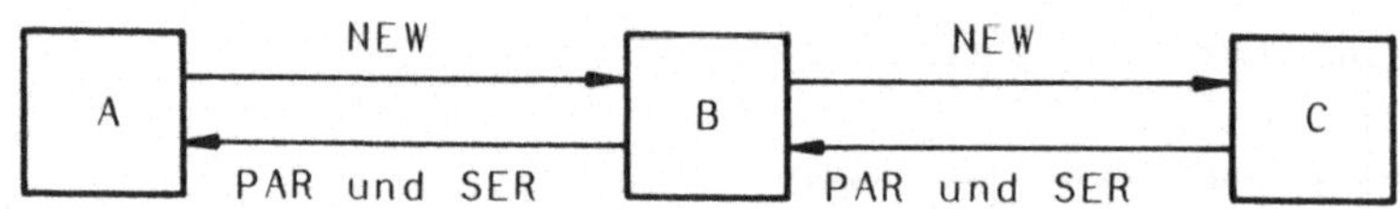

Bild 5.8: Datenfluß der Zweipolspeicher

Die Zweipolspeicher sind als Stack in der folgenden Weise
organisiert. A ist der aktuelle Zweipolspeicher, in dem die
Umformungen in eine Ersatzspannungsquelle oder eine Ersatzstromquelle ausgeführt werden und in welchem das Ergebnis
jeder Reihen- oder Parallelschaltung steht. Die Anweisung
NEW bewirkt, daß der Inhalt von B nach C und der Inhalt von
A nach B weitergeschoben wird. Außerdem wird A gelöscht, so
daß A für den Aufbau eines neuen Zweipols frei wird. Umgekehrt bewirken die Anweisungen PAR und SER, daß die Zweipole
A und B parallel bzw. in Serie geschaltet werden. Anschließend wird der Inhalt von C nach B geschoben. wobei aber C
erhalten bleibt. Damit kann der in C gespeicherte Zweipol
wiederholt verwendet werden (z.B. für Kettenleiter).

Die Bewegungen der Speicherinhalte werden jetzt an dem erwähnten Beispiel demonstriert. Zunächst sind alle Zweipolspeicher gelöscht. Nur die Inhalte der für die Rechnung relevanten Zweipolspeicher werden in der folgenden Tabelle angegeben. Die Frequenz wird hier $\omega=1000$ 1/s gewählt.

Makroanweisung	Zweipol	Inhalt
US=10V		10V wird zu $\underline{U}_0$ addiert:
	A	$\underline{U}_0=10V+j0$, $\underline{Z}_0=0+j0$
RS=2Ω		2Ω wird zu $\underline{Z}_0$ addiert:
	A	$\underline{U}_0=10V+j0$, $\underline{Z}_0=2\Omega+j0$
NEW		A wird als Ersatzstromquelle nach B umgespeichert und dann gelöscht.
	B	$\underline{I}_0=5A+j0$, $\underline{Y}_0=0.5S+j0$
RS=5Ω		5Ω wird zu $\underline{Z}_0$ addiert:
	A	$\underline{U}_0=0+j0$, $\underline{Z}_0=5\Omega+j0$
LS=3mH		$j3\Omega$ wird zu $\underline{Z}_0$ addiert:
	A	$\underline{U}_0=0+j0$, $\underline{Z}_0=5\Omega+j3\Omega$
	B	$\underline{I}_0=5A+j0$, $\underline{Y}_0=0.5S+j0$
PAR		Die Zweipole A und B werden parallel geschaltet, indem ihre $\underline{I}_0$ und $\underline{Y}_0$ addiert werden.
		1) Umwandeln A in Ersatzstromquelle:
	A	$\underline{I}_0=0+j0$, $\underline{Y}_0=0.147S-j0.0882S$
		2) Addieren B zu A:
	A	$\underline{I}_0=5A+j0$, $\underline{Y}_0=0.647S-j0.0882S$
CP=100μF		$j0.1S$ wird zu $\underline{Y}_0$ addiert:
	A	$\underline{I}_0=5A+j0$, $\underline{Y}_0=0.647S+j0.0118S$
IP=-2A		-2A wird zu $\underline{I}_0$ addiert:
	A	$\underline{I}_0=3A+j0$, $\underline{Y}_0=0.647S+j0.118S$
U$\emptyset$		Umwandeln A in Ersatzspannungsquelle:
	A	$\underline{U}_0=4.635V-j0.085V$, $\underline{Z}_0=1.545\Omega-j0.028\Omega$ $\underline{U}_0$ ist das gesuchte Ergebnis der Rechnung.

Der Status des Zweipolspeichers A ist zu Beginn und nach NEW nicht definiert. Ist das erste Element ein Serienelement, dann wird der Status als Ersatzspannungsquelle gesetzt; ist es ein Parallelelement, dann wird er als Ersatzstromquelle gesetzt.

Wird der Reduktions-Algorithmus auf Schaltungen mit Rückkopplung angewendet, dann muß der Überlagerungssatz benutzt
werden. Das Prinzip der Reduktion wird an der folgenden
Schaltung gezeigt.

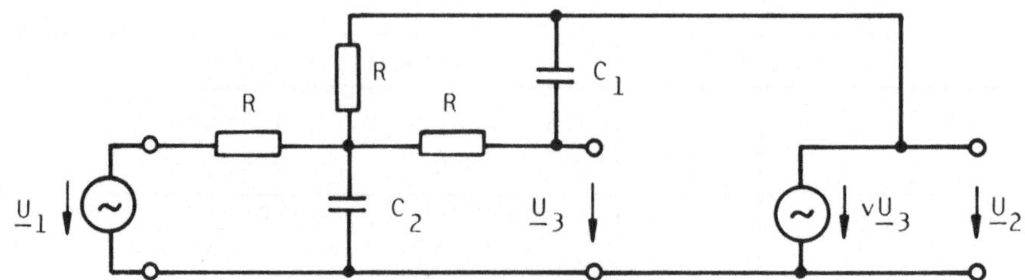

Bild 5.9: Gesteuerte Spannungsquelle mit Rückkopplung

In der aktiven Tiefpaßschaltung ist $v\underline{U}_3$ eine spannungsgesteu-
erte Spannungsquelle mit der Verstärkung $v=\underline{U}_2/\underline{U}_3$ und der
Eingangsspannung $\underline{U}_3=\underline{U}_2/v$. In der folgenden Ersatzschaltung
wird eine zusätzliche Spannungsquelle $\underline{U}_2/v$ zur Kompensation
der Spannung $\underline{U}_3$ eingeführt.

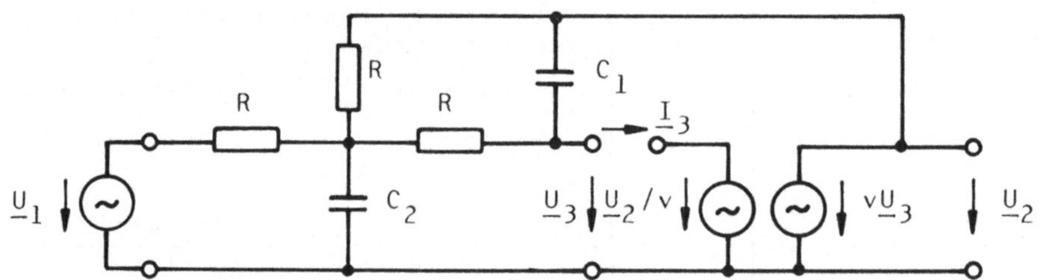

Bild 5.10: Ersatzschaltung mit Kompensationsquelle

Es ist offensichtlich, daß der Kurzschlußstrom $\underline{I}_3$ gleich
Null ist. Er hat eine Komponente $\underline{I}_3(\underline{U}_1)$, die nur von der
Spannungsquelle $\underline{U}_1$ abhängt, und eine andere $\underline{I}_3(\underline{U}_2)$, die nur
von der Spannungsquelle $\underline{U}_2$ abhängt. Mit dem Überlagerungssatz
folgt dann:

$$\underline{I}_3 = \underline{I}_3(\underline{U}_1) + \underline{I}_3(\underline{U}_2) = 0$$

Eine Umformung dieser Gleichung ergibt dann die Verstärkung:

$$\frac{U_2}{U_1} = - \frac{I_3(U_1)/U_1}{I_3(U_2)/U_2} = - \frac{G_1}{G_2}$$

Es muß also der negative Quotient zweier Übertragungsfunktionen G_1 und G_2 ermittelt werden. Sie können nacheinander mit dem Reduktions-Algorithmus berechnet werden. In dem folgenden Bild ist dieses Prinzip schematisch dargestellt.

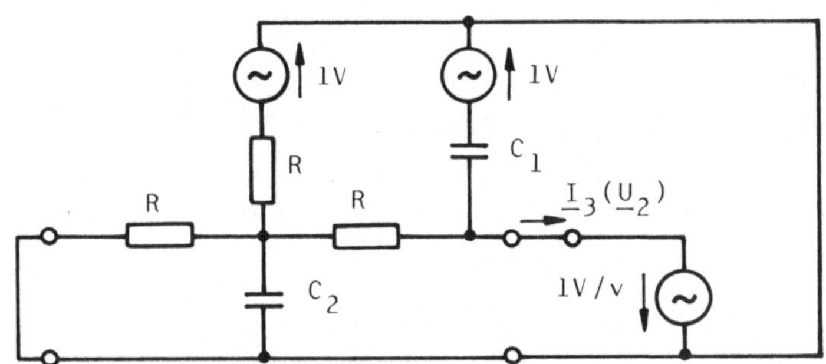

Bild 5.11: Übertragungsfunktionen zur Bestimmung von U_2/U_1

Die Übertragungsfunktion $G_2 = I_3(U_2)/U_2$ gewinnt man mit dem Reduktions-Algorithmus, wenn $U_1 = 0$ und $U_2 = 1V$ gesetzt werden. Die Ersatzschaltung hierfür ist:

Bild 5.12: Ersatzschaltung zur Bestimmung von $I_3(U_2)/U_2$

Die Spannungsquelle $U_2 = 1V$ mußte verlegt werden, da sie keinen Serienwiderstand hatte. Mit den Werten $R = 1k\Omega$, $C_1 = 75nF$, $C_2 = 338nF$ und $v = -500$ (Umkehrverstärker) lautet der Reduktions-Algorithmus für $I_3(U_2)/U_2$:

```
US=1V                  NEW
RS=1000Ω               US=1V
RP=1000Ω               CS=75nF
CP=338nF               PAR
RS=1000Ω               US=0,002V
```

Die zweite Übertragungsfunktion $\underline{G}_1$ gewinnt man, wenn die
Quellen $\underline{U}_2=0$ und $\underline{U}_1=1V$ gesetzt werden. Die entsprechende Ersatzschaltung ist:

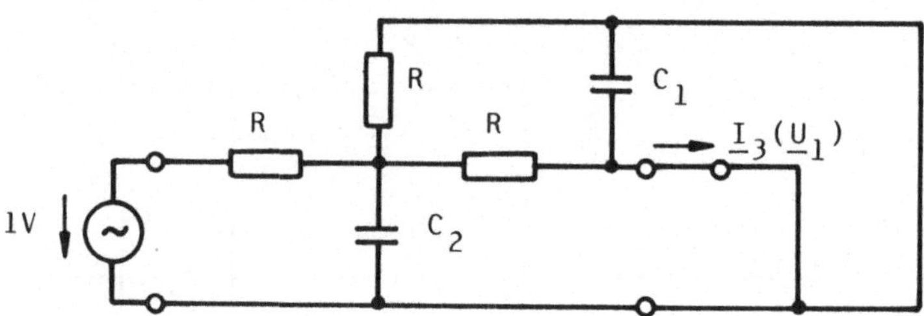

Bild 5.13: Ersatzschaltung zur Bestimmung von $\underline{I}_3(\underline{U}_1)/\underline{U}_1$

Die Kapazität C_1 hat keinen Einfluß auf den Strom $\underline{I}_3(\underline{U}_1)$, da
sie parallel zu einem Kurzschluß liegt. Der Reduktions-Algo-
rithmus für $\underline{I}_3(\underline{U}_1)/\underline{U}_1$ lautet entsprechend der Ersatzschaltung

```
US=1V          RP=1000Ω
RS=1000Ω       RS=1000Ω
CP=338nF
```

Der negative Quotient beider Übertragungsfunktionen und damit
$\underline{U}_2/\underline{U}_1$ wird mit der Makro-Anweisung FB (Feedback) gebildet.
$\underline{G}_1$ muß dabei im Zweipolspeicher A und $\underline{G}_2$ im Zweipolspeicher B
sein. Alle Makro-Anweisungen für die Berechnung von $\underline{U}_2/\underline{U}_1$
werden jetzt im Zusammenhang angegeben:

```
US=1V          US=1V          RS=1000Ω
RS=1000Ω       CS=75nF        CP=338nF
RP=1000Ω       PAR            RP=1000Ω
CP=338nF       US=0.002V      RS=1000Ω
RS=1000Ω       NEW            FB
NEW            US=1V          UØ
                              END
```

Wesentliche Vereinfachungen ergeben sich, wenn (wie bei Operationsverstärkern üblich) die Verstärkung v=∞ angenommen
wird. Dann entfällt die Kompensationsquelle völlig, und alle
Impedanzen, die parallel zum Strom $\underline{I}_3$ liegen, gehen nicht in
die Rechnung ein (siehe Anwendungsbeispiele).

5.2 Bedienungsanleitung

<table>
<tr><td colspan="4"></td><td>1271 Schritte</td></tr>
<tr><td>Nr.</td><td>Tasten</td><td>Anzeige</td><td>Bemerkung</td><td>Blatt 1 von 3</td></tr>
<tr><td>1</td><td>{F1}{PØ}</td><td>RED</td><td colspan="2">Programmstart</td></tr>
<tr><td>2</td><td></td><td></td><td colspan="2">Eingabe der Makroanweisungen
1. Makroanweisungen mit Wert:</td></tr>
<tr><td></td><td>C</td><td>CODE?</td><td colspan="2">Code eingeben</td></tr>
<tr><td></td><td>RS {EXE}</td><td>VALUE?</td><td colspan="2">Wert eingeben</td></tr>
<tr><td></td><td>(R) {EXE}</td><td>RS=(R)</td><td colspan="2">Serienwiderstand
oder</td></tr>
<tr><td></td><td>C</td><td>CODE?</td><td colspan="2"></td></tr>
<tr><td></td><td>RP {EXE}</td><td>VALUE?</td><td colspan="2"></td></tr>
<tr><td></td><td>(R) {EXE}</td><td>RP=(R)</td><td colspan="2">Parallelwiderstand
oder</td></tr>
<tr><td></td><td>C</td><td>CODE?</td><td colspan="2"></td></tr>
<tr><td></td><td>CS {EXE}</td><td>VALUE?</td><td colspan="2"></td></tr>
<tr><td></td><td>(C) {EXE}</td><td>CS=(C)</td><td colspan="2">Serienkapazität
oder</td></tr>
<tr><td></td><td>C</td><td>CODE?</td><td colspan="2"></td></tr>
<tr><td></td><td>CP {EXE}</td><td>VALUE?</td><td colspan="2"></td></tr>
<tr><td></td><td>(C) {EXE}</td><td>CP=(C)</td><td colspan="2">Parallelkapazität
oder</td></tr>
<tr><td></td><td>C</td><td>CODE?</td><td colspan="2"></td></tr>
<tr><td></td><td>LS {EXE}</td><td>VALUE?</td><td colspan="2"></td></tr>
<tr><td></td><td>(L) {EXE}</td><td>LS=(L)</td><td colspan="2">Serieninduktivität
oder</td></tr>
<tr><td></td><td>C</td><td>CODE?</td><td colspan="2"></td></tr>
<tr><td></td><td>LP {EXE}</td><td>VALUE?</td><td colspan="2"></td></tr>
<tr><td></td><td>(L) {EXE}</td><td>LP=(L)</td><td colspan="2">Parallelinduktivität
oder</td></tr>
<tr><td></td><td>C</td><td>CODE?</td><td colspan="2"></td></tr>
<tr><td></td><td>XS {EXE}</td><td>VALUE?</td><td colspan="2"></td></tr>
<tr><td></td><td>(X) {EXE}</td><td>XS=(X)</td><td colspan="2">Serienblindwiderstand
oder</td></tr>
<tr><td></td><td>C</td><td>CODE?</td><td colspan="2"></td></tr>
<tr><td></td><td>XP {EXE}</td><td>VALUE?</td><td colspan="2"></td></tr>
<tr><td></td><td>(X) {EXE}</td><td>XP=(X)</td><td colspan="2">Parallelblindwiderstand
oder</td></tr>
<tr><td></td><td>C</td><td>CODE?</td><td colspan="2"></td></tr>
<tr><td></td><td>US {EXE}</td><td>VALUE?</td><td colspan="2"></td></tr>
<tr><td></td><td>(U) {EXE}</td><td>US=(U)</td><td colspan="2">Spannungsquelle in Serie
und (wenn ϕ nicht Null)</td></tr>
<tr><td></td><td>C</td><td>CODE?</td><td colspan="2"></td></tr>
<tr><td></td><td>PH {EXE}</td><td>VALUE?</td><td colspan="2"></td></tr>
<tr><td></td><td>(ϕ) {EXE}</td><td>PH=(ϕ)</td><td colspan="2">Phasenwinkel der Spannungsquelle
oder</td></tr>
<tr><td></td><td>C</td><td>CODE?</td><td colspan="2"></td></tr>
<tr><td></td><td>IP {EXE}</td><td>VALUE?</td><td colspan="2"></td></tr>
<tr><td></td><td>(I) {EXE}</td><td>IP=(I)</td><td colspan="2">Stromquelle parallel
und (wenn ϕ nicht Null)</td></tr>
<tr><td></td><td>C</td><td>CODE?</td><td colspan="2"></td></tr>
<tr><td></td><td>PH {EXE}</td><td>VALUE?</td><td colspan="2"></td></tr>
<tr><td></td><td>(ϕ) {EXE}</td><td>PH=(ϕ)</td><td colspan="2">Phasenwinkel der Stromquelle</td></tr>
</table>

Nr.	Tasten	Anzeige	Bemerkung	Blatt 2 von 3
	C N {EXE}	CODE? NEW	oder 2. Makroanweisungen ohne Wert: Umspeichern Zweipolspeicher B→C und A→B sowie Löschen A oder	
	C P {EXE}	CODE? PAR	Parallelschalten A und B sowie umspeichern C→B oder	
	C S {EXE}	CODE? SER	In Serie schalten A und B sowie umspeichern C→B oder	
	C U {EXE}	CODE? UØ	Ausgabeanweisung für die Spannung oder	
	C I {EXE}	CODE? IØ	Ausgabeanweisung für den Strom oder	
	C Z {EXE}	CODE? ZØ	Ausgabeanweisung für Impedanz oder	
	C F {EXE}	CODE? FB	Für rückgekoppelte Operationsverstärker: es wird der Quotient der Ströme in den Zweipolspeichern A und B gebildet:$-\overline{IØ}(A)/\overline{IØ}(B)$. Anschließend Ausgabeanweisung UØ geben! oder	
	C E {EXE}	CODE? END	Ende des Makroprogramms Man beachte: die Eingabe von Makroanweisungen ohne Wert erfolgt abgekürzt durch das erste Zeichen	
3	M	RED	Start des Review-Programms zur Kontrolle und Änderung der Schaltung.	
4	S	wie im Schritt 2	Single Step Forward: Vorwärtslauf des Review-Programms um eine Makroanweisung und Anzeige derselben	
5	B	CODE?	Für Korrektur: die letzte Makroanweisung in der Anzeige kann jetzt durch einen Code entsprechend Schritt 2 überschrieben werden. Anschließend kann mit S fortgesetzt werden. Anmerkung: Makroanweisungen nur durch solche gleichen Typs (mit oder ohne Wert) überschreiben (siehe Speicherbelegung).	

Nr.	Tasten	Anzeige	Bemerkung	Blatt 3 von 3
6	W (ω)	W? RED	Eingabe der Kreisfrequenz ω Anmerkung: Schritt 6 kann entfallen für Schaltungen ohne L und C	

7	G	GO
		
		UØ=(UØ)
		
		IØ=(IØ)
		
		ZØ=(ZØ)
			Start der Rechnung ohne Plot.
			Nach Beendigung der Rechnung:
			Anzeige der Spannung (Betrag)
			     oder
			Anzeige des Stromes (Betrag)
			     oder
			Anzeige der Impedanz (Betrag)	

	{CONT} {CONT}	PHASE=(ϕ) nächstes Ergebnis RED	Anzeige des Phasenwinkels Fortsetzung der Rechnung oder Ende der Rechnung, wenn die END-Anweisung erreicht ist.	
8	{AC}		Plotten des Frequenzganges: Mit dieser Taste wird die Warteschleife der Tastenfunktionen durchbrochen, so daß der Rechner jetzt alle manuellen Funktionen ausführen kann.	
	R=(XMIN) {EXE}		Eingabe der Plotparameter: Kleinster Wert auf der X-Achse: $\lg\omega_{min}$	
	S=(XMAX) {EXE}		Größter Wert auf der X-Achse: $\lg\omega_{max}$	
	T=(XINC) {EXE}		Schrittweite auf der X-Achse: $\Delta\lg\omega$	
	U=(YMIN) {EXE}		Kleinster Wert auf der Y-Achse: $20\lg(U_2/U_1)_{min}$ für Amplitudengang, ϕ_{min} für Phasengang	
	V=(YMAX)		Größter Wert auf der Y-Achse	
	AØ=1 {EXE}		Der Amplitudengang soll geplottet werden. oder	
	AØ=2 {EXE}		Der Phasengang soll geplottet werden.	
	{RUN} 1000 {EXE}		Start der Plot-Routine	
			Anmerkung: das Programm reagiert auf jede der programmierten Tastenfunktionen M, S, B, W, G und C (und nur auf diese), wenn in der Anzeige RED oder eine Makroanweisung erscheint.	

Beispiel 1: Widerstandsberechnung

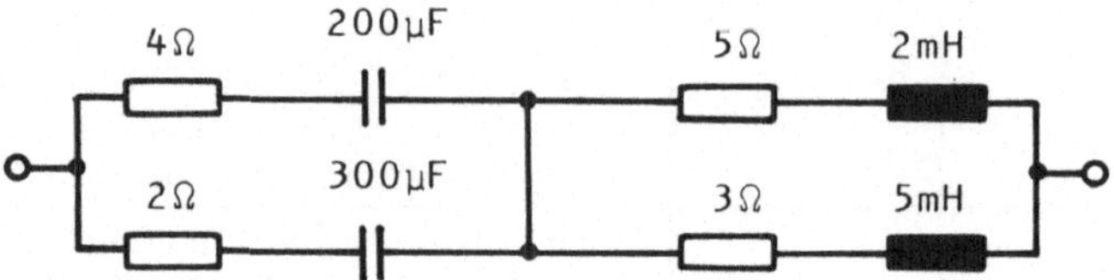

Die Impedanz $\underline{Z}$ der Schaltung ist für die Frequenzen f=600 Hz
und f=160 Hz zu berechnen. Alle drei Zweipolspeicher A, B
und C werden für den Aufbau der Schaltung benötigt. Das
Makroprogramm ist mit der Review-Routine zu überprüfen.

Tasten	Anzeige	Bemerkung	Blatt 1 von 2
{F1}{PØ}	RED	Programmstart	
C	CODE?	Eingabe des Makroprogramms	
RS {EXE}	VALUE?		
4 {EXE}	RS=4	Serienwiderstand	
C	CODE?		
CS {EXE}	VALUE?		
200E-6 {EXE}	CS=2E-Ø4	Serienkapazität	
C	CODE?		
N {EXE}	NEW	Speichern Zweipol, neuer	
C	CODE?	Zweipol	
RS {EXE}	VALUE?		
2 {EXE}	RS=2	Serienwiderstand	
C	CODE?		
CS {EXE}	VALUE?		
300E-6 {EXE}	CS=3E-Ø4	Serienkapazität	
C	CODE?		
P {EXE}	PAR	Parallel schalten zum ge-	
C	CODE?	speicherten Zweipol	
N {EXE}	NEW	Speichern Zweipol, neuer	
C	CODE?	Zweipol	
RS {EXE}	VALUE?		
5 {EXE}	RS=5	Serienwiderstand	
C	CODE?		
LS {EXE}	VALUE?		
.002 {EXE}	LS=Ø.ØØ2	Serieninduktivität	
C	CODE?		
N {EXE}	NEW	Speichern Zweipol, neuer	
C	CODE?	Zweipol	
RS {EXE}	VALUE?		
3 {EXE}	RS=3	Serienwiderstand	
C	CODE?		
LS {EXE}	VALUE?		
.005 {EXE}	LS=Ø.ØØ5	Serieninduktivität	
C	CODE?		
P {EXE}	PAR	Parallel schalten zum zu-	
C	CODE?	letzt gespeicherten Zweipol	
S {EXE}	SER	In Serie schalten zum vor- letzten gespeicherten Zweipol	

Tasten	Anzeige	Bemerkung	Blatt 2 von 2
C	CODE?	Ausgabeanweisung für den	
Z {EXE}	Z∅	Widerstand	
C	CODE?		
E {EXE}	END	Ende des Makroprogramms	
M	RED	Review-Routine	
S	RS=4		
S	CS=2E-∅4		
S	NEW		
S	RS=2		
S	CS=3E-∅4		
S	PAR		
S	NEW		
S	RS=5		
S	LS=∅.∅∅2	Makroprogramm	
S	NEW		
S	RS=3		
S	LS=∅.∅∅5		
S	PAR		
S	SER		
S	Z∅		
S	END		
W	W?	Frequenz eingeben	
2*π*600	RED		
G	GO	Start der Rechnung	
	Z∅=6.51730651	Betrag der Impedanz	
{CONT}	PHASE=51.52456535	Phase der Impedanz	
{CONT}	RED	Ende der Rechnung	
W	W?	Neue Frequenz eingeben	
2*π*160	RED		
G	GO	Start der Rechnung	
	Z∅=3.629210119	Betrag der Impedanz	
{CONT}	PHASE=-1.724989019	Phase der Impedanz	
{CONT}	RED	Ende der Rechnung, eine neue programmierte Tastenfunktion ist wirksam	

Die in der Tabelle dargestellten Schritte können auch mit angeschlossenem Drucker durchgeführt werden. Der folgende Druckerschrieb zeigt die Durchführung der Review-Routine (Ausgabe des Makroprogramms) und der Rechnung:

```
RED                NEW                GO
RS= 4              RS= 3              Z0= 6.517199197
CS= 2E-04          LS= 0.005          PHASE= 51.52385163
NEW                PAR                RED
RS= 2              SER                W?
CS= 3E-04          Z0                 2*π*160
PAR                END                RED
NEW                W?                 GO
RS= 5              2*π*600            Z0= 3.629210119
LS= 0.002          RED                PHASE=-1.724989019
                                      RED
```

Beispiel 2: Stromberechnung

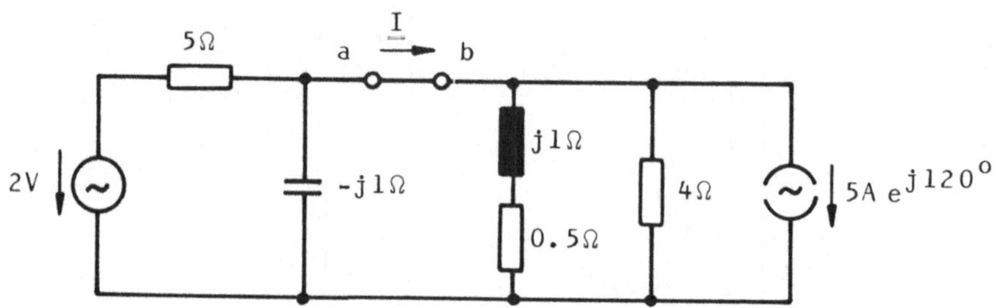

Der Strom $\underline{I}$ ist zu berechnen. Dieser Strom ist identisch mit
dem Kurzschlußstrom einer äquivalenten Ersatzquelle von a
nach b. Daher muß die Schaltung bezüglich der Klemmen a,b
reduziert werden. Es ist offensichtlich, daß der linke und
rechte Teil der Schaltung bezüglich a,b in Serie liegen. Das
entsprechende Makroprogramm, das den Aufbau der Schaltung
beschreibt, lautet also:

US=2V	RS=0.5Ω	PH=20°
RS=5Ω	XS=1Ω	SER
XP=-1Ω	RP=4Ω	IØ
NEW	IP=5A	END

Weiterhin soll der Einfluß des kapazitiven Blindwiderstandes
untersucht werden, indem sein Wert auf -j3Ω geändert und eine erneute Rechnung durchgeführt wird.

Tasten	Anzeige	Bemerkung	Blatt 1 von 2
{F1}{PØ}	RED	Programmstart	
C	CODE?	Eingabe des Makroprogramms:	
US {EXE}	VALUE?		
2 {EXE}	US=2	Spannungsquelle in Serie	
C	CODE?		
RS {EXE}	VALUE?		
5 {EXE}	RS=5	Serienwiderstand	
C	CODE?		
XP {EXE}	VALUE?		
-1 {EXE}	XP=-1	Parallelblindwiderstand	
C	CODE?		
N {EXE}	NEW	Speichern Zweipol, neuer	
C	CODE?	Zweipol	
RS {EXE}	VALUE?		
.5 {EXE}	RS=Ø.5	Serienwiderstand	
C	CODE?		
XS {EXE}	VALUE?		
1 {EXE}	XS=1	Serienblindwiderstand	
C	CODE?		

Tasten	Anzeige	Bemerkung	Blatt 2 von 2
RP {EXE}	VALUE?	Parallelwiderstand	
4 {EXE}	RP=4		
C	CODE?		
IP {EXE}	VALUE?	Parallele Stromquelle	
5 {EXE}	IP=5		
C	CODE?		
PH {EXE}	VALUE?	Phase der Stromquelle	
20 {EXE}	PH=20		
C	CODE?		
S {EXE}	SER	In Serie schalten zum ge-	
C	CODE?	speicherten Zweipol	
I {EXE}	IØ	Ausgabeanweisung für Strom	
C	CODE?		
E {EXE}	END	Ende des Makroprogramms	
G	GO	Start der Rechnung	
	IØ=5.437390709	Betrag des Stromes	
{CONT}	PHASE=82.93068195	Phase des Stromes	
{CONT}	RED	Ende der Rechnung	
S	US=2	Review-Routine	
S	RS=5		
S	XP=-1		
B	CODE?	Ändern letzen Wert in der	
XP {EXE}	VALUE?	Anzeige	
-3 {EXE}	XP=-3	Neuer Wert	
G	GO	Neue Rechnung	
	IØ=1.761861482	Betrag des Stromes	
{CONT}	PHASE=97.14094908	Phase des Stromes	
{CONT}	RED	Weitere programmierte Ta- stenfunktionen können hier folgen	

Werden alle in der Tabelle angegebenen Operationen mit dem Drucker protokolliert, dann ergibt sich der Druckerschrieb:

```
RED            N              CODE?          E
CODE?          NEW            IP             END
US             CODE?          VALUE?         GO
VALUE?         RS             5              IØ= 5.437390709
2              VALUE?         IP= 5          PHASE= 82.93068195
US= 2          .5             CODE?          RED
CODE?          RS= 0.5        PH             US= 2
RS             CODE?          VALUE?         RS= 5
VALUE?         XS             20             XP=-1
5              VALUE?         PH= 20         CODE?
RS= 5          1              CODE?          XP
CODE?          XS= 1          S              VALUE?
XP             CODE?          SER            -3
VALUE?         RP             CODE?          XP=-3
-1             VALUE?         I              GO
XP=-1          4              IØ             IØ= 1.761861482
CODE?          RP= 4          CODE?          PHASE= 97.14094908
                                             RED
```

Beispiel 3: Spannungsberechnung, Bode-Plot

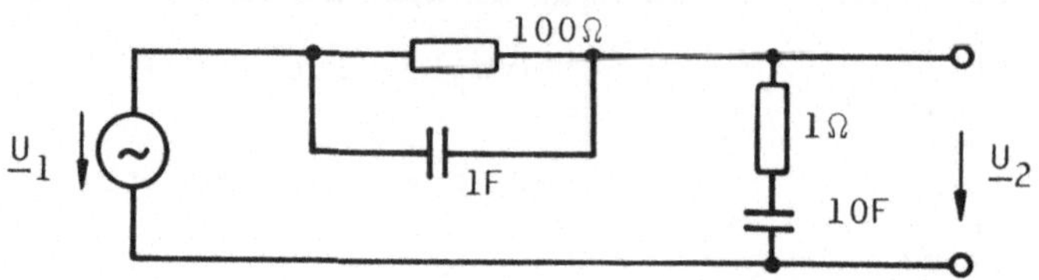

Das Spannungsverhältnis $\underline{U}_2/\underline{U}_1$ des Filters ist durch Bode-Plots darzustellen. Der Amplitudengang und der Phasengang ist von lgω=-4 bis lgω=1 zu plotten. Setzt man $\underline{U}_1$=1V, dann ist $\underline{U}_2/\underline{U}_1$= $\underline{U}_2$/1V, d.h. die Ausgangsspannung ist gleich dem Spannungsverhältnis. Das entsprechende Makroprogramm lautet:

RP=100	NEW	PAR
CP=1F	RS=1	UØ
US=1V	CS=10F	END

Tasten	Anzeige	Bemerkung	Blatt 1 von 2
{F1}{PØ}	RED	Programmstart	
C	CODE?	Eingabe des Makroprogramms	
RP {EXE}	VALUE?		
100 {EXE}	RP=100	Parallelwiderstand	
C	CODE?		
CP {EXE}	VALUE?		
1 {EXE}	CP=1	Parallelkapazität	
C	CODE?		
US {EXE}	VALUE?		
1 {EXE}	US=1	Spannungsquelle in Serie	
C	CODE?		
N {EXE}	NEW	Speichern Zweipol, neuer Zweipol	
C	CODE?		
RS {EXE}	VALUE?		
1 {EXE}	RS=1	Serienwiderstand	
C	CODE?		
CS {EXE}	VALUE?		
10 {EXE}	CS=10	Serienkapazität	
C	CODE?		
P {EXE}	PAR	Parallel schalten zum gespei-cherten Zweipol	
C	CODE?		
U {EXE}	UØ	Ausgabeanweisung für Spannung	
C	CODE?		
E {EXE}	END	Ende des Makroprogramms	
{AC}		Rückkehr in manuelle Betriebsart	
R=-4 {EXE}		$\lg\omega_{min}$ auf X-Achse	
S= 1 {EXE}		$\lg\omega_{max}$ auf X-Achse	
T .2 {EXE}		Schrittweite $\Delta\lg\omega$ auf X-Achse	
U=-22 {EXE}		$20\lg(U_2/U_1)_{min}$ auf Y-Achse	
V= Ø {EXE}		$20\lg(U_2/U_1)_{max}$ auf Y-Achse	
AØ=1 {EXE}		Amplitudengang	

Tasten	Anzeige	Bemerkung	Blatt 2 von 2
{RUN} 1000 {EXE}		Start des Plotprogramms	
{AC}		Rückkehr in manuelle Betriebsart	
R=-4 {EXE}			
S= 1 {EXE}			
T=.2 {EXE}			
U=-60 {EXE}		ϕ_{min} auf der Y-Achse	
V= 60 {EXE}		ϕ_{max} auf der Y-Achse	
A∅=2		Phasengang	
{RUN} 1000 {EXE}		Start des Plotprogramms	

1. Amplitudengang

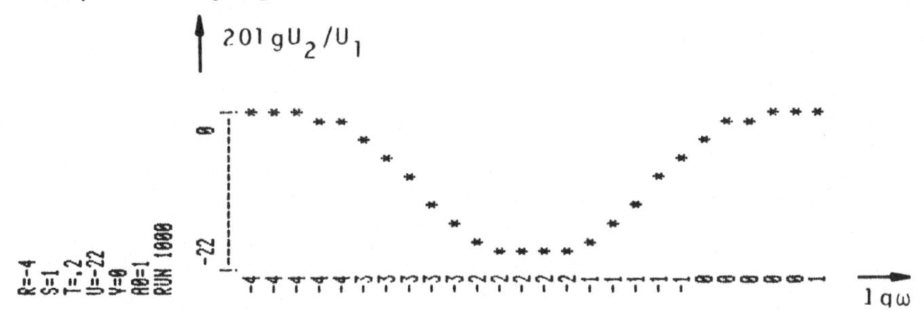

2. Phasengang

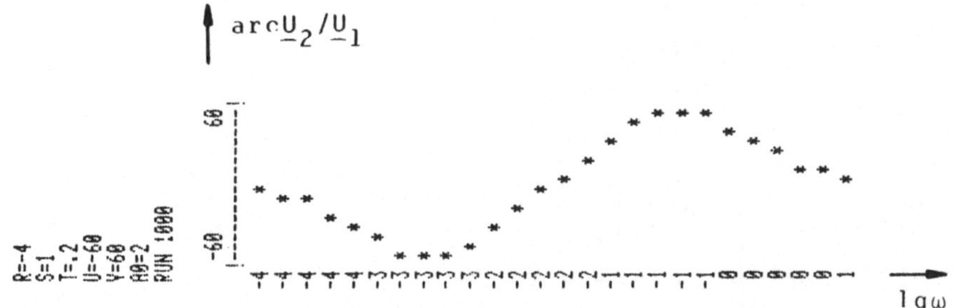

Das Druckerprotokoll der Eingabe des Makroprogramms lautet:

RED	CP= 1	CODE?	CODE?
CODE?	CODE?	RS	P
RP	US	VALUE?	PAR
VALUE?	VALUE?	1	CODE?
100	1	RS= 1	U
RP= 100	US= 1	CODE?	U0
CODE?	CODE?	CS	CODE?
CP	N	VALUE?	E
VALUE?	NEW	10	END
1		CS= 10	

5.3 Programmauflistung

Basic-Programm	Erläuterungen	Blatt 1 von 3
`P0: 1271 STEPS` `1 GOTO 700`	Sprung zum Anfang des Makroprogramms	
`2 Z=Z+1:N=A(Z)` `3 IF P=0 THEN 15`	UP: Umwandlung in Ersatzstromquelle	
`4 P=0:GOTO 10` `5 Z=Z+1:N=A(Z)`	UP: Umwandlung in Ersatzspannungsquelle	

`6 IF P=1 THEN 15`
`7 P=1`
`10 IF Q=1 THEN 15`		

`12 M=C*C+D*D:IF M=`
`  0:C=1E30:GOTO 1`
`  4`
	Inversion $1/\underline{Z}_0$ oder $1/\underline{Y}_0$	

`13 C=C/M:D=-D/M`		
`14 M=A*C-B*D:B=B*C` `  +A*D:A=M:RET`	Multiplikation $\underline{U}_0 * \underline{Y}_0$ oder $\underline{I}_0 * \underline{Z}_0$	
`15 Q=0:RET`		
`18 A=0:B=0:C=0:D=0` `  :Q=1:RET`	Löschen Zweipolspeicher A	
`20 O$=KEY:IF O$=""` `  THEN 20`	Warteschleife für nächste Operation	

`21 $="GSCWMB":FOR`
`  Q=1 TO 6:IF O$=`
`  MID(Q,1) THEN 1`
`  00*Q+200`
	Sprung zu der getasteten Operation	

`22 NEXT Q:GOTO 20`		
`30 GSB 5:C=C+N:RET`	Ausführen RS	
`40 GSB 2:C=C+1/N:R` `  ET`	Ausführen RP	
`50 GSB 5`	Ausführen CS	
`55 D=D-1/W/N:RET`		
`60 GSB 2`	Ausführen CP	
`65 D=D+W*N:RET`		
`70 GSB 5:GOTO 65`	Ausführen LS	
`80 GSB 2:GOTO 55`	Ausführen LP	
`90 GSB 5:D=D+N:RET`	Ausführen XS	
`100 GSB 2:D=D-1/N:R` `  ET`	Ausführen XP	
`110 GSB 5`	Ausführen US	
`115 A=A+N:M=N:RET`		
`120 GSB 2:GOTO 115`	Ausführen IP	

`130 Z=Z+1:N=A(Z):A=`
`  A-M+M*COS N:B=B`
`  +M*SIN N:RET`
	Ausführen PH	

`140 I=E:J=F:K=G:L=H` `  :IF Q=1:RET`	Ausführen NEW	

`145 GSB 3:E=A:F=B:G`
`  =C:H=D:GSB 18:R`
`  ET`		

`150 GSB 3`	Ausführen PAR	

`155 A=A+E:B=B+F:C=C`
`  +G:D=D+H:E=I:F=`
`  J:G=K:H=L:RET`		

`160 GSB 6:M=A:A=E:E`
`  =M:M=B:B=F:F=M:`
`  M=C:C=G:G=M:M=D`
`  :D=H:H=M`
	Ausführen SER	

Basic-Programm	Erläuterungen	Blatt 2 von 3
`165 P=0:GSB 6:GOTO` `    155`		
`170 GSB 6:RPC A,B:$` `    ="U0="`	Ausführen U0	
`175 IF A0*0:RET`		
`176 PRT $:X,"PHASE=` `    ";Y:RET`	Anzeige des komplexen Ergebnisses	
`180 GSB 3:RPC A,B:$` `    ="I0=":GOTO 175`	Ausführen I0	
`190 GSB 6:RPC C,D:$` `    ="Z0=":GOTO 175`	Ausführen Z0	
`210 GSB 3:C=-E:D=-F` `    :GSB 6:RET`	Ausführen FB	

`300 PRT "GO":WAIT 9`
`    99:GSB 305:GOTO`
`    700`
	Taste G: Start Rechenphase ohne Plot	

`305 Z=0:GSB 18`	UP: Rechenphase	
`310 Z=Z+1:IF A(Z)=2` `    0:WAIT 1:RET`	Holen nächste Makroanweisung und Sprung	
`320 GSB 10*A(Z):GOT` `    O 310`		
`400 Z=Z+1:M=A(Z):IF` `    M≥14 THEN 430`	Taste S: Single Step Forward	

`420 GSB 550:Z=Z+1:P`
`    RT MID(2*M-5,2)`
`    ;"=";A(Z):GOTO`
`    20`
	Umcodieren und Anzeige Makroanweisung mit
	Wert	

`430 GSB 560:PRT MID`
`    (3*M-41,3):GOTO`
`    20`
	Umcodieren und Anzeige Makroanweisung ohne
	Wert	

`500 INP "CODE",M$:G`
`    SB 550:FOR P=3`
`    TO 13`
	Taste C: Eingabe Code einer Makroanweisung	

`510 IF M$=MID(2*P-5`
`    ,2):INP "VALUE"`
`    ,A(Z+2):GOTO 54`
`    0`
	Umcodieren einer Makroanweisung mit Wert
	und Eingabe Wert	

`520 NEXT P:GSB 560:` `    FOR P=14 TO 21`		
`530 IF M$=MID(3*P-4` `    1,1) THEN 540`	Umcodieren einer Makroanweisung ohne Wert	
`535 NEXT P:GOTO 500`		
`540 A(Z+1)=P:GOTO 4` `    00`	Speichern numerischen Code	
`550 $="RSRPCSCPLSLP` `    XSXPUSIPPH":RET`	Liste Code Makroanweisung mit Wert	

`560 $="NEWPARSERU0`
`    I0 Z0 ENDFB ":R`
`    ET`
	Liste Code Makroanweisung ohne Wert	

`600 INP "W",W`	Taste W: Eingabe Frequenz	

`700 WAIT 1:A0=0:PRT`
`    "RED":Z=0:GOTO`
`    20`
	Taste M: Anfang des Makroprogramms	

`800 Z=Z-1:IF M≤13:Z` `    =Z-1`	Taste B: Backward Step	
`810 GOTO 500`		

Basic-Programm	Erläuterungen	Blatt 3 von 3
```1000 MODE 7:WAIT 1:P RT CSR 3;U;CSR 16;V," !------ ----------!" 1020 FOR O=R TO S ST EP T:W=10↑O:GSB 305:PRT INT O; 1030 X=20*LOG X:IF A O=2;X=Y 1040 IF X≥U:IF X≤V T HEN 1060 1050 PRT :NEXT O:STO P 1060 PRT CSR ((X-U)/ (V-U)*17+2.5;"* ":NEXT O:STOP```	Start Bode-Plot Y-Achse Plotten eines Punktes Anmerkung: Die Anzahl der Programmschritte beträgt 1271. Wenn man auf das Plotten von Frequenzgängen verzichten will, kann das Programm gekürzt werden, indem alle Anweisungen von der Zeile 1000 an ersatzlos gestrichen werden.	

5.4 Speicherbelegung

Register	Inhalt
A	$Re(U_o)$ oder $Re(I_o)$
B	$Im(\overline{U}_o)$ oder $Im(\overline{I}_o)$ — Zweipolspeicher A
C	$Re(\overline{Z}_o)$ oder $Re(\overline{Y}_o)$
D	$Im(\overline{Z}_o)$ oder $Im(\overline{Y}_o)$
E	
F	
G	" — Zweipolspeicher B
H	
I	
J	
K	" — Zweipolspeicher C
L	
M	Zwischenspeicher
N	"
O	"
P	1, wenn Zweipol A Ersatzspannungsquelle
Q	1, wenn Zweipol A undefiniert
R	XMIN
S	XMAX
T	XINC — Parameter für Bode-Plot
U	YMIN
V	YMAX
W	Frequenz ω
X	Für Umwandlung R-Form in P-Form
Y	"
Z	Indirekte Adresse einer Makroanweisung
AØ	Für Ausgabesteuerung
A(1)	Code
A(2)	Wert — einer Makroanweisung
A(3)	Code . einer Makroanweisung
A(4)	Code
A(5)	Wert — einer Makroanweisung
"	"
"	"
"	" etc.
	Anmerkung: Makroanweisungen mit Wert und ohne Wert folgen in gemischter Reihenfolge aufeinander.
	Die Länge des Makroprogramms hängt von der Größe der Schaltung ab. Mit {DEFM} muß die Anzahl der Register auf die Größe
	$$a+2b+1$$
	eingestellt werden, wenn
	a = Anzahl der Makroanweisungen ohne Wert
	b = Anzahl der Makroanweisungen mit Wert
$	Für Tastenbelegung und Umcodierung

5.5 Übungsaufgaben

Die folgenden Übungsaufgaben sollen die Anwendungsmöglichkeiten und die Leistungsfähigkeit des Reduktionsprogramms möglichst vollständig zeigen. Sie zeigen aber auch, wo die Grenzen der Anwendbarkeit des Programms liegen, nämlich dort, wo eine Reihen- oder Parallelschaltung von Zweipolen nicht mehr möglich ist. Bei stark vermaschten Netzwerken muß das Knotenpunktpotentialverfahren eingesetzt werden.

Der Benutzer wird erkennen, daß sich das Reduktionsprogramm durch folgende Eigenschaften auszeichnet:

1. Es ist schnell in der Ausführung und daher für die Berechnung von Frequenzgängen in idealer Weise geeignet.

2. Es ist sehr einfach in der Handhabung, da die Zweige nicht numeriert bzw. adressiert zu werden brauchen.

3. Es ist universell anwendbar: man kann mit einem einzigen Programm fast alle Probleme der Netzwerkanalyse lösen.

Das Arbeiten mit dem Programm setzt allerdings auch einen gewissen Blick dafür voraus, zu erkennen, welche Schaltungsteile in Serie oder parallel geschaltet sind. Diese Fähigkeit kann man nur durch Übung erwerben. Der Anfänger zeichnet bekanntlich häufig eine Schaltung um, bevor er mit der Rechnung beginnt. In diesem Sinne ist also das Reduktionsprogramm ein hervorragendes didaktisches Instrument, um aus der graphischen Struktur die logische Struktur einer Schaltung herauszuarbeiten. Nach einiger Übung wird man das Makroprogramm selbst komplizierter Schaltungen direkt in den Rechner eingeben können. Der Umgang mit dem Programm besteht also nicht nur in dem mechanischen Drücken von Tasten. Im Gegenteil: er entwickelt typische Fähigkeiten des Elektroingenieurs. Betrachtet man z.B. die Anwendung auf Operationsverstärker, so wird deutlich, daß das Reduktionsprogramm den Signalfluß beschreibt, der ja eine ingenieurgemäße Vorstellung der Schaltung darstellt.

Programm: Reduktionsprogramm RED

Aufgabe: 5.1 | Anwendung: Spannungsberechnung

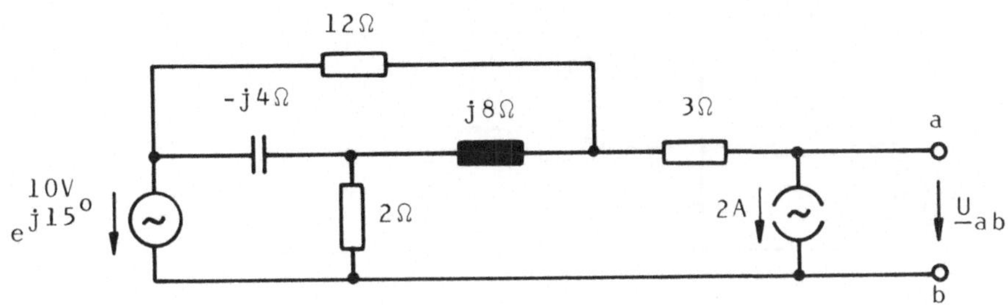

Die Spannung $\underline{U}_{ab}$ ist zu berechnen. Welche Leistung liefert die Stromquelle in das Netzwerk ?

Da die Spannungsquelle keinen Serienwiderstand hat, muß sie vor der Reduktion verlegt werden:

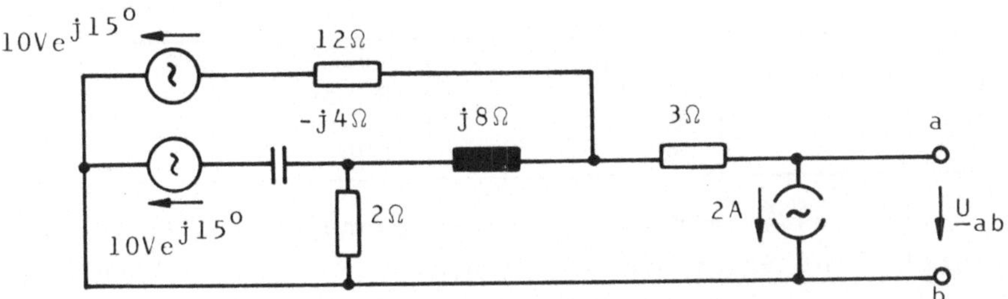

Jede Spannungsberechnung wird auf die Berechnung der Leerlaufspannung $\underline{U}_o$ einer äquivalenten Ersatzquelle zurückgeführt. Der folgende Reduktions-Algorithmus berechnet die Leerlaufspannung bezüglich der Klemmen a,b:

US=10V	NEW	RS=3Ω
PH=15°	US=10V	IP=-2A
XS=-4Ω	PH=15°	UØ
RP=2Ω	RS=12Ω	END
XS=8Ω	PAR	

Das Programm liefert die gesuchte Spannung:

$$\underline{U}_{ab} = \underline{U}_o = 9.348V\,e^{-j169.3°}$$

Die Leistung P_{ab} der Stromquelle ist dann:

$$P_{ab} = 2A \cdot \mathrm{Re}\,\underline{U}_{ab} = -18.37W \text{ (Erzeugerleistung)}$$

Programm: Reduktionsprogramm RED

Aufgabe: 5.2   Anwendung: Stromberechnung

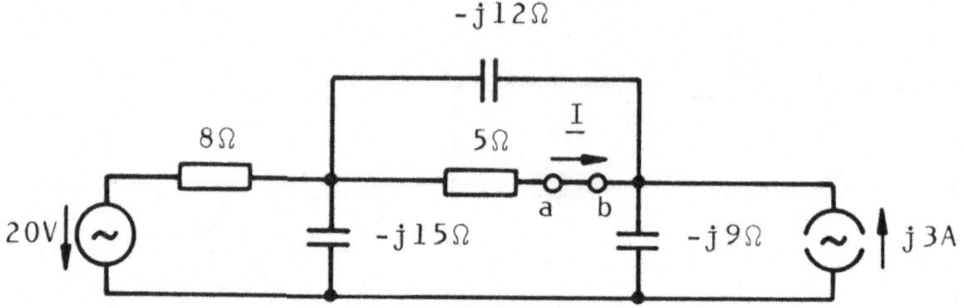

Gesucht ist der Strom $\underline{I}$ im Längszweig des Netzwerkes.

Jede Stromberechnung wird auf die Berechnung des Kurzschluß-
stromes einer äquivalenten Ersatzquelle zurückgeführt. Der
folgende Reduktions-Algorithmus berechnet den Kurzschlußstrom über die Klemmen a,b:

US=20V RS=8Ω XP=-15Ω NEW	IP=-3A PH=90° XP=-9Ω SER	XP=-12Ω RS=5Ω IØ END

Man erkennt ohne weiteres, daß die Spannungsquelle mit ihrem
Zählpfeil eine Stromkomponente in Richtung des Zählpfeiles
von $\underline{I}$ verursacht. Anders dagegen die Stromquelle, die eine
negative Stromkomponente von $\underline{I}$ verursacht und daher negativ
in das Makroprogramm eingesetzt wird. Der Faktor j in j3A
bedeutet natürlich eine Phase von $90°$.

Das Programm liefert das Ergebnis:

$$\underline{I} = \underline{I}_0 = 0.7422A\, e^{-j113.3°}$$

Programm: Reduktionsprogramm RED

Aufgabe: 5.3 | **Anwendung: Widerstandsberechnung**

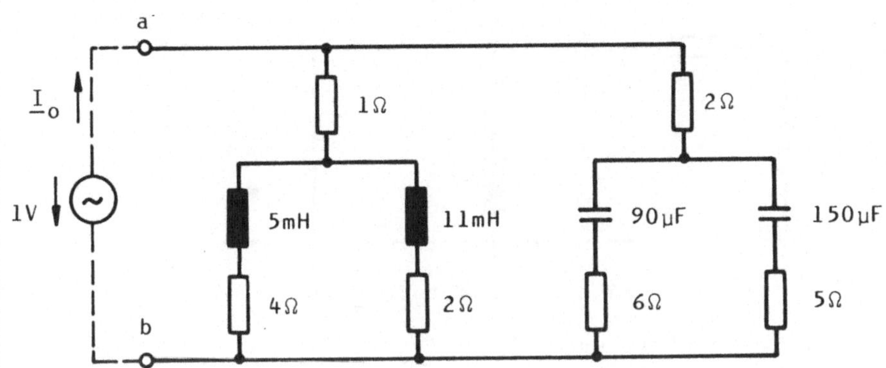

Der Gesamtwiderstand $\underline{Z}_{ges}$ und der Gesamtleitwert $\underline{Y}_{ges}$
sind für die Frequenz $\omega=1000$ 1/s zu bestimmen. Hiermit
kann die Reihenersatzschaltung und die Parallelersatzschaltung dargestellt werden.

Der Widerstand $\underline{Z}_{ges}$ ist identisch mit dem Innenwiderstand
$\underline{Z}_o$ einer äquivalenten Ersatzquelle bezüglich der Klemmen
a,b. Schaltet man eine Spannungsquelle von 1V in Serie zu
a,b, dann hat der Kurzschlußstrom $\underline{I}_o$ den gleichen Zahlenwert wie der Leitwert $\underline{Y}_{ges}$. Das Makro-Programm lautet:

```
RS=6Ω          NEW            RS=1Ω
CS=90µF        RS=4Ω          PAR
NEW            LS=5mH         ZØ
RS=5Ω          NEW            US=1V
CS=150µF       RS=2Ω          IØ
PAR            LS=11mH        END
RS=2Ω          PAR
```

Die Ergebnisse sind:

$$\underline{Z}_{ges}=\underline{Z}_o=3.877\,\Omega\, e^{j13.39^o} \quad ; \quad \underline{Y}_{ges}\,\Omega=\underline{I}_o/A=0.2579\, e^{-j13.39^o}$$

Hieraus folgen die äquivalenten Ersatzschaltungen:

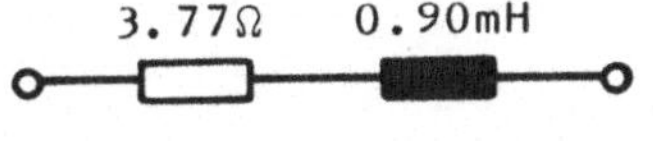

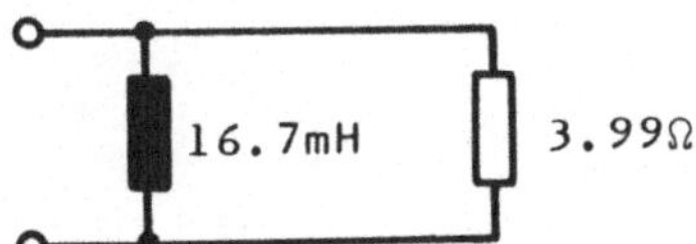

Programm: Reduktionsprogramm RED

Aufgabe: 5.4 | Anwendung: Spannungsteiler

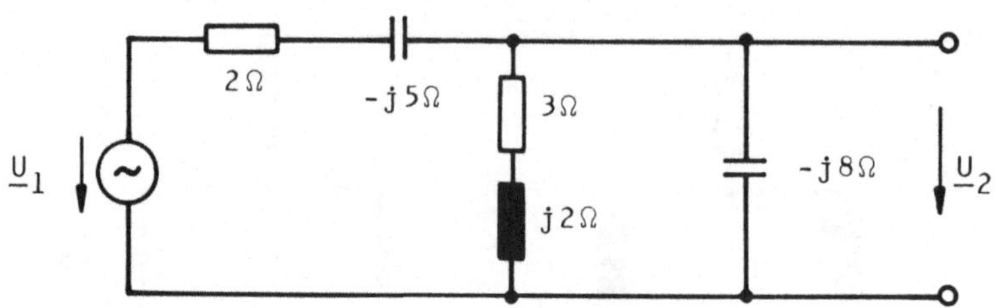

Gesucht ist das Spannungsverhältnis $\underline{U}_2/\underline{U}_1$.

Wird $\underline{U}_1$=1V gesetzt, dann ist $\underline{U}_2/\underline{U}_1=\underline{U}_2$/1V, d.h. der Zahlenwert von $\underline{U}_2$ ist gleich dem gesuchten Spannungsverhältnis. Die Berechnung von $\underline{U}_2$ wird zurückgeführt auf die Berechnung der Leerlaufspannung $\underline{U}_o$ einer äquivalenten Ersatzquelle.

Die Folge der Makro-Anweisungen lautet:

US=1V	XS=2Ω	
RS=2Ω	PAR	
XS=-5Ω	XP=-8Ω	
NEW	UØ	
RS=3Ω	END	

Das Ergebnis ist:

$$\underline{U}_2 = 0.5587\,V\,e^{j42.6^o}$$

Das gesuchte Spannungsverhältnis ist dann:

$$\underline{U}_2/\underline{U}_1 = 0.5587\,e^{j42.6^o}$$

Programm: Reduktionsprogramm RED

Aufgabe: 5.5 | Anwendung: Stromteiler

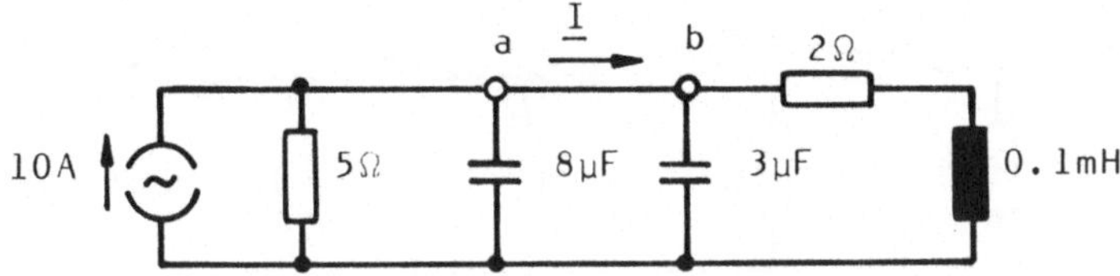

Gesucht ist der Teilstrom $\underline{I}$ des Stromteilers.

Dieser Strom ist identisch mit dem Kurzschlußstrom $\underline{I}_o$ von der Klemme a zur Klemme b. Die Schaltung ist also bezüglich dieser Klemmen zu reduzieren.

Der Reduktions-Algorithmus lautet:

IP=10A RP=5Ω CP=8μF NEW RS=2Ω	LS=0.1mH CP=3μF SER IØ END	.

Vor dem Beginn eines Rechenlaufes muß eine Frequenz gewählt werden. Für $\omega=50000$ 1/s lautet das Ergebnis:

$$\underline{I} = \underline{I}_o = 1.564A \, e^{-j72.54^o}$$

Programm: Reduktionsprogramm RED

Aufgabe: 5.6 | Anwendung: Zweiseitig gespeiste Leitung

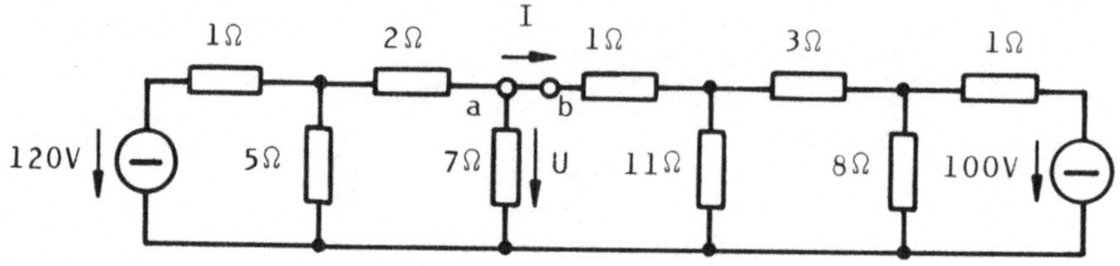

Man bestimme den Strom I und die Spannung U.

Der Strom I ist identisch mit dem Kurzschlußstrom I_o einer
äquivalenten Ersatzquelle bezüglich der Klemmen a,b. Die
Reduktion erfolgt nach dem Algorithmus:

US=120V	NEW	RP=11Ω
RS=1Ω	US=-100V	RS=1Ω
RP=5Ω	RS=1Ω	SER
RS=2Ω	RP=8Ω	IØ
RP=7Ω	RS=3Ω	END

Das negative Vorzeichen in US=-100V ist darauf zurückzuführen, daß diese Spannungsquelle eine negative Stromkomponente von I verursacht. Das Ergebnis ist:

$I = 0.9363\,A$

Die Spannung U ist identisch mit der Leerlaufspannung U_o
einer äquivalenten Ersatzquelle. Die Berechnung wird mit
dem folgenden Algorithmus durchgeführt:

US=120V	NEW	RP=11Ω
RS=1Ω	US=100V	RS=1Ω
RP=5Ω	RS=1Ω	PAR
RS=2Ω	RP=8Ω	UØ
RP=7Ω	RS=3Ω	END

Das Ergebnis lautet:

$U = 69.30\,V$

Programm: Reduktionsprogramm RED	
Aufgabe: 5.7	Anwendung: Kettenleiter

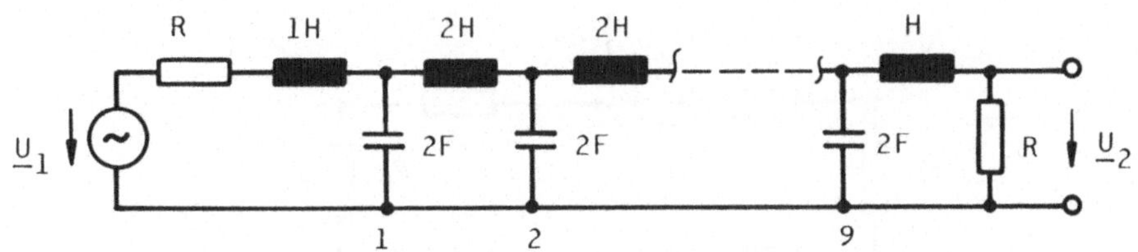

Der Kettenleiter (9 Glieder) hat eine Grenzfrequenz $\omega_o=1$ 1/s.
Für die Frequenz $\omega=0.1$ 1/s, die also weit unterhalb der
Grenzfrequenz liegt, sollen bestimmt werden: das Spannungs-
verhältnis $\underline{U}_2/\underline{U}_1$ sowie die Laufzeit

$$t_o = - \frac{\text{Phase}(\underline{U}_2/\underline{U}_1)}{\omega}$$

für verschiedene Werte des Anpassungswiderstandes R.

Wird $\underline{U}_1=1V$ gesetzt, dann ist $\underline{U}_2/\underline{U}_1$ identisch mit der Leerlaufspannung $\underline{U}_o$ einer äquivalenten Ersatzquelle. Der Reduktions-Algorithmus für $R=1\Omega$ lautet:

CP=2F	LS=2H	PAR
NEW	PAR	LS=2H
NEW	LS=2H	PAR
US=1V	PAR	LS=2H
RS=1Ω	LS=2H	PAR
LS=1H	PAR	LS=1H
PAR	LS=2H	RP=1Ω
LS=2H	PAR	UØ
PAR	LS=2H	END

Hier ist der Zweipol CP=2F mit NEW, NEW zwischengespeichert
worden, da auf diese Weise das Makro-Programm weniger Speicher benötigt. Die Ergebnisse sind:

R	$\lvert\underline{U}_2/\underline{U}_1\rvert$	Phase	Laufzeit t_o
0.2Ω	0.1977	-95.99^o	16.75 s
1Ω	0.5000	-103.3^o	18.03 s
5Ω	0.1959	-95.17^o	16.61 s
20Ω	0.05098	-91.34^o	15.94 s

Die größte Laufzeit ergibt sich also für die Anpassung mit
dem Wellenwiderstand $R=1\Omega$.

Programm: Reduktionsprogramm RED

Aufgabe: 5.8   Anwendung: Ringleitung

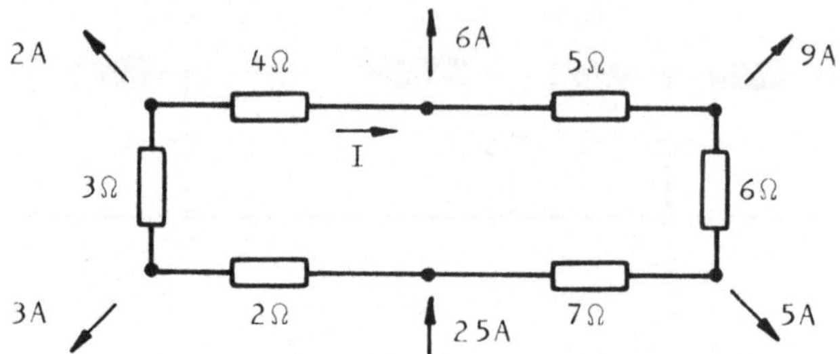

Gesucht ist der Strom I.

Alle abfließenden Sröme werden durch Stromquellen mit einem gemeinsamen Bezugspunkt (Erde) ersetzt, über den die Summe der Ströme, nämlich 25A zufließt:

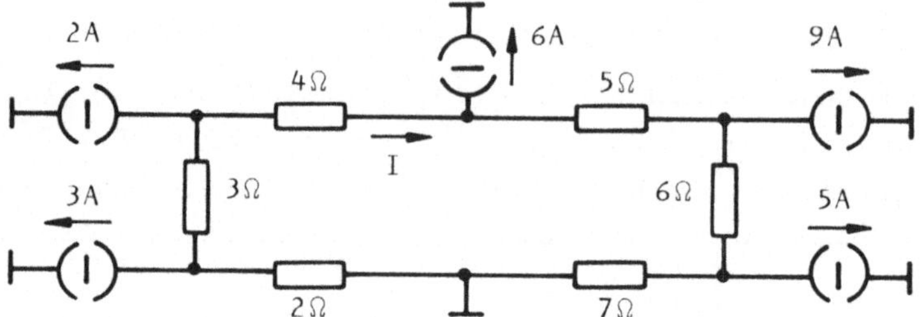

Rechter und linker Teil der Schaltung werden getrennt reduziert und dann in Serie geschaltet. Der Kurzschlußstrom dieser Serienschaltung ist identisch mit dem gesuchten Strom I. Das Makro-Programm lautet:

RP = 7Ω	IP = 6A	IP = -2A
IP = 5A	NEW	RS = 4Ω
RS = 6Ω	RP = 2Ω	SER
IP = 9A	IP = -3A	IØ
RS = 5Ω	RS = 3Ω	END

Es liefert das Ergebnis:

   I = 9.037A

Programm: Reduktionsprogramm RED

Aufgabe: 5.9	Anwendung: Netzwerk mit eingeprägten Strömen

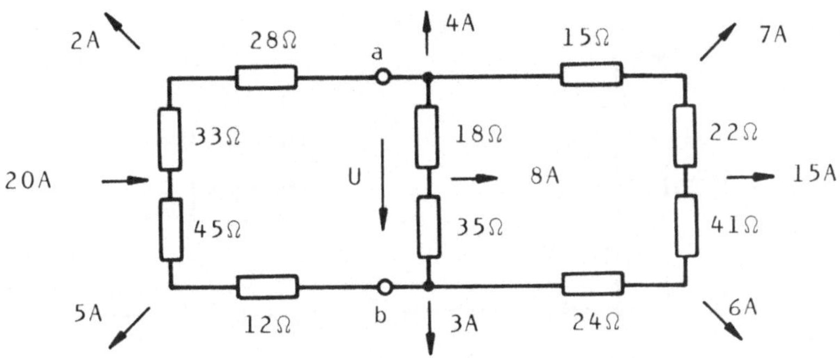

Gesucht ist die Spannung U.

Man wähle einen Bezugsknoten b und ersetze alle zu- und abfließenden Ströme durch Stromquellen bezüglich dieses Knotens:

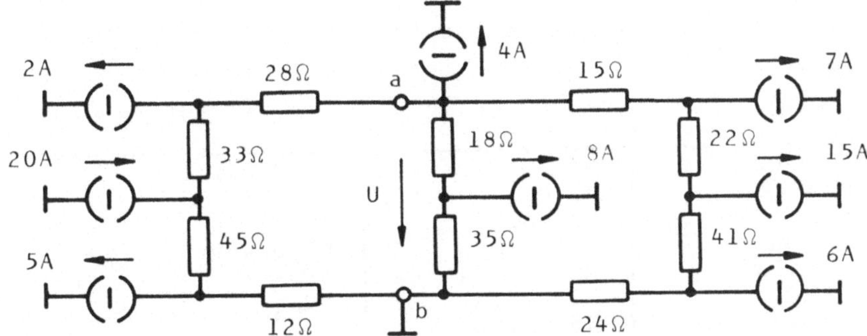

Bezüglich der Knoten a,b liegen rechter, mittlerer und linker Schaltungsteil parallel. Das Makro-Programm lautet:

RP=24Ω	NEW	RS=45Ω
IP=-6A	RP=35Ω	IP=20A
RS=41Ω	IP=-8A	RS=33Ω
IP=15A	RS=18Ω	IP=-2A
RS=22Ω	PAR	RS=28Ω
IP=-7A	NEW	PAR
RS=15Ω	RP=12Ω	UØ
IP=-4A	IP=-5A	END

Es liefert die gesuchte Spannung:

U = 14.01 V

Programm: Reduktionsprogramm RED

Aufgabe: 5.10 | Anwendung: Verzweigtes Netzwerk

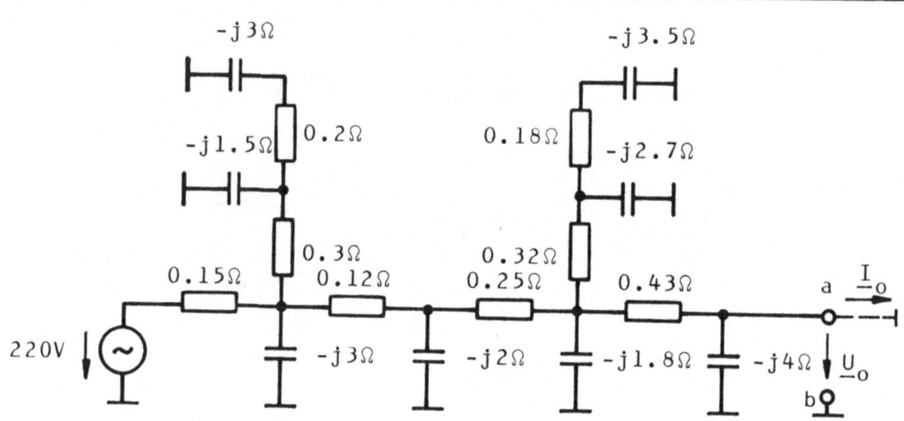

In dem Netzwerk ist die Spannung $\underline{U}_o$ und der Kurzschluß-strom $\underline{I}_o$ bezüglich der Klemmen a,b gesucht.

Das Netzwerk besteht aus Kettenleitern, die an den Verzwei-gungsstellen parallel geschaltet sind. Es kann daher dem Reduktions-Algorithmus bezüglich a,b unterworfen werden:

US=220V	XP=-3Ω	RS=0.32Ω
RS=0.15Ω	RS=0.12Ω	PAR
NEW	XP=-2Ω	XP=-1.8Ω
XS=-3Ω	RS=0.25Ω	RS=0.43Ω
RS=0.2Ω	NEW	XP=-4Ω
XP=-1.5Ω	XS=-3.5Ω	UØ
RS=0.3Ω	RS=0.18Ω	IØ
PAR	XP=-2.7Ω	END

Das Makro-Programm liefert die gesuchten Größen:

$$\underline{U}_o = 148.6V\, e^{-j54.56^o}$$

$$\underline{I}_o = 201.9A\, e^{-j28.43^o}$$

Programm: Reduktionsprogramm RED

Aufgabe: 5.11 | Anwendung: Leistungsanpassung

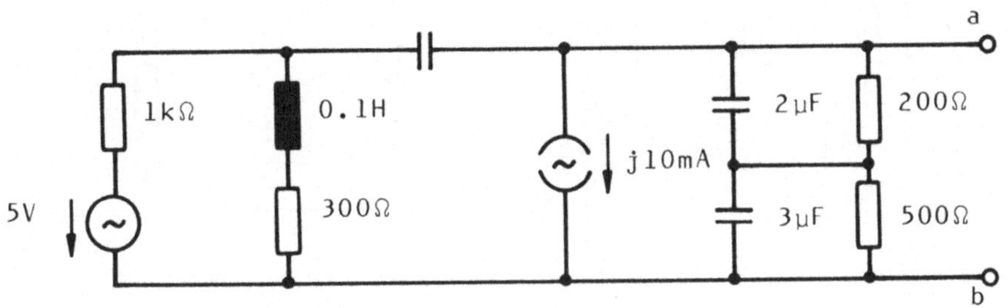

Mit welchem Widerstand $\underline{Z}_a$ muß die Schaltung an den Klemmen a, b belastet werden, damit sie maximale Leistung abgibt ? Wie groß ist diese maximale Leistung P_{max} ? Die Frequenz beträgt $\omega = 2500$ 1/s.

Die Anpassungsbedingung lautet: $\underline{Z}_a = \underline{Z}_o^*$. Der Reduktions-Algorithmus liefert die erforderlichen Daten der Ersatz-quelle bezüglich der Klemmen a,b:

US=5V	IP=-10mA	CP=3µF
RS=1kΩ	PHASE=90	SER
NEW	NEW	PAR
RS=300Ω	RP=200Ω	UØ
LS=0.1H	CP=2µF	ZØ
PAR	NEW	END
CS=1µF	RP=500Ω	

Die Ergebnisse dieses Makro-Programms lauten:

$$\underline{U}_o = 0.9530V\, e^{-j132.9^o}$$

$$\underline{Z}_o = 153.3\Omega\, e^{-j53.31^o} = 91.59\Omega - j122.9\Omega$$

Daraus folgt der Belastungswiderstand für Anpassung:

$$\underline{Z}_a = 91.59\Omega + j122.9\Omega$$

und die maximale (verfügbare) Leistung:

$$P_{max} = \frac{\underline{U}_o^2}{4Re\,\underline{Z}_o} = 2.479mW$$

Programm: Reduktionsprogramm RED

Aufgabe: 5.12 | Anwendung: Parallele aktive Zweipole

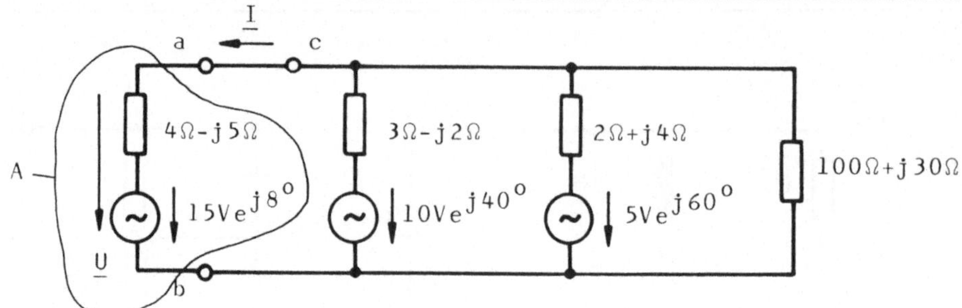

Gesucht ist die Leistung, die der Zweipol A in das Netzwerk liefert. Hierfür muß $\underline{U}$ und $\underline{I}$ bekannt sein. Dann ist die gesuchte Leistung:

$$P_A = |\underline{U}| |\underline{I}| \cos(\operatorname{arc} \underline{U} - \operatorname{arc} \underline{I})$$

Die Spannung $\underline{U}$ ist identisch mit der Leerlaufspannung $\underline{U}_0$ einer äquivalenten Ersatzquelle bezüglich der Klemmen a,b:

RS=100Ω	PAR	NEW END
XS=30Ω	NEW	RS=4Ω
NEW	RS=3Ω	XS=-5Ω
RS=2Ω	XS=-2Ω	US=15V
XS=4Ω	US=10V	PH=8°
US=5V	PH=40°	PAR
PH=60°	PAR	UØ

Die Reduktion liefert das Ergebnis:

$$\underline{U} = \underline{U}_0 = 12.51V\, e^{j46.69°}$$

Der Strom $\underline{I}$ ist identisch mit dem Kurzschlußstrom $\underline{I}_0$ einer äquivalenten Ersatzquelle bezüglich der Klemmen c,a:

RS=100Ω	PAR	NEW END
XS=30Ω	NEW	RS=4Ω
NEW	RS=3Ω	XS=-5Ω
RS=2Ω	XS=-2Ω	US=-15V
XS=4Ω	US=10V	PH=8°
US=5V	PH=40°	SER
PH=60°	PAR	IØ

Dieses Makro-Programm kann im Rechner durch geringfügige Änderungen des ersteren gewonnen werden. Das Ergebnis ist:

$$\underline{I} = \underline{I}_0 = 1.470A\, e^{-j176.9°} \qquad\qquad P_A = -13.32\ W$$

Programm: Reduktionsprogramm RED
Aufgabe: 5.13   Anwendung: Überlagerungssatz

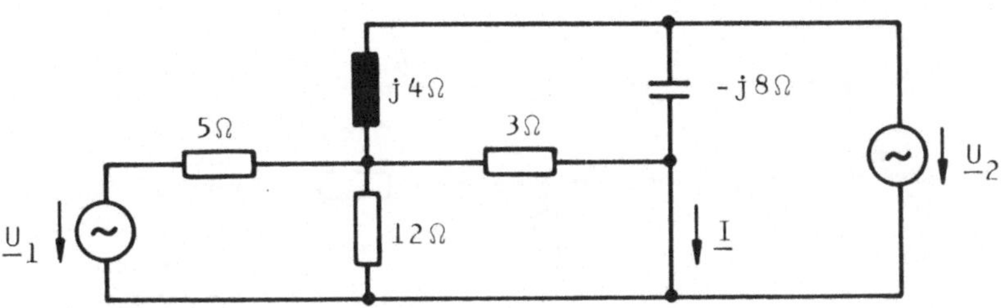

Wie groß muß das Spannungsverhältnis $\underline{U}_2/\underline{U}_1$ sein, damit der Strom $\underline{I}$ gleich Null wird ?

Mit dem Überlagerungssatz ist der Strom $\underline{I}$ gleich der Summe aus zwei Komponenten, deren eine nur von $\underline{U}_1$ und die andere nur von $\underline{U}_2$ abhängen:

$$\underline{I} = \underline{I}(\underline{U}_1) + \underline{I}(\underline{U}_2) = \frac{\underline{I}(\underline{U}_1)}{\underline{U}_1}\,\underline{U}_1 + \frac{\underline{I}(\underline{U}_2)}{\underline{U}_2}\,\underline{U}_2 = 0$$

Hieraus folgt:

$$\frac{\underline{U}_2}{\underline{U}_1} = - \frac{\underline{I}(\underline{U}_1)/\underline{U}_1}{\underline{I}(\underline{U}_2)/\underline{U}_2}$$

Das Übertragungsverhältnis $\underline{I}(\underline{U}_1)/\underline{U}_1$ gewinnt man, wenn man $\underline{U}_1=1V$ und $\underline{U}_2=0$ setzt. Der Reduktions-Algorithmus hierfür lautet:

US=1V RS=5Ω RP=12Ω	XP=4Ω RS=3Ω IØ END	

Setzt man $\underline{U}_2=1V$ und $\underline{U}_1=0$, so gewinnt man $\underline{I}(\underline{U}_2)/\underline{U}_2$:

US=1V XS=4Ω RP=5Ω RP=12Ω	RS=3Ω NEW US=1V XS=-8Ω	PAR IØ END

Das gesuchte Spannungsverhältnis ergibt sich zu

$$\underline{U}_2/\underline{U}_1 = - \;0.10019\ A/V\ e^{j22.07^{\circ}}/0.04789\ A/V\ e^{j10.76^{\circ}}$$

Programm: Reduktionsprogramm RED

Aufgabe: 5.14 | Anwendung: Überbrücktes T-Glied

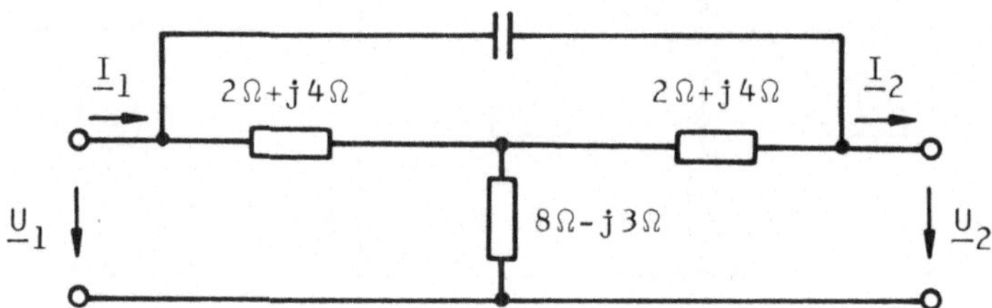

Für den Vierpol bestimme man:

a) das Spannungsübertragungsmaß für sekundären Leerlauf
$$\underline{U}_2/\underline{U}_1\,\big|_{\underline{I}_2=0},$$

b) das Stromübertragungsmaß für sekundären Kurzschluß
$$\underline{I}_2/\underline{I}_1\,\big|_{\underline{U}_2=0},$$

c) den Eingangswiderstand $\underline{Z}_{in}\big|_{\underline{I}_2=0}$ für sekundären Leerlauf,

d) den Eingangswiderstand $\underline{Z}_{in}\big|_{\underline{U}_2=0}$ für sek. Kurzschluß.

a) Speist man den Vierpol mit einer Spannungsquelle $\underline{U}_1=1V$, dann ist $\underline{U}_2/\underline{U}_1$ gleich der Leerlaufspannung $\underline{U}_o$ bezüglich der Ausgangsklemmen. Da die Spannungsquelle keinen Serienwiderstand hat, muß sie verlegt werden:

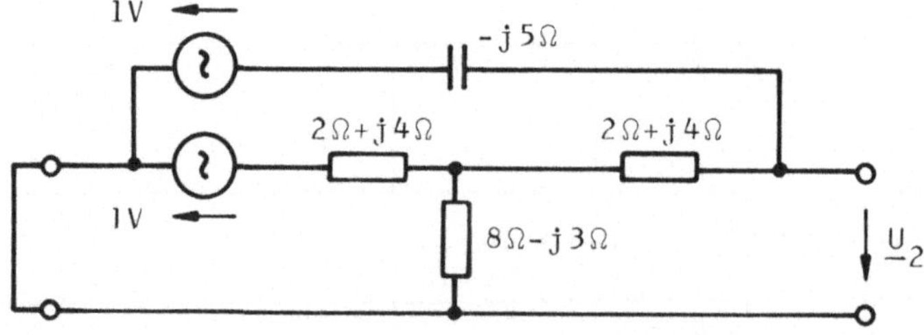

Der Reduktions-Algorithmus lautet:

US=1V	XS=-3Ω	US=1V
RS=2Ω	PAR	XS=-5Ω
XS=4Ω	RS=2Ω	PAR
NEW	XS=4Ω	UØ
RS=8Ω	NEW	END

Programm: Reduktionsprogramm RED

Aufgabe: 5.14 | Anwendung: Überbrücktes T-Glied

Die Reduktion liefert das Ergebnis:

$$\underline{U}_2/\underline{U}_1 \big|_{\underline{I}_2=0} = 0.7722\, e^{j23.82^{\circ}}$$

b) Speist man den Vierpol mit einer Stromquelle von 1A, dann ist $\underline{I}_2/\underline{I}_1$ gleich dem Kurzschlußstrom $\underline{I}_0$ über die Ausgangs- klemmen. Die Stromquelle 1A muß verlegt werden:

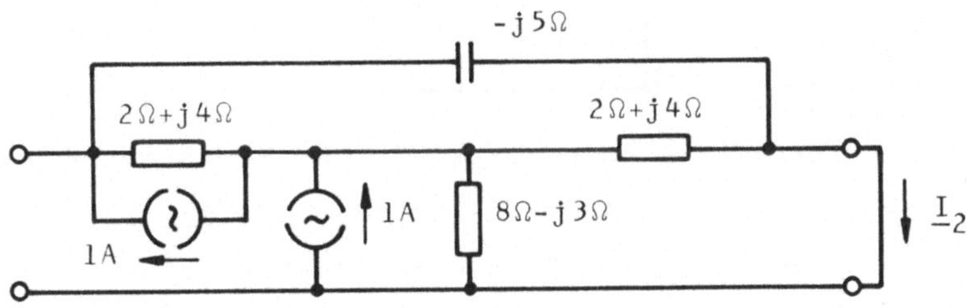

Der Reduktions-Algorithmus lautet:

RS=2Ω	RS=2Ω	XS=-3Ω
XS=4Ω	XS=4Ω	IP=1A
IP=1A	PAR	SER
XS=-5Ω	NEW	IØ
NEW	RS=8Ω	END

Das Ergebnis ist:

$$\underline{I}_2/\underline{I}_1 \big|_{\underline{U}_2=0} \quad 0.7722\, e^{j23.82^{\circ}}$$

c) RS=2Ω	RS=2Ω	XS=-3Ω
XS=4Ω	XS=4Ω	ZØ
XS=-5Ω	PAR	END
NEW	RS=8Ω	

Der Eingangswiderstand für sek. Leerlauf ist:

$$\underline{Z}_{in} \big|_{\underline{I}_2=0} \quad 10.44Ω\, e^{-j16.70^{\circ}}$$

d) RS=2Ω	XS=-3Ω	XP=-5Ω
XS=4Ω	PAR	ZØ
NEW	RS=2Ω	END
RS=8Ω	XS=4Ω	

Ergebnis: $\underline{Z}_{in} \big|_{\underline{U}_2=0} = 7.758Ω\, e^{-j53.08^{\circ}}$

Programm: Reduktionsprogramm RED

Aufgabe: 5.15 | Anwendung: Brückenschaltung

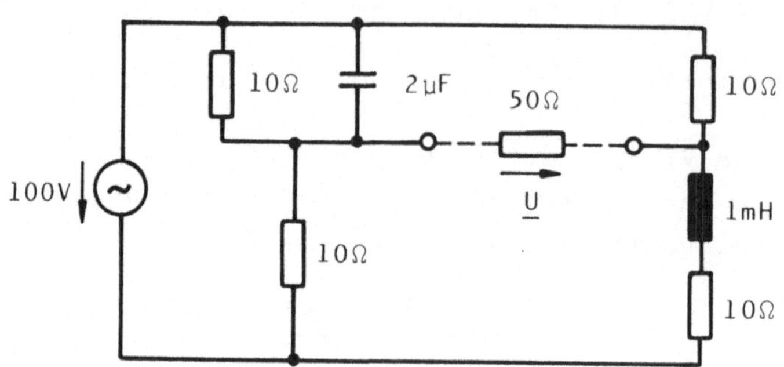

Gesucht ist die Spannung $\underline{U}$ der Brücke im Leerlauf und bei Belastung mit 50Ω für die Frequenz ω=10 000 1/s.

Da die Spannungsquelle keinen Serienwiderstand hat, muß sie zum Zwecke der Reduktion verlegt werden:

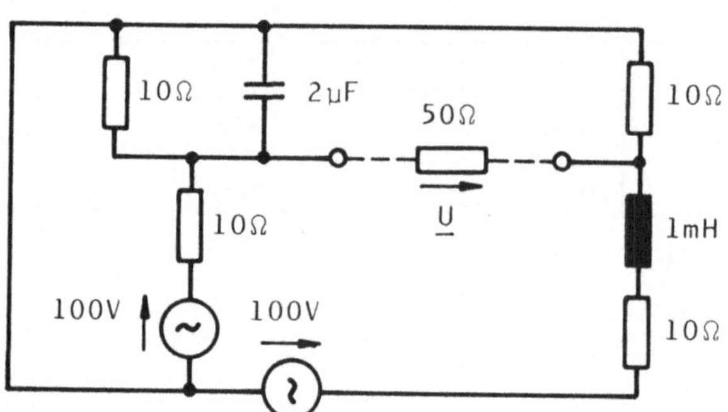

Die Ersatzschaltung kann nun dem Reduktions-Algorithmus unterworfen werden:

US=-100V	US=100V	UØ
RS=10Ω	RS=10Ω	RP=50Ω
RP=10Ω	LS=1mH	UØ
CP=2µF	RP=10Ω	END
NEW	SER	

Hier mußte die eine Spannungsquelle negativ genommen werden, da sie eine negative Komponente von $\underline{U}$ verursacht.

Im Leerlauf ist: $\underline{U} = 17.80V\, e^{-j122.3°}$

Bei Belastung ist: $\underline{U} = 14.60V\, e^{-j123.7°}$

Programm: Reduktionsprogramm RED

| Aufgabe: 5.16 | Anwendung: Kurzgeschlossene Brücke |

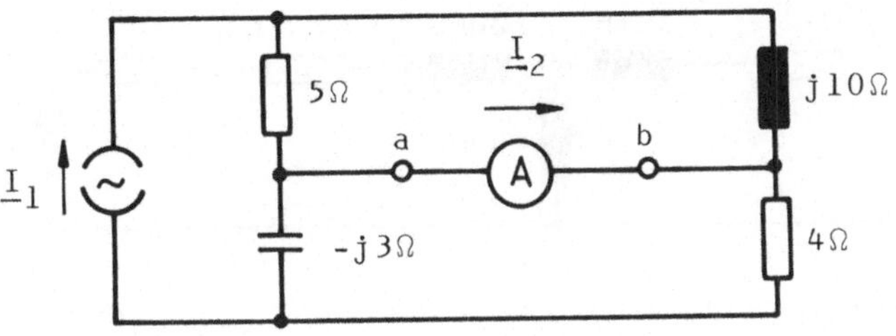

Ein Amperemeter mißt den Strom $|\underline{I}_2|$=3A. Welchen Strom $\underline{I}_1$ muß die Stromquelle liefern ?

Setzt man $\underline{I}_1$=1A, dann ist das Stromverhältnis $\underline{I}_2/\underline{I}_1$ gleich dem Kurzschlußstrom einer äquivalenten Ersatzquelle bezüglich der Klemmen a,b. Vor der Reduktion muß die Stromquelle verlegt werden, da sie keinen Parallelwiderstand hat:

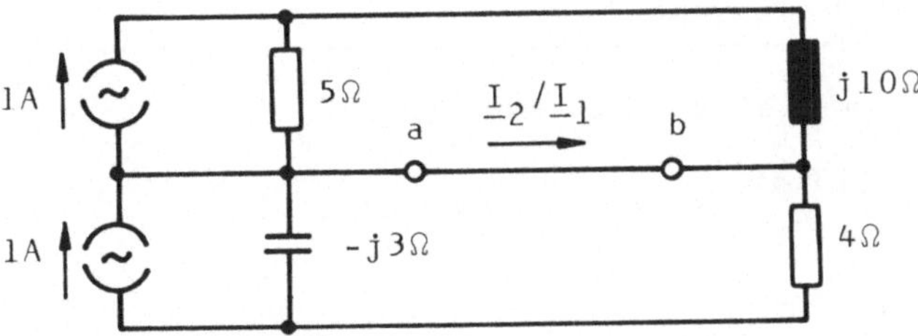

Die Ersatzschaltung wird jetzt bezüglich a,b reduziert:

IP=-1A	IP=1A	IØ
RP=5Ω	XP=-3Ω	END
XS=10Ω	RS=4Ω	
NEW	PAR	

Das Makroprogramm liefert das Ergebnis:

$$\underline{I}_2/\underline{I}_1 = \underline{I}_o/A = 0.1789\,e^{-j26.57^{o}}$$

Hieraus folgt:

$$|\underline{I}_1| = 3A/0.1789 = 16.77A$$

Programm: Reduktionsprogramm RED

Aufgabe: 5.17 | Anwendung: Realer Übertrager

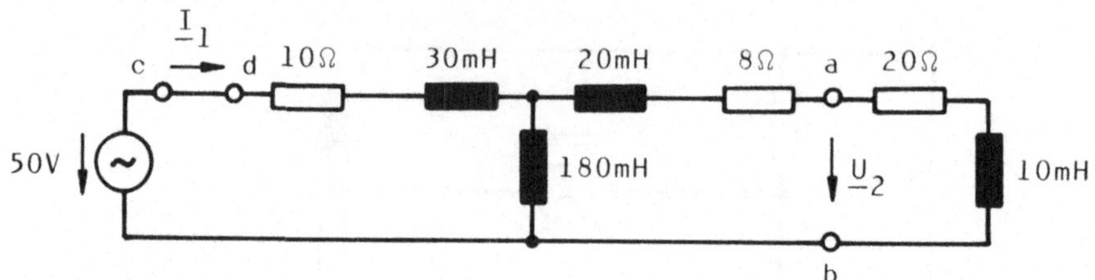

Gesucht sind die sekundäre Leerlaufspannung $\underline{U}_{2o}$, die sekundäre Lastspannung $\underline{U}_2$ sowie der Primärstrom $\underline{I}_1$ für die
Frequenz $\omega=200$ 1/s.

Die Spannungen $\underline{U}_{2o}$ und $\underline{U}_2$ findet man durch Reduktion bezüglich der Klemmen a,b:

US=50V	RS=8Ω	PAR
RS=10Ω	UØ	UØ
LS=30mH	NEW	END
LP=180mH	RS=20Ω	
LS=20mH	LS=10mH	

Das Makro-Programm liefert die Ergebnisse:

$$\underline{U}_{2o} = 41.69V\, e^{j13.39^{\circ}}, \qquad \underline{U}_2 = 22.51V\, e^{-j1.008^{\circ}}$$

Zur Berechnung des Primärstromes muß die Schaltung bezüglich
der Klemmen c,d reduziert werden. Der Kurzschlußstrom über
diese Klemmen ist gleich dem gesuchten Strom $\underline{I}_1$.

LS=10mH	LS=20mH	RS=10Ω
RS=20Ω	LP=180mH	US=50V
RS=8Ω	LS=30mH	IØ
		END

Das Ergebnis lautet:

$$\underline{I}_1 = \underline{I}_o = 1.571A\, e^{-j40.41^{\circ}}$$

Programm: Reduktionsprogramm RED

Aufgabe: 5.18 | Anwendung: Idealer Übertrager

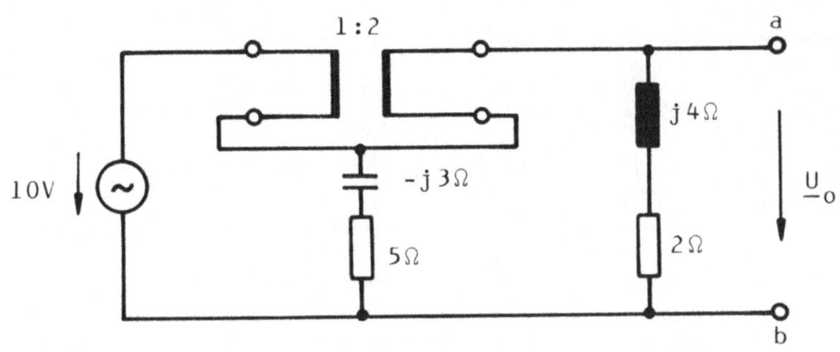

Man bestimme die Leerlaufspannung $\underline{U}_o$ und den Innenwiderstand $\underline{Z}_o$ der Schaltung.

Für den Übertrager ohne Verluste und Streuung gilt das Ersatzbild:

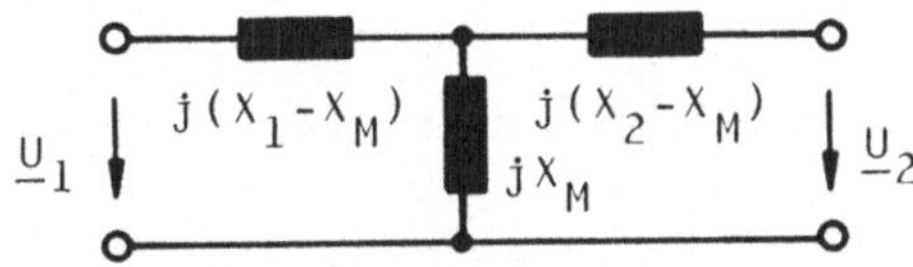

mit dem Übersetzungsverhältnis $\underline{U}_2/\underline{U}_1 = X_M/X_1 = X_2/X_M$.
Wählt man die Reaktanzen entsprechend groß, so nähert sich
das Ersatzbild dem idealen Übertrager. Wir wählen $X_M \doteq 1k\Omega$.
Hieraus folgt die Ersatzschaltung:

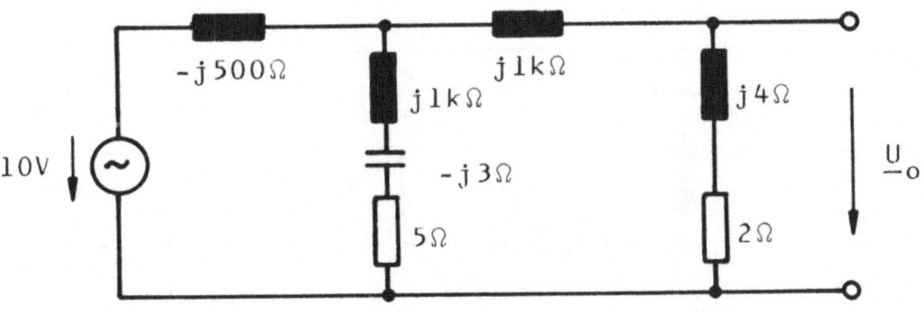

US=10V	RS=5Ω	RS=2Ω
XS=-500Ω	PAR	PAR
NEW	XS=1kΩ	UØ
XS=1kΩ	NEW	ZØ
XS=-3Ω	XS=4Ω	END

Der Reduktions-Algorithmus liefert dann die Ergebnisse:

$$\underline{U}_o = 12.57V\, e^{j\,55.4^o} \qquad\qquad \underline{Z}_o = 3.677\Omega\, e^{j\,24.72^o}$$

Programm: Reduktionsprogramm RED

Aufgabe: 5.19 | Anwendung: Vierpolparameter

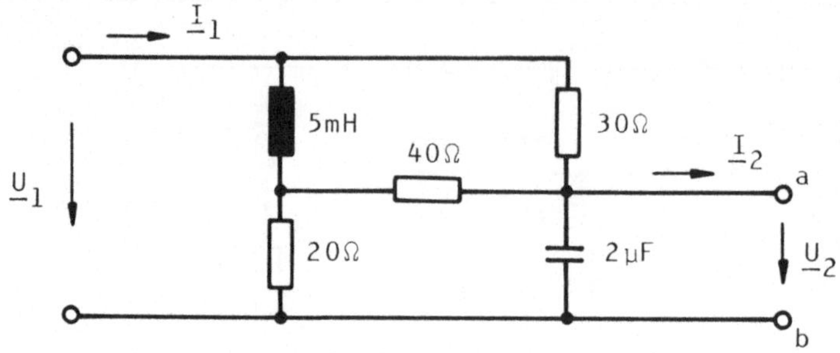

Für den Vierpol sollen alle Kettenparameter entsprechend
den folgenden Vierpolgleichungen bei der Frequenz
ω= 10000 1/s bestimmt werden:

$$\underline{U}_1 = A_{11}\,\underline{U}_2 + A_{12}\,\underline{I}_2$$
$$\underline{I}_1 = A_{21}\,\underline{U}_2 + A_{22}\,\underline{I}_2$$

A_{11} und A_{12} werden aus der ersten Gleichung bestimmt. Speist
man die Schaltung mit einer Spannungsquelle $\underline{U}_1$= 1V, dann
ist für $\underline{I}_2$=0 der Ausdruck $\underline{U}_2/\underline{U}_1$= $1/A_{11}$ gleich der Leerlaufspannung $\underline{U}_o$ an den Klemmen a,b. Für $\underline{U}_2$=0 ist der Ausdruck
$\underline{I}_2/\underline{U}_1$= $1/A_{12}$ gleich dem Kurzschlußstrom $\underline{I}_o$ über a,b. Für
die Reduktion muß die Spannungsquelle 1V verlegt werden,
da sie keinen Serienwiderstand hat:

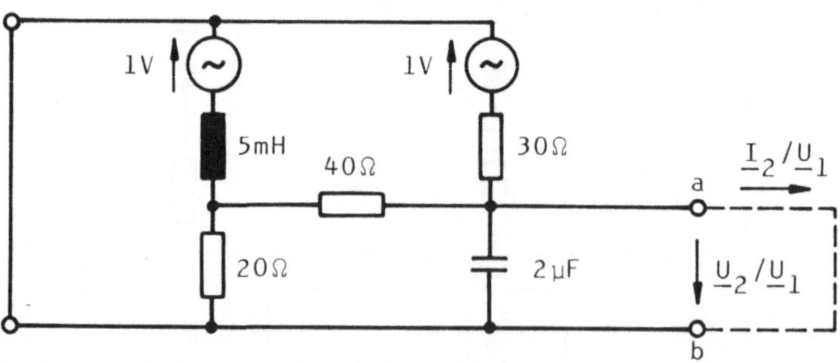

Die Reduktion erfolgt bezüglich a,b:

US=1V	NEW	PAR
LS=5mH	US=1V	U∅
RP=20Ω	RS=30Ω	I∅
RS=40Ω	CP=2µF	END

Programm: Reduktionsprogramm RED

Aufgabe: 5.19 | Anwendung: Vierpolparameter

Das Makroprogramm liefert die Ergebnisse:

$$\underline{U}_2/\underline{U}_1 = 1/A_{11} = 0.6626\, e^{-j29.61^o}$$

$$\underline{I}_2/\underline{U}_1 = 1/A_{12} = 0.03554\; 1/\Omega\; e^{-j10.09^o}$$

Hieraus folgen die Vierpolparameter:

$$A_{11} = 1.509\, e^{j29.61^o}, \qquad A_{12} = 28.14\,\Omega\, e^{j10.09^o}$$

Die Vierpolparameter A_{21} und A_{22} werden aus der zweiten Gleichung bestimmt. Speist man die Schaltung mit einer Stromquelle $\underline{I}_1= 1A$, dann ist für $\underline{I}_2=0$ der Ausdruck $\underline{U}_2/\underline{I}_1= 1/A_{21}$ gleich der Leerlaufspannung $\underline{U}_o$ an den Klemmen a,b. Für $\underline{U}_2=0$ ist der Ausdruck $\underline{I}_2/\underline{I}_1= 1/A_{22}$ gleich dem Kurzschlußstrom $\underline{I}_o$ über a,b. Die Stromquelle 1A muß verlegt werden, da sie keinen Parallelwiderstand hat:

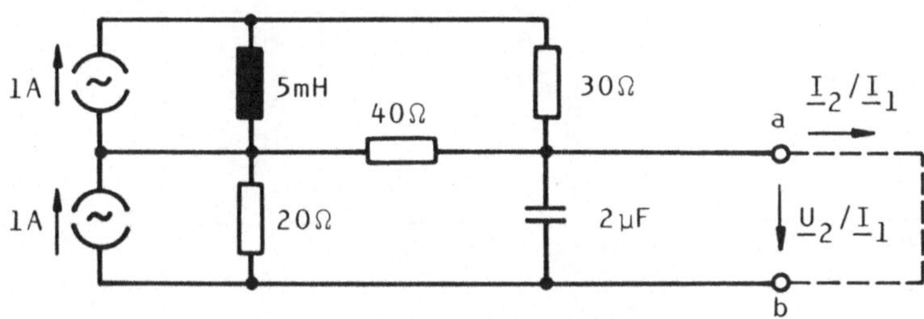

Für diese Ersatzschaltung lautet der Reduktions-Algorithmus:

IP=1A	NEW	CP=2µF
LP=5mH	IP=1A	UØ
RS=30Ω	RP=20Ω	IØ
RP=40Ω	SER	END

mit den Ergebnissen:

$$\underline{U}_2/\underline{I}_1 = 1/A_{21} = 32.30\,\Omega\, e^{-j19.42^o}$$

$$\underline{I}_2/\underline{I}_1 = 1/A_{22} = 0.8339\, e^{j15.90^o}$$

$$A_{21} = 0.03096\; 1/\Omega\; e^{j19.42^o}, \qquad A_{22} = 1.199\, e^{-j15.90^o}$$

Programm: Reduktionsprogramm RED

Aufgabe: 5.20 | Anwendung: Unsymmetrisches Drehstromsystem

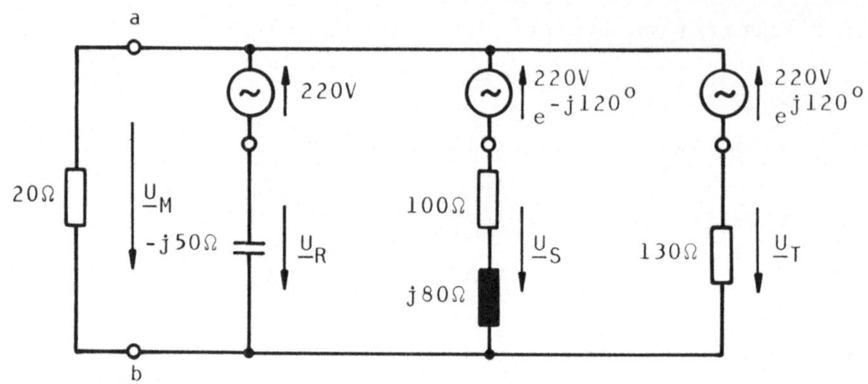

In dem Drehstromsystem mit unsymmetrischer Belastung soll
die Spannung $\underline{U}_M$ bestimmt werden, mit deren Kenntnis das Zeigerdiagramm gezeichnet werden kann.

Die Spannung $\underline{U}_M$ ist gleich der Leerlaufspannung $\underline{U}_o$ einer
äquivalenten Ersatzquelle. Die Reduktion erfolgt also be-
züglich der Klemmen a,b:

US=-220V	RS=100	PH=120°
XS=-50	XS=80	RS=120
NEW	PAR	PAR
US=-220V	NEW	RP=20
PH=-120°	US=-220V	UØ
		END

Die Reduktion liefert das Ergebnis:

$$\underline{U}_M = 88.22V\, e^{-j78.31°}$$

Hieraus folgt das Spannungszeigerdiagramm:

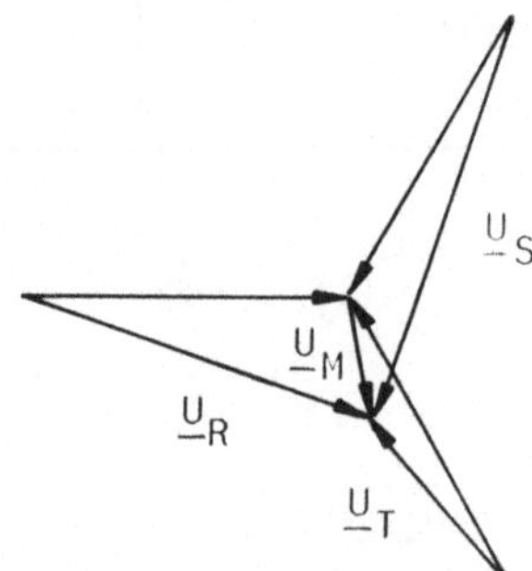

Programm: Reduktionsprogramm RED

Aufgabe: 5.21 | Anwendung: Ortskurve

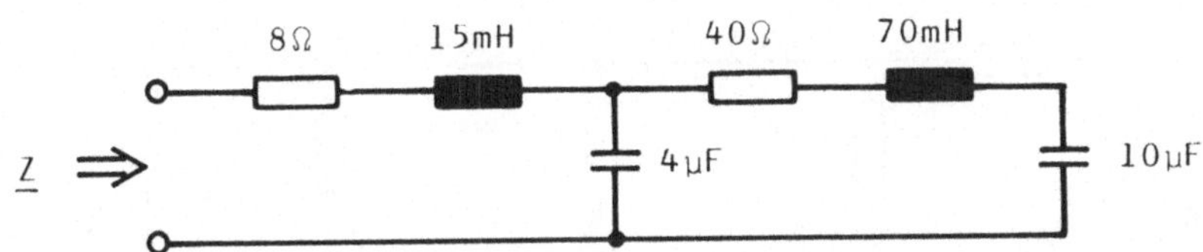

Die Ortskurve des Eingangswiderstandes $\underline{Z}$ ist für den Frequenzbereich $\omega=300$ 1/s bis $\omega=10000$ 1/s zu bestimmen.

Die Ortskurve wird durch punktweise Berechnung von $\underline{Z}$ gewonnen. Nach der einmaligen Eingabe des Reduktions-Algorithmus kann $\underline{Z}$ für beliebige Frequenzen wiederholt berechnet werden:

CS=10µF LS=70mH RS=40Ω	CP=4µF RS=15mH RS=8Ω	ZØ END

Das Programm liefert die folgenden Ergebnisse:

$\omega=300$ 1/s	$\underline{Z}=29.14\Omega-j223.4\Omega$
$\omega=1000$ 1/s	$\underline{Z}=39.25\Omega-j16.25\Omega$
$\omega=2000$ 1/s	$\underline{Z}=229.2\Omega+j98.58\Omega$
$\omega=2200$ 1/s	$\underline{Z}=325.7\Omega-j40.20\Omega$
$\omega=2500$ 1/s	$\underline{Z}=149.6\Omega-j186.4\Omega$
$\omega=3000$ 1/s	$\underline{Z}=34.94\Omega-j101.2\Omega$
$\omega=10000$ 1/s	$\underline{Z}=8.056\Omega+j124.1\Omega$

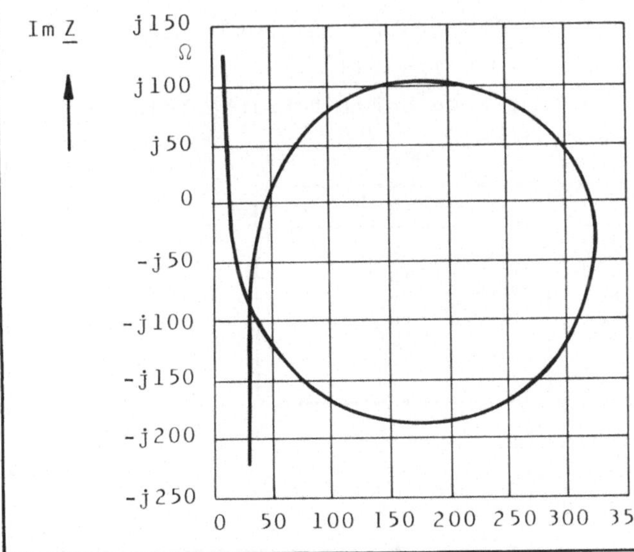

Programm: Reduktionsprogramm RED

Aufgabe: 5.22 | Anwendung: Schwingkreis geringer Güte

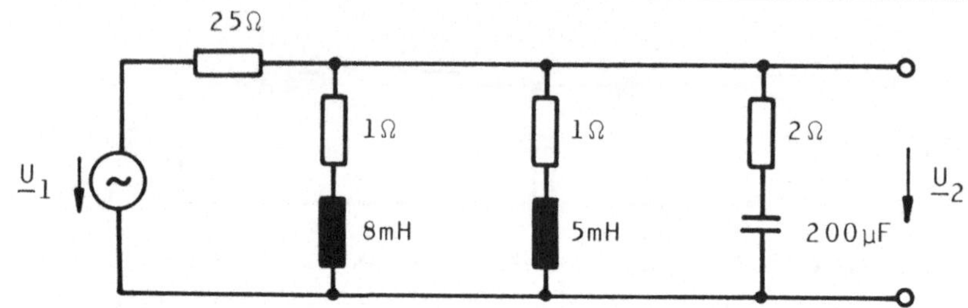

Der Amplitudengang und der Phasengang von $\underline{U}_2/\underline{U}_1$ sind zu plotten. Bei welcher Frequenz ω_o tritt Phasenresonanz auf ?

Setzt man $\underline{U}_1 = 1V$, dann ist das Spannungsverhältnis $\underline{U}_2/\underline{U}_1$ identisch mit der Leerlaufspannung $\underline{U}_o$ einer äquivalenten Ersatzquelle. Das Makroprogramm lautet:

US=1V RS=25Ω NEW RS=1Ω LS=8mH	PAR NEW RS=1Ω LS=5mH PAR	NEW RS=2Ω CS=200µF PAR UØ END

Der Schwingkreis hat eine geringe Güte. Daher ist die exakte Berechnung der Resonanzfrequenz ω_o umständlich. Sie läßt sich mit dem Reduktionsverfahren relativ einfach bestimmen. Die Phase hat im Plot des Phasenganges einen Nulldurchgang etwa zwischen $\omega = 1300$ 1/s und $\omega = 1600$ 1/s. Eine Iteration, z.B. nach der Methode der Intervallhalbierung, führt zu den folgenden Werten:

ω in 1/s	Phase in Grad
1300	+12.89
1600	-7.246
1450 = (1300+1600)/2	+1.172
1525 = (1450+1600)/2	-3.429
1487 ≈ (1450+1525)/2	-1.201
1468 ≈ (1450+1487)/2	-0.0082

Die Resonanzfrequenz beträgt also:

$$\omega_o = 1468 \; 1/s$$

Programm: Reduktionsprogramm RED	
Aufgabe: 5.22	Anwendung: Schwingkreis geringer Güte

Die folgenden Plot-Parameter für die Maßstäbe der Achsen
werden verwendet:

$A\emptyset=1$ (Amplitudengang) $\qquad$ $A\emptyset=2$ (Phasengang)

$R=1.4$ $(\lg \omega_{min})$ $\qquad$ $S=4.6$ $(\lg \omega_{max})$

$T=0.1$ $(\Delta\lg \omega)$ $\qquad$ $U=-35$ $(y_{min}$ Amplitudengang$)$

$U=-30$ $(y_{min}$ Phasengang$)$ $\qquad$ $V=-10$ $(y_{max}$ Amplitudengang$)$

$V=70$ $(y_{max}$ Phasengang$)$

1. Bode-Plot des Amplitudenganges:

2. Bode-Plot des Phasenganges:

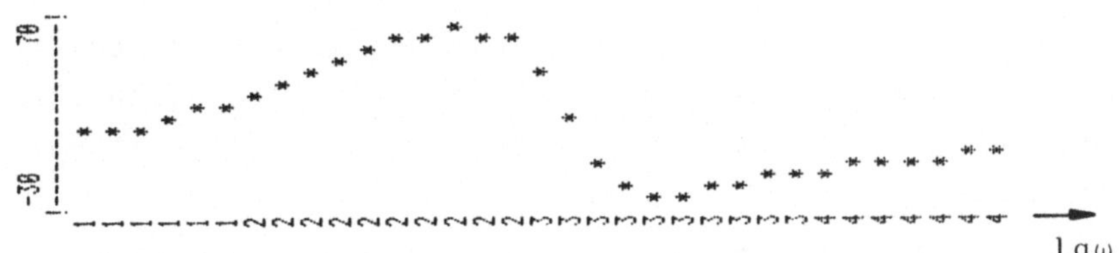

Programm: Reduktionsprogramm RED

Aufgabe: 5.23 | Anwendung: Bandfilter

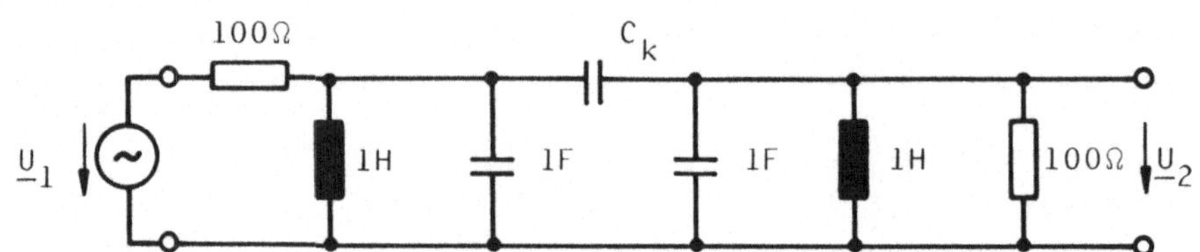

Der Amplitudengang des Bandfilters ist für drei Fälle zu
plotten:

1. C_k=0.01F (Kritische Kopplung   K= $\sqrt{R_1 R_2}$ /X_k=1)
2. C_k=0.02F (Überkritische Kopplung K=2)
3. C_k=0.03F (Überkritische Kopplung K=3)

Wie groß ist der Eingangswiderstand $\underline{Z}_{in}$ bei der Mittenfrequenz ω_m=1/$\sqrt{1H \cdot 1.01F}$ =0.995 1/s für den Fall 1. ?

Setzt man $\underline{U}_1$=1V, dann ist das Spannungsverhältnis $\underline{U}_2/\underline{U}_1$
identisch mit der Leerlaufspannung $\underline{U}_o$ einer äquivalenten
Ersatzquelle bezüglich der Ausgangsklemmen. Der Reduktions-
Algorithmus für den Amplitudengang lautet also:

US=1V RS=100Ω LP=1H CP=1F CS=0.01F	CP=1F LP=1H RP=100Ω UØ END	

Der Eingangswiderstand $\underline{Z}_{in}$ ist identisch mit dem Innenwiderstand $\underline{Z}_o$ einer äquivalenten Ersatzquelle bezüglich der
Eingangsklemmen. Der entsprechende Reduktions-Algorithmus
lautet:

RP=100Ω LP=1H CP=1F CS=0.01F	CP=1F LP=1H RS=100Ω ZØ END	

Er liefert für die Mittenfrequenz das Ergebnis:

$$\underline{Z}_{in} = \underline{Z}_o = 201\Omega\, e^{j0°}$$

Programm: Reduktionsprogramm RED

Aufgabe: 5.23 | Anwendung: Bandfilter

Die Maßstäbe der Achsen werden durch die folgenden Plot-Parameter festgelegt:

$A\emptyset = 1$ (Amplitudengang) $R = -0.019$ ($\lg \omega_{min}$)
$S = 0.006$ ($\lg \omega_{max}$) $T = 0.001$ ($\Delta \lg \omega$)
$U = -20$ (y_{min} in dB) $V = -5$ (y_{max} in dB)

Fall 1. Kritische Kopplung $K = 1$

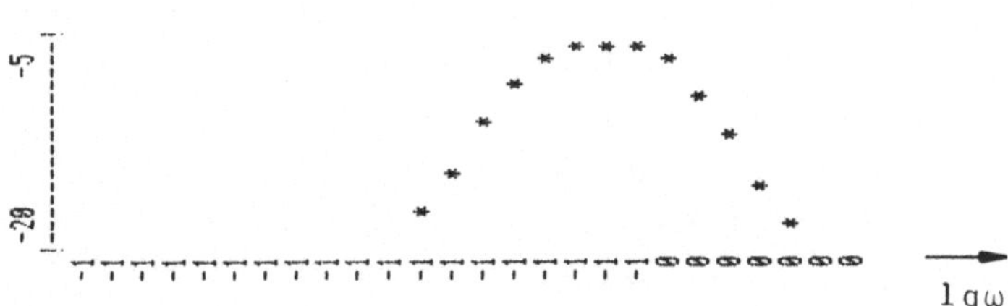

Fall 2. Überkritische Kopplung $K = 2$

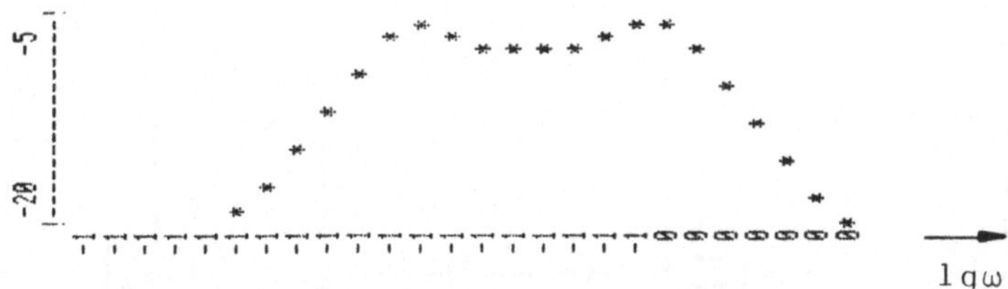

Fall 3. Überkritische Kopplung $K = 3$

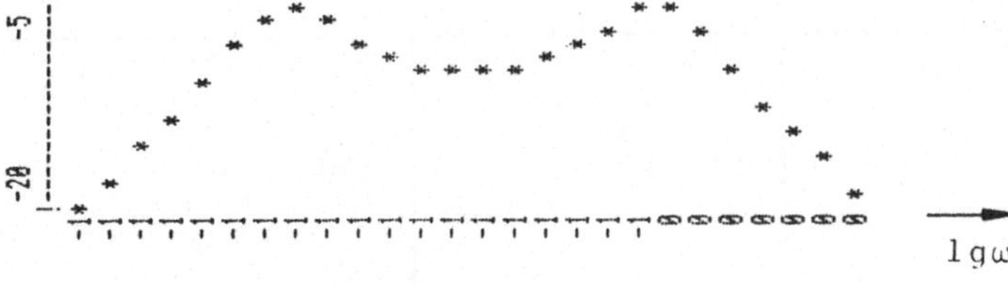

Programm: Reduktionsprogramm RED

Aufgabe: 5.24 | Anwendung: Doppel-T-Glied

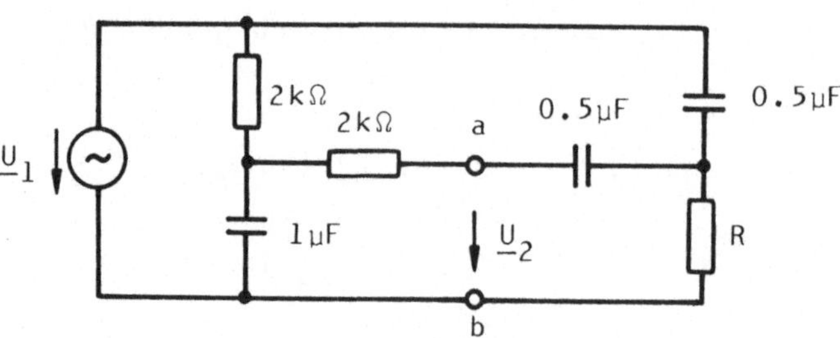

Gegeben ist ein Doppel-T-Glied mit der Sperrfrequenz $\omega = 1000$ 1/s. Mit dem Reduktionsprogramm läßt sich in einfacher Weise der Einfluß von Toleranzen der Bauelemente bestimmen. Gesucht ist der Amplitudengang $\underline{U}_2/\underline{U}_1$. Dieser ist als Bode-Plot für drei Fälle darzustellen:

1. $R = 1000\,\Omega$ (ideale Bemessung)
2. $R = 1050\,\Omega$ (5% Toleranz)
3. $R = 1100\,\Omega$ (10% Toleranz)

Das Spannungsverhältnis $\underline{U}_2/\underline{U}_1$ ist gleich der Leerlaufspannung $\underline{U}_o$ einer äquivalenten Ersatzquelle an den Klemmen a,b, wenn $\underline{U}_1 = 1V$ gesetzt wird. Für die Reduktion muß die Spannungsquelle 1V verlegt werden, da sie keinen Serienwiderstand hat:

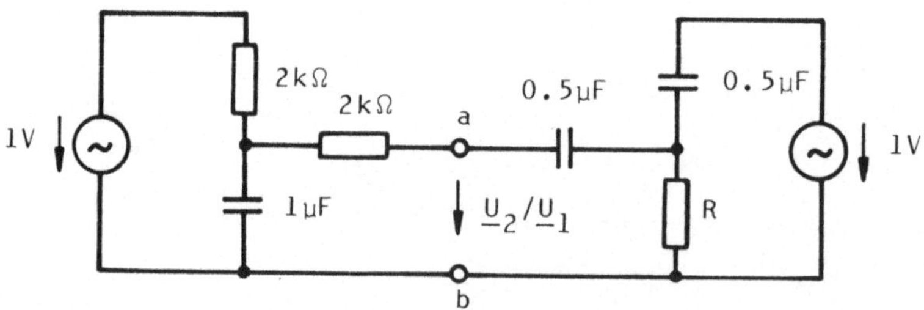

Für den Fall 1. lautet der Reduktions-Algorithmus:

US=1V	NEW	CS=0.5µF
RS=2kΩ	US=1V	PAR
CP=1µF	CS=0.5µF	UØ
RS=2kΩ	RP=1kΩ	END

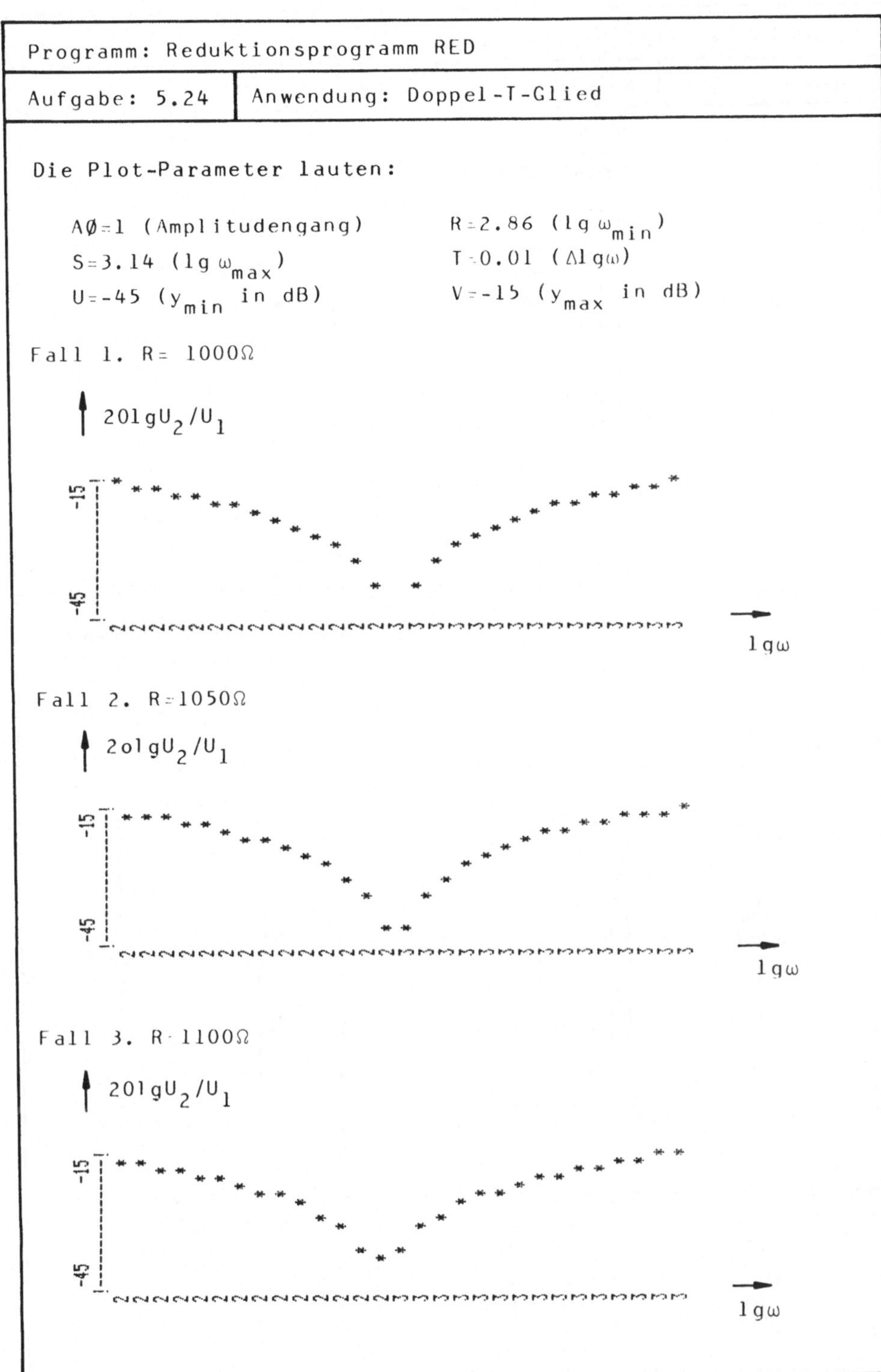

Programm: Reduktionsprogramm RED
Aufgabe: 5.24   Anwendung: Doppel-T-Glied

Die Plot-Parameter lauten:

AØ=1 (Amplitudengang)   R=2.86 (lg ω_min)
S=3.14 (lg ω_max)   T=0.01 (Δlgω)
U=-45 (y_min in dB)   V=-15 (y_max in dB)

Fall 1. R= 1000Ω

20lgU_2/U_1

-15

-45

lgω

Fall 2. R=1050Ω

20lgU_2/U_1

-15

-45

lgω

Fall 3. R 1100Ω

20lgU_2/U_1

-15

-45

lgω

Programm: Reduktionsprogramm RED

Aufgabe: 5.25 | Anwendung: Klangregelnetzwerk

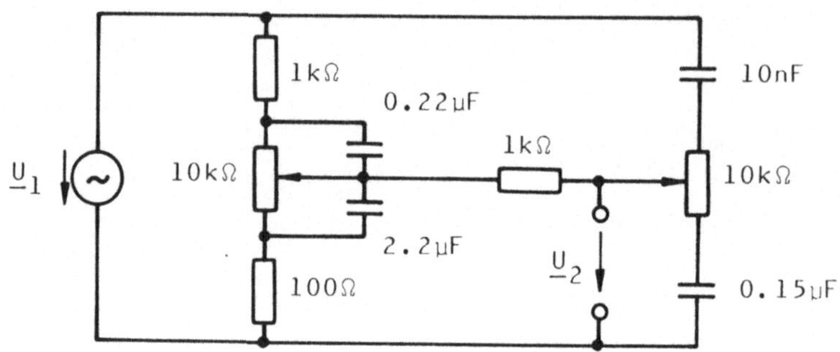

Gegeben ist ein Klangregelnetzwerk mit Tiefenregler (links)
und Höhenregler (rechts). Gesucht sind der Amplitudengang
und der Phasengang von $\underline{U}_2/\underline{U}_1$, wenn beide Regler am unteren
Anschlag stehen (also Höhen und Tiefen maximal abgesenkt).

Wird $\underline{U}_1=1V$ gesetzt, dann ist $\underline{U}_2/\underline{U}_1$ gleich der Leerlaufspannung an den Ausgangsklemmen. Für die Reduktion muß die
Spannungsquelle verlegt werden, da sie keinen Serienwiderstand hat:

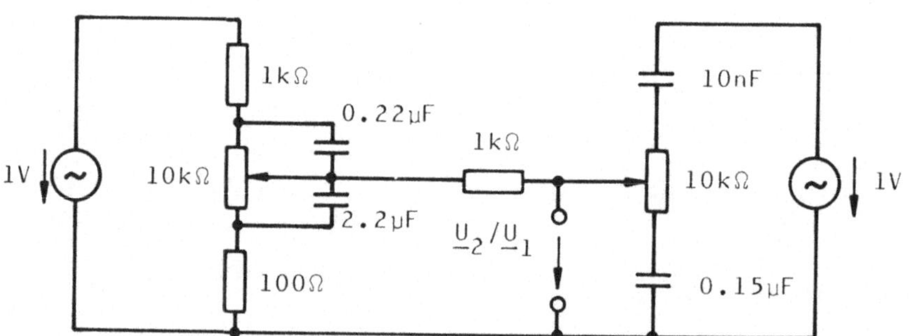

Sind beide Regler am unteren Anschlag, lautet der Reduktions-Algorithmus:

RP=10kΩ	RS=1kΩ	CP=0.15µF
CP=0.22µF	NEW	PAR
RS=1kΩ	US=1V	UØ
US=1V	CS=10nF	END
RP=100Ω	RS=10kΩ	

Programm: Reduktionsprogramm RED	
Aufgabe: 5.25	Anwendung: Klangregelnetzwerk

Die Plot-Parameter der Frequenzachse lauten:

$R=1$ $(lg\omega_{min})$ $S=5.6$ $(lg\omega_{max})$
$T=0.2$ $(\Delta lg\omega)$

Außerdem für den Amplitudengang:

$A\emptyset=1$ $U=-51$ $(y_{min}$ in dB) $V=-20$ $(y_{max}$ in dB)

und für den Phasengang:

$A\emptyset=2$ $U=-90$ $(y_{min}$ in Grad) $V=60$ $(y_{max}$ in Grad)

1. Amplitudengang

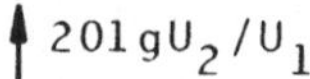

2. Phasengang

Programm: Reduktionsprogramm RED

Aufgabe: 5.26 | Anwendung: Bandsperre

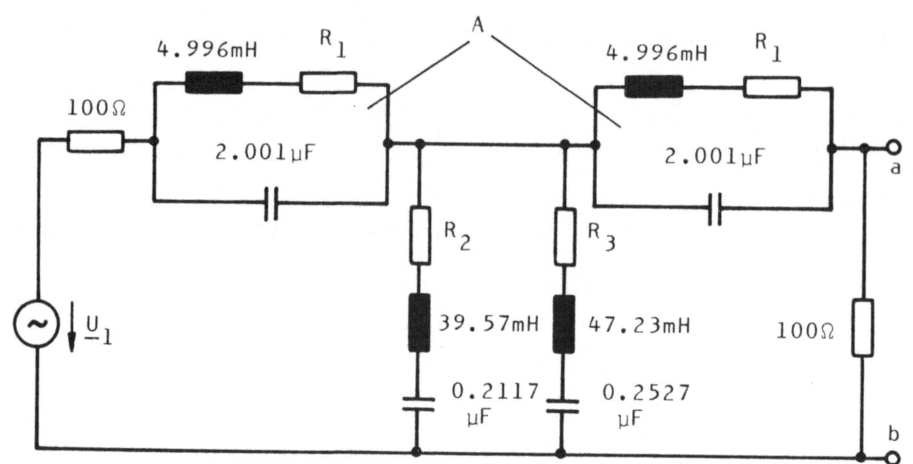

Das Filter hat eine Sperrfrequenz von $\omega=10000$ 1/s. Der Amplitudengang ist für drei Fälle zu plotten:

1. in der idealen Bemessung mit allen Spulenwiderständen $R_1=R_2=R_3=0$,

2. für eine Spulengüte von ca. 20 mit $R_1=2.5\Omega$, $R_2=20\Omega$ und $R_3=23\Omega$,

3. für eine Spulengüte von ca. 50 mit $R_1=1\Omega$, $R_2=8\Omega$ und $R_3=9\Omega$.

Nimmt man eine Spannungsquelle von $\underline{U}_1=1V$ an, dann ist das Spannungsverhältnis $\underline{U}_2/\underline{U}_1$ identisch mit der Leerlaufspannung $\underline{U}_o$ bezüglich der Klemmen a,b. Das Makroprogramm für den Fall 2. lautet:

LS=4.996mH RS=2.5Ω CP=2.001µF NEW NEW RS=100Ω US=1V	SER NEW LS=39.57mH CS=0.2117µF RS=20Ω PAR NEW	LS=47.23mH CS=0.2527µF RS=23Ω PAR SER RP=100Ω UØ END

Hier ist die Teilschaltung A, die zweimal vorkommt, mit NEW, NEW zwischengespeichert worden.

| Programm: Reduktionsprogramm RED |
| Aufgabe: 5.26 | Anwendung: Bandsperre |

Das Plotten des Amplitudenganges wird durch die folgenden Plot-Parameter gesteuert:

$A\emptyset=1$ (Amplitudengang) $\qquad$ $R=3.915$ (lg ω_{min})

$S=4.085$ (lg ω_{max}) $\qquad$ $T=0.005$ (Δlgω)

$U=-50$ (y_{min} in dB) $\qquad$ $V=0$ (y_{max} in dB)

Fall 1. Ideale Bemessung mit $R_1=R_2=R_3=0$:

Fall 2. Spulengüte ca. 20

Fall 3. Spulengüte ca. 50

Programm: Reduktionsprogramm RED

Aufgabe: 5.27 | Anwendung: Aktiver Hochpaß

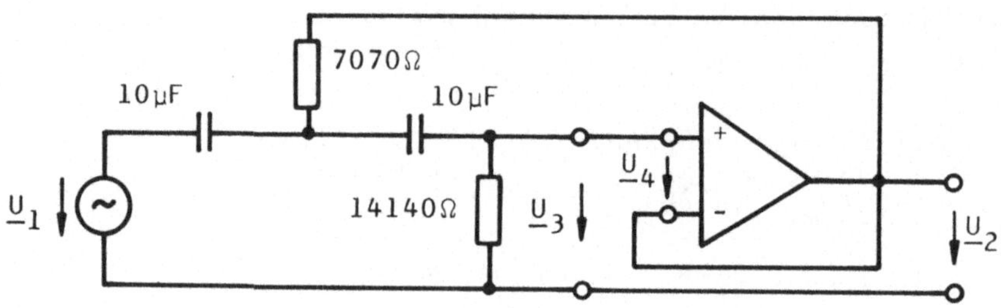

Gegeben ist ein aktiver Butterworth-Hochpaß mit Einfach-
mitkopplung. Seine Grenzfrequenz ist $\omega_g = 10$ 1/s.

Gesucht sind der Amplitudengang und Phasengang von $\underline{U}_2/\underline{U}_1$.

Der Operationsverstärker habe eine unendliche Verstärkung
$v = \underline{U}_2/\underline{U}_4$. Dann ist $\underline{U}_3 = \underline{U}_2$. Hieraus folgt die Ersatzschaltung

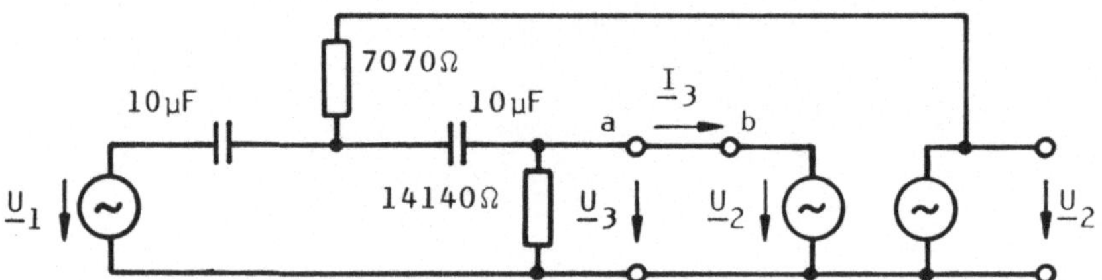

Die Kompensationsquelle $\underline{U}_2 = \underline{U}_3$ bewirkt, daß der Strom $\underline{I}_3 = 0$
ist. Die Reduktion wird also bezüglich der Klemmen a,b in
zwei Schritten durchgeführt (siehe Bedienungsanleitung).
Es werden nacheinander mit dem Überlagerungssatz die Aus-
drücke $\underline{I}_3(\underline{U}_2)/\underline{U}_2$ und $\underline{I}_3(\underline{U}_1)/\underline{U}_1$ gebildet. Sie werden in den
Zweipolspeichern B und A gespeichert. Mit der Anweisung FB
wird daraus $\underline{U}_2/\underline{U}_1$ berechnet. Das entsprechende Makroprogramm
lautet:

US=1V	US=-1V	CS=10µF
RS=7070Ω	NEW	RP=14140Ω
CP=10µF	US=1V	FB
CS=10µF	CS=10µF	UØ
RP=14140Ω	RP=7070Ω	END

Programm: Reduktionsprogramm RED

Aufgabe: 5.27 | Anwendung: Aktiver Hochpaß

Mit den angegebenen Plot-Parametern erhält man die folgenden
Frequenzkennlinien:

1. Amplitudengang

   $A\emptyset=1$, $U=-50$ (y_{min} in dB), $V=0$ (y_{max} in dB)
   $R=-0.2$ ($\lg\omega_{min}$), $S=2.2$ ($\lg\omega_{max}$), $T=0.1$ ($\Delta\lg\omega$)

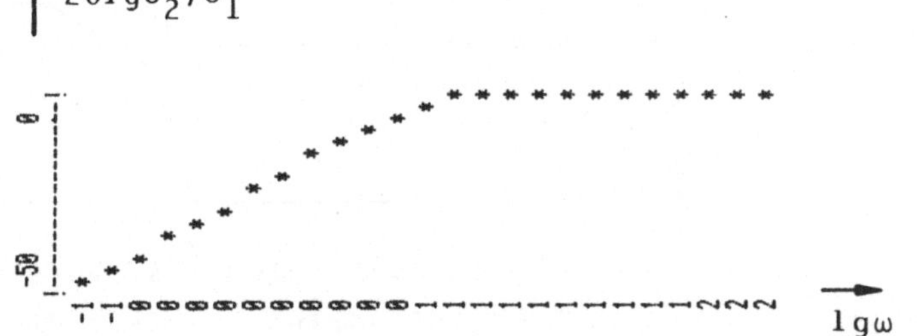

2. Phasengang

   $A\emptyset=2$, $U=0$ (y_{min} in Grad), $V=180$ (y_{max} in Grad)
   $R=-0.2$ $S=2.2$ $T=0.1$

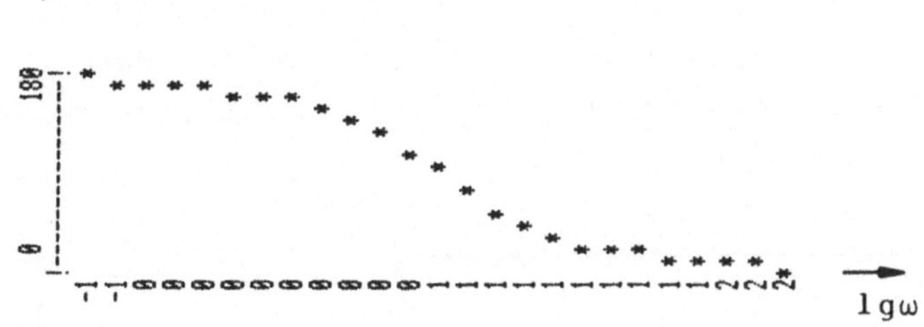

Programm: Reduktionsprogramm RED

Aufgabe: 5.28 | Anwendung: Aktives Wien-Robinson-Filter

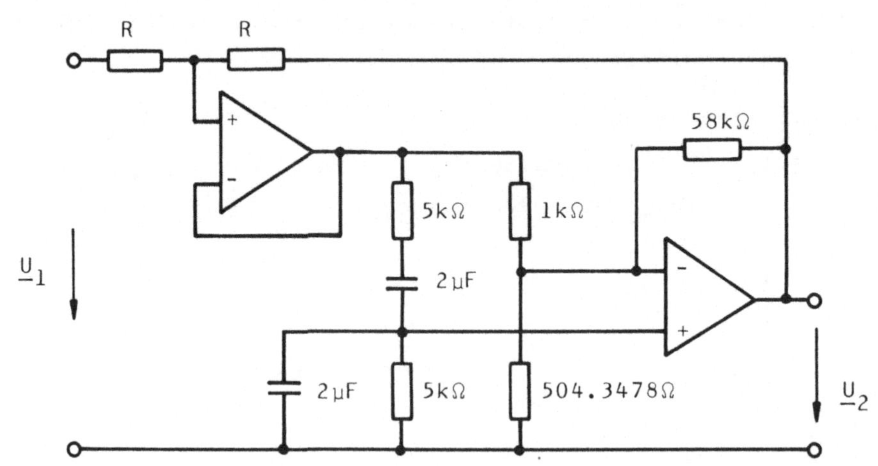

Das Filter hat eine Sperrfrequenz von ω=100 1/s. Der Amplitudengang ist zu plotten. Wie empfindlich reagiert die
Schaltung, wenn anstelle des Widerstandes 58kΩ ein Widerstand von 70kΩ verwendet wird ?

Die Verstärkung der Operationsverstärker wird wie üblich
mit Unendlich angenommen. Der zweite Operationsverstärker
kann dann durch eine ideale Spannungsquelle ersetzt werden, deren Spannung sich so einstellt, daß der Steuer-
strom $\underline{I}_3$ gleich Null wird. Der erste Operationsverstärker
bildet die Ausgangsspannung $(\underline{U}_1 + \underline{U}_2)/2$ und kann daher durch
zwei Spannungsquellen $\underline{U}_1/2$ und $\underline{U}_2/2$ in Serie ersetzt werden.
Hieraus folgt die Ersatzschaltung:

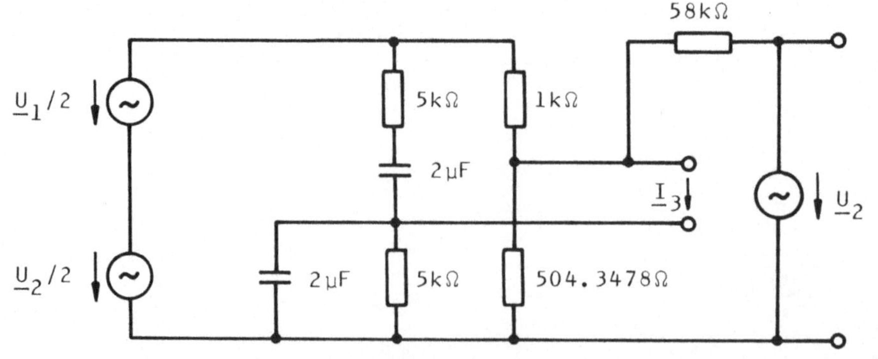

Programm: Reduktionsprogramm RED

Aufgabe: 5.28   Anwendung: Aktives Wien-Robinson-Filter

Die Berechnung von $\underline{U}_2/\underline{U}_1$ erfolgt nach dem Überlagerungsprinzip (siehe Theoretische Grundlagen des Reduktionspro-
gramms). Zunächst wird $\underline{I}_3(\underline{U}_2)/\underline{U}_2$ gebildet, indem $\underline{U}_2=1V$ und
$\underline{U}_1=0$ gesetzt wird. Dann wird $\underline{I}_3(\underline{U}_1)/\underline{U}_1$ gebildet, indem
$\underline{U}_1=1V$ und $\underline{U}_2=0$ gesetzt wird. Die Anweisung FB (Feedback)
berechnet daraus das Spannungsverhältnis $\underline{U}_2/\underline{U}_1$, das mit UØ
ausgegeben wird. Das Makroprogramm lautet:

```
US=1V              CS=2µF             US=-0.5V
RS=58kΩ            CP=2µF             RS=5kΩ
RP=504.3478Ω       RP=5kΩ             CS=2µF
NEW                SER                CP=2µF
US=0.5V            NEW                RP=5kΩ
RS=1kΩ             US=0.5V            SER
PAR                RS=1kΩ             FB
NEW                RP=504.3478Ω       UØ
US=-0.5V           RP=58kΩ            END
RS=5kΩ             NEW
```

Die folgenden Plot-Parameter werden gewählt:

$$A\emptyset=1 \text{ (Amplitudengang)} \qquad R=1.992 \ (\lg \omega_{min})$$
$$S=2.008 \ (\lg \omega_{max}) \qquad T=0.0005 \ (\Delta \lg \omega)$$
$$U=-40 \ (y_{min} \text{ in dB}) \qquad V=-8 \ (y_{max} \text{ in dB})$$

Fall 1. Ideale Bemessung:

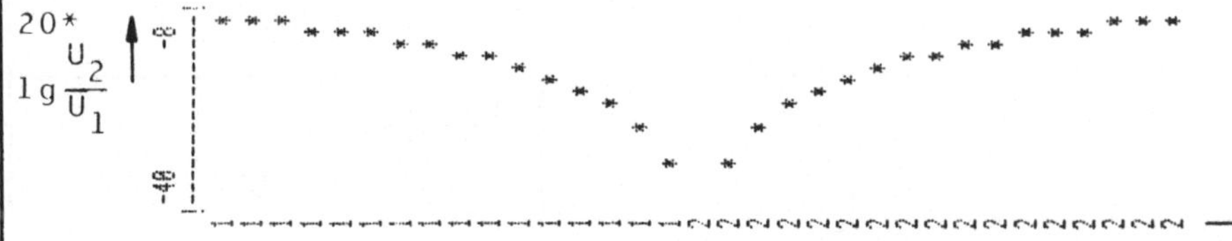

Fall 2. Widerstand 58kΩ durch 70kΩ ersetzt:

Programm: Reduktionsprogramm RED

Aufgabe: 5.29 | Anwendung: Aktiver Bandpaß

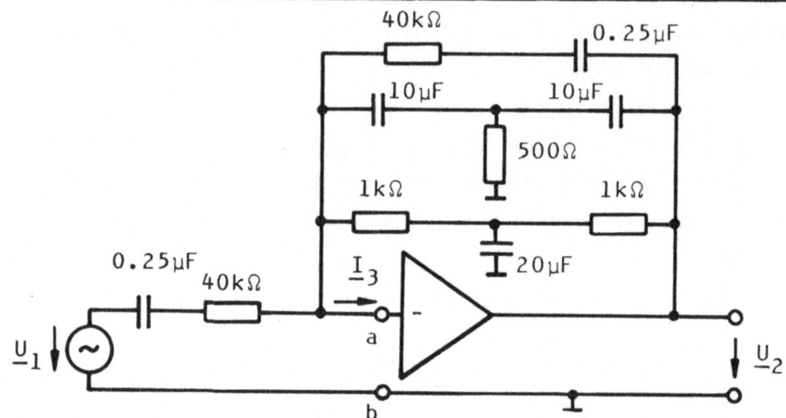

Gegeben ist ein aktiver Bandpaß mit Einfachgegenkopplung.
Seine Resonanzfrequenz ist ω_o = 100 1/s, seine Güte Q=20.
Gesucht sind der Amplitudengang und der Phasengang von $\underline{U}_2/\underline{U}_1$.

Wird die Verstärkung des Operationsverstärkers als Unendlich
angenommen, dann ist sein Eingangsstrom $\underline{I}_3$=0 identisch mit
dem Kurzschlußstrom über die Klemmen a,b. Die Reduktion erfolgt in zwei Schritten (siehe Bedienungsanleitung). Setzt
man $\underline{U}_1$=0 und $\underline{U}_2$=1V, dann erhält man zunächst die Übertragungsfunktion $\underline{I}_3(\underline{U}_2)/\underline{U}_2$, die im Zweipolspeicher B gespeichert wird. Setzt man dann $\underline{U}_1$=1V und $\underline{U}_2$=0, so erhält man
$\underline{I}_3(\underline{U}_1)/\underline{U}_1$ im Zweipolspeicher A. Mit der Anweisung FB wird
daraus $\underline{U}_2/\underline{U}_1$ berechnet. Das entsprechende Makroprogramm
lautet:

```
US=1V            CS=10µF           US=1V
RS=1kΩ           PAR               CS=0.25µF
CP=20µF          NEW               RS=40kΩ
RS=1kΩ           US=1V             FB
NEW              CS=0.25µF         UØ
US=1V            RS=40kΩ           END
CS=10µF          PAR
RP=500Ω          NEW
```

Die Spannungsquelle $\underline{U}_2$=1V mußte zum Zwecke der Reduktion
in die drei benachbarten Zweige verlegt werden, da sie keinen Serienwiderstand hatte.

Programm: Reduktionsprogramm RED

Aufgabe: 5.29 | Anwendung: Aktiver Bandpaß

---

1. Amplitudengang. Die folgenden Plot-Parameter legen die
   Maßstäbe der Achsen fest:

   $A\emptyset=1$, $U=-25$ (y_{min} in dB), $V=0$ (y_{max} in dB)
   $R=1.85$ ($lg\omega_{min}$), $S=2.15$ ($lg\omega_{max}$), $T=0.01$ ($\Delta lg\omega$)

2. Phasengang. Der Phasengang wird in zwei Intervallen getrennt dargestellt.

   Erstes Intervall:

   $A\emptyset=2$, $U=-180$, $V=-90$
   $R=1.85$ $S=2$ $T=0.01$

   Zweites Intervall:

   $A\emptyset=2$, $U=90$, $V=180$
   $R=2$, $S=2.15$, $T=0.01$

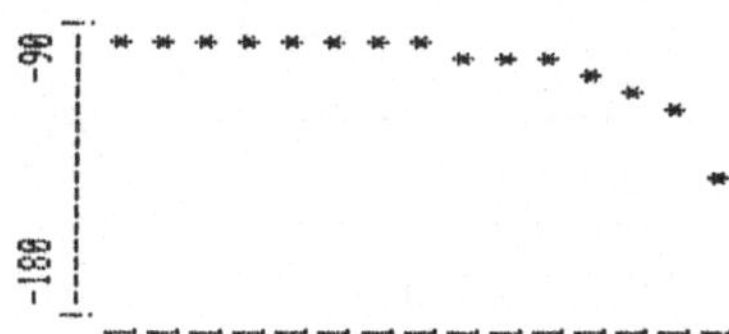
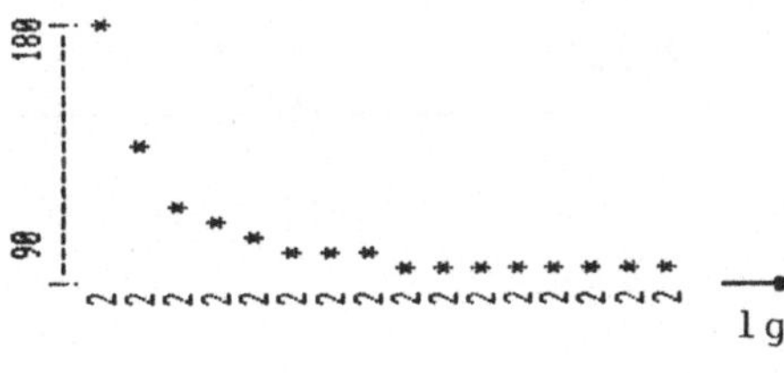

Programm: Reduktionsprogramm RED

Aufgabe: 5.30 | Anwendung: Aktives Tiefpaßfilter

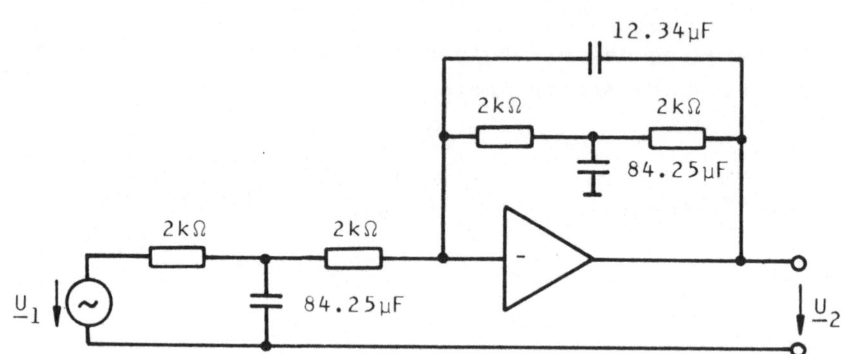

Das aktive Tschebyscheff-Tiefpaßfilter 2. Ordnung mit Einfachgegenkopplung hat eine Welligkeit von ±1.5dB und eine Grenzfrequenz $\omega_g = 20$ 1/s. Gesucht sind der Amplitudengang und der Phasengang von $\underline{U}_2/\underline{U}_1$ für eine unendliche Verstärkung des Operationsverstärkers. Welchen Einfluß hat eine endliche Verstärkung v= -20 auf den Amplitudengang ?

In der Ersatzschaltung wird die Kompensationsquelle $\underline{U}_2/v$ eingeführt:

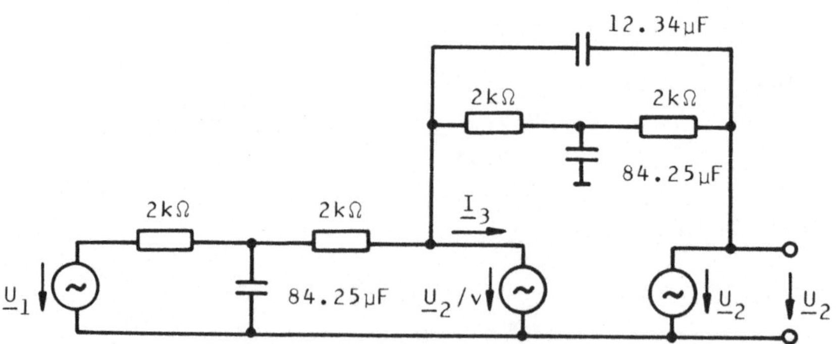

Die Spannung $\underline{U}_2$ stellt sich so ein, daß der Eingangsstrom $\underline{I}_3$ des Operationsverstärkers gleich Null wird. Es gilt dann die Beziehung

$$\frac{\underline{U}_2}{\underline{U}_1} = - \frac{\underline{I}_3(\underline{U}_1)/\underline{U}_1}{\underline{I}_3(\underline{U}_2)/\underline{U}_2}$$

Programm: Reduktionsprogramm RED

Aufgabe: 5.30 | Anwendung: Aktives Tiefpaßfilter

Für die Übertragungsfunktion $\underline{I}_3(\underline{U}_2)/\underline{U}_2$ gilt mit dem Überlagerungssatz die folgende Ersatzschaltung:

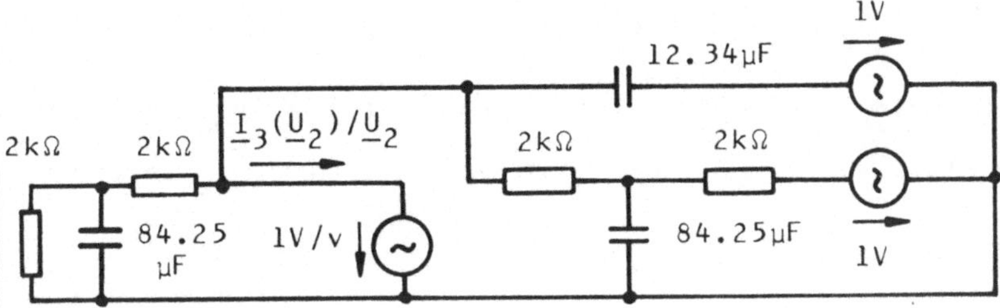

Die Spannungsquelle 1V mußte verlegt werden, da sie keinen Serienwiderstand hatte. Für die Übertragungsfunktion $\underline{I}_3(\underline{U}_1)/\underline{U}_1$ gilt entsprechend die Ersatzschaltung:

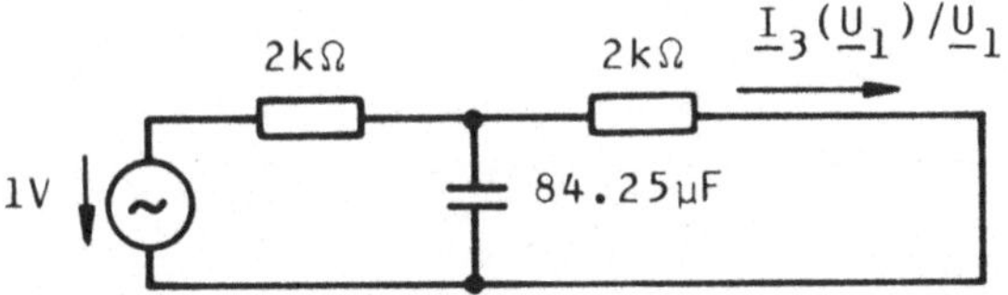

Die beiden Übertragungsfunktionen werden nacheinander gebildet und in den Zweipolspeichern A und B gespeichert. Mit der Anweisung FB wird daraus $\underline{U}_2/\underline{U}_1$ berechnet.

Fall 1. Verstärkung v=∞

US=1V	RS=2kΩ	RS=2kΩ
CS=12.34µF	PAR	FB
NEW	NEW	UØ
US=1V	US=1V	END
RS=2kΩ	RS=2kΩ	
CP=84.25µF	CP=84.25µF	

Fall 2. Verstärkung v= -20

US=1V	PAR	NEW
CS=12.34µF	NEW	US=1V
NEW	RP=2kΩ	RS=2kΩ
US=1V	CP=84.25µF	CP=84.25µF
RS=2kΩ	RS=2kΩ	RS=2kΩ
CP=84.25µF	PAR	FB
RS=2kΩ	US=0.05V	UØ
		END

Programm: Reduktionsprogramm RED

Aufgabe: 5.30 | Anwendung: Aktives Tiefpaßfilter

Die gewählten Plot-Parameter lauten:

$R=0$ $(\lg\omega_{min})$, $S=2.1$ $(\lg\omega_{max})$, $T=0.1$ $(\Delta\lg\omega)$

$A\emptyset=2$ (Phase), $U=0$ $(y_{min}$ in Grad$)$, $V=180$ $(y_{max}$ in Grad$)$

$A\emptyset=1$ (Ampl.), $U=-8$ $(y_{min}$ in dB$)$, $V=3$ $(y_{max}$ in dB$)$

Fall 1. $v=\infty$, Amplitudengang

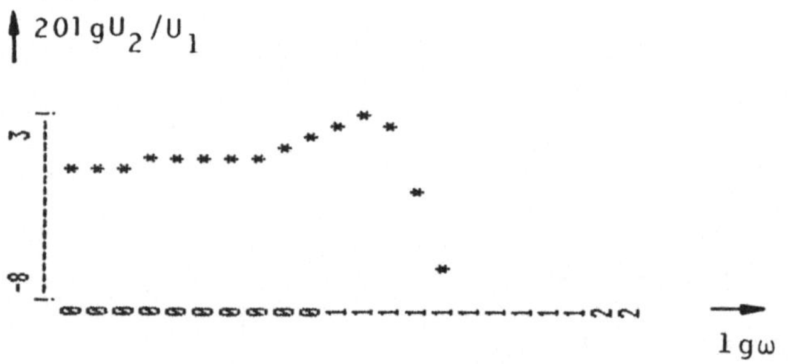

$20\lg U_2/U_1$

$\lg\omega$

Phasengang

$\mathrm{arc}\,\underline{U}_2/\underline{U}_1$

$\lg\omega$

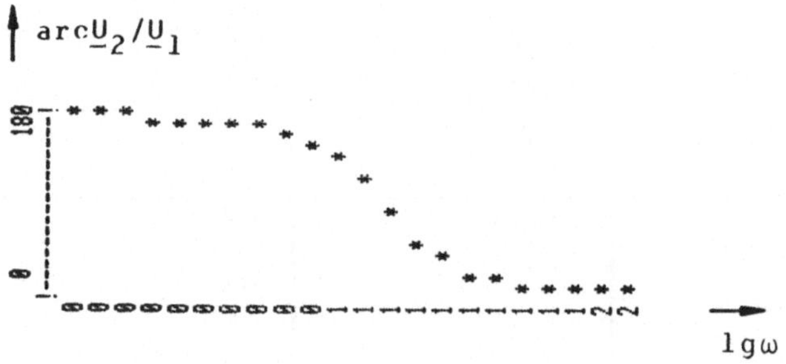

Fall 2. $v=-20$, Amplitudengang

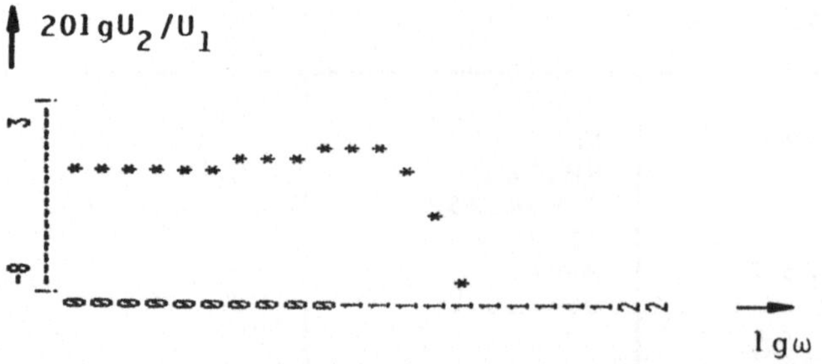

$20\lg U_2/U_1$

$\lg\omega$

6 Programm Knotenpunktpotentialverfahren NV

Grundlage des Programms ist das Knotenpunktpotentialverfahren. Das Programm ist anwendbar auf beliebig vermaschte Netzwerke mit Widerständen, Kapazitäten, Induktivitäten, Blindwiderständen sowie starren Spannungs- und Stromquellen. Das Ergebnis der Rechnung ist eine beliebige Spannung.

Ausgangspunkt der Rechnung ist direkt die Schaltung. Das Aufstellen von Netzgleichungen durch den Benutzer ist nicht erforderlich. Die gesamte Schaltung wird zunächst in den Rechner eingegeben und als Makroprogramm gespeichert. Dann wird nach Wahl einer Frequenz die Rechnung gestartet. Die Schaltung kann also für verschiedene Frequenzen wiederholt durchgerechnet werden.

Die Rechnung in jedem Durchlauf beginnt mit dem Aufbau der komplexen Leitwertmatrix aus den gespeicherten Daten der Schaltung. Die Auflösung der Matrix erfolgt anschließend mit dem komplexen Gauß-Algorithmus.

Das Programm ist auf Gleichstrom- und Wechselstromschaltungen anwendbar.

6.1 Theoretische Grundlagen

Das Programm NV (Node Voltage) verwendet Standardzweige. Diese werden mit N I.J adressiert, d.h. der Zweig befindet sich zwischen den Knoten (Nodes) I und J. Ein Standardzweig wird durch die folgende Struktur definiert:

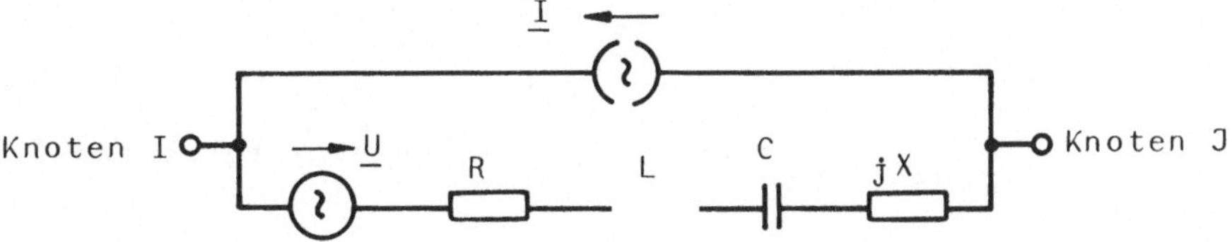

Bild 6.1: Standardzweig

Beliebige Elemente des Standardzweiges dürfen fehlen, mit einer Ausnahme: in Serie zu der Spannungsquelle muß sich mindestens ein Widerstandselement befinden.

Ein Standardzweig mit seinen Elementen und seiner Verknüpfung wird durch eine Folge von Makroanweisungen beschrieben. Man betrachte das folgende Beispiel:

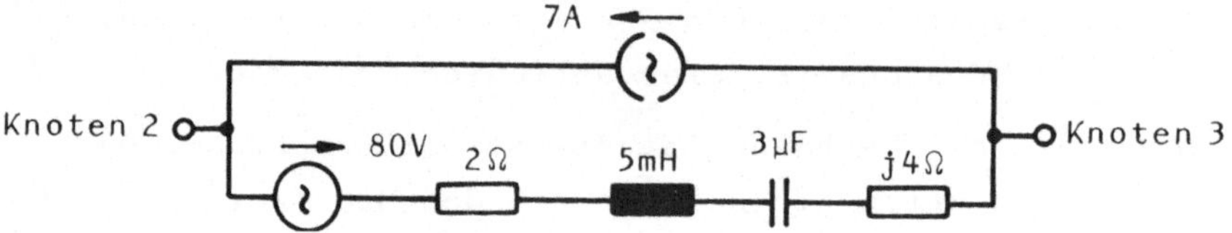

Bild 6.2: Beispiel eines Standardzweiges

Die entsprechenden Makroanweisungen lauten:

```
N 2.3     U=80V
          R=2Ω
          L=5mH
          C=3µF
          X=4Ω
          I=7A
```

In der ersten Makroanweisung steht die Verknüpfung des Zweiges.

Werden alle Zweige eines Netzwerkes in dieser Weise beschrieben, dann entsteht ein vollständiges Makroprogramm. In dem folgenden Beispiel soll die Spannung $\underline{U}_2$ berechnet werden.

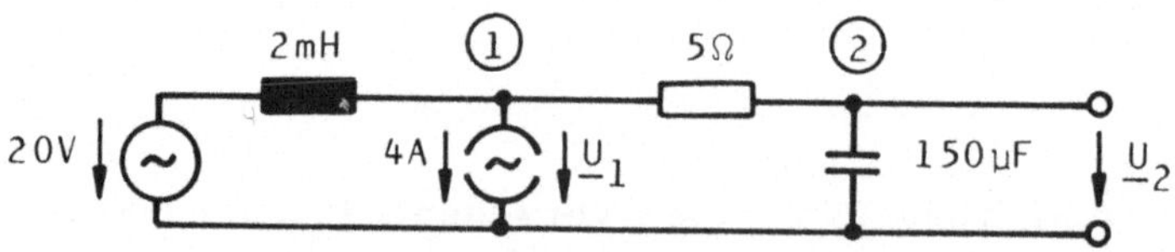

Bild 6.3: Beispiel für Makroprogramm

Das entsprechende Makroprogramm, das mit END abgeschlossen wird, lautet:

```
N 1.0     U=20V
          L=2mH
          I=-4A          (wegen des Vorzeichens vergl. Bild 6.1)
N 2.0     C=150µF
N 1.2     R=5Ω
END
```

Das Makroprogramm wird in den Rechner eingegeben und gespeichert. Es kann dann wiederholt für verschiedene Frequenzen durchgerechnet werden. In jedem Rechendurchlauf muß der Rechner die komplexe Leitwertmatrix für die gewählte Frequenz aufbauen.

Für den Aufbau der komplexen Leitwertmatrix muß der Rechner zunächst die Standardzweige in Ersatzstromquellen umwandeln:

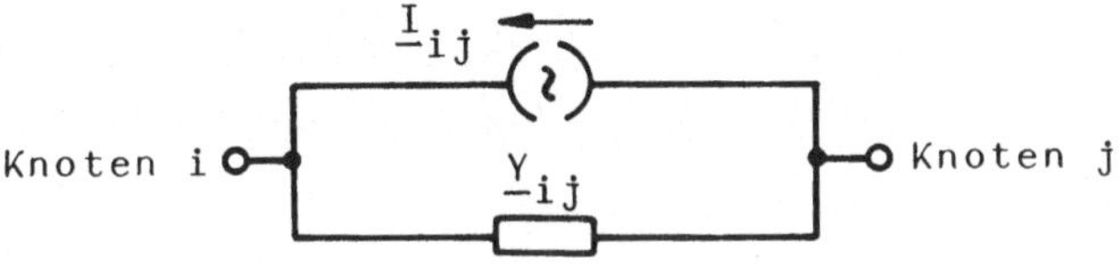

Bild 6.4: Ersatzstromquelle

Dies geschieht mit den Formeln:

$$\underline{Y}_{ij} = \frac{1}{R + j(\omega L - 1/\omega C + X)}$$

$$\underline{I}_{ij} = \underline{I} + \underline{U}\,\underline{Y}_{ij}$$

Spezialfälle mit $\underline{I}_{ij}=0$ oder $\underline{Y}_{ij}=0$ sind hierin enthalten.
Für die weitere Rechnung kann also angenommen werden, daß das Netzwerk nur noch aus Ersatzstromquellen besteht.

Das Knotenpunktpotentialverfahren wird jetzt an einem Netzwerk mit drei Knotenspannungen erläutert.

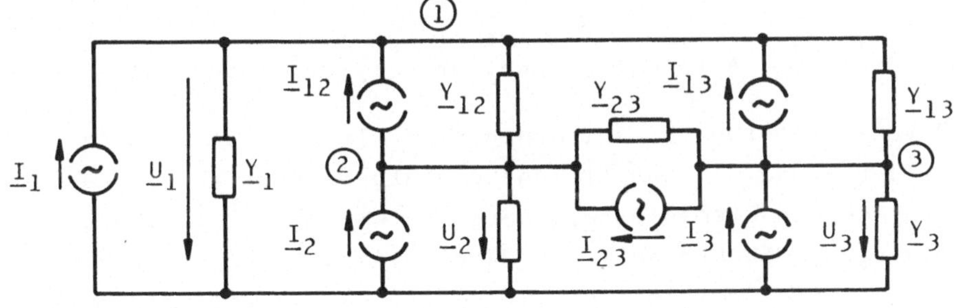

Bild 6.5: Knotenpunktpotentiale $\underline{U}_1$, $\underline{U}_2$, $\underline{U}_3$

Wird für jeden Knoten (mit Ausnahme des Bezugsknotens) die Kirchhoffsche Knotengleichung angeschrieben, so ergibt sich das Gleichungssystem:

$$\begin{bmatrix} \underline{Y}_1 + \underline{Y}_{12} + \underline{Y}_{13} & -\underline{Y}_{12} & -\underline{Y}_{13} \\ -\underline{Y}_{12} & \underline{Y}_2 + \underline{Y}_{12} + \underline{Y}_{23} & -\underline{Y}_{23} \\ -\underline{Y}_{13} & -\underline{Y}_{23} & \underline{Y}_3 + \underline{Y}_{13} + \underline{Y}_{23} \end{bmatrix} \begin{bmatrix} \underline{U}_1 \\ \underline{U}_2 \\ \underline{U}_3 \end{bmatrix} = \begin{bmatrix} \underline{I}_1 + \underline{I}_{12} + \underline{I}_{13} \\ \underline{I}_2 - \underline{I}_{12} + \underline{I}_{23} \\ \underline{I}_3 - \underline{I}_{13} - \underline{I}_{23} \end{bmatrix}$$

Dieses Gleichungssystem läßt sich in kompakter Weise durch die mit dem Spaltenvektor $\{\underline{I}\}$ auf der rechten Seite erweiterte Leitwertmatrix darstellen. Wegen der Symmetrie der Leitwertmatrix kann man außerdem die redundante untere Dreiecksmatrix weglassen.

$$\begin{bmatrix} \underline{Y}_1 + \underline{Y}_{12} + \underline{Y}_{13} & -\underline{Y}_{12} & -\underline{Y}_{13} & \underline{I}_1 + \underline{I}_{12} + \underline{I}_{13} \\ & \underline{Y}_2 + \underline{Y}_{12} + \underline{Y}_{23} & -\underline{Y}_{23} & \underline{I}_2 - \underline{I}_{12} + \underline{I}_{23} \\ & & \underline{Y}_3 + \underline{Y}_{13} + \underline{Y}_{23} & \underline{I}_3 - \underline{I}_{13} - \underline{I}_{23} \end{bmatrix}$$

Bild 6.6: Erweiterte symmetrische Leitwertmatrix
in verkürzter Darstellung

Nun soll gezeigt werden, wie aus den Zweigelementen $\underline{I}_{ij}$ und $\underline{Y}_{ij}$ die erweiterte Leitwertmatrix des Bildes 6.6 aufgebaut wird. In der Darstellung mit den allgemeinen Elementen $\underline{A}_{ij}$ lautet die erweiterte symmetrische Matrix:

$$\begin{bmatrix} \underline{A}_{11} & \underline{A}_{12} & \underline{A}_{13} & \underline{A}_{14} \\ & \underline{A}_{22} & \underline{A}_{23} & \underline{A}_{23} \\ & & \underline{A}_{33} & \underline{A}_{34} \end{bmatrix}$$

Bild 6.7: Allgemeine erweiterte symmetrische Matrix

Durch Vergleich der entsprechenden Elemente der Matrizen in Bild 6.6 und 6.7 kann leicht ein Algorithmus zum Aufbau des allgemeinen Elementes $\underline{A}_{ij}$ hergeleitet werden. Zunächst denke man sich alle Elemente der Matrix $\{\underline{A}\}$ von der Ordnung n gelöscht. Ein Zweig mit den Größen $\underline{I}_{ij}$ und $\underline{Y}_{ij}$ (Zweig zwischen den Knoten i und j) sowie ein Zweig mit den Größen $\underline{I}_i$ und $\underline{Y}_i$ (Zweig zwischen dem Knoten i und dem Bezugsknoten 0) tragen dann zum Aufbau der Matrix $\{\underline{A}\}$ in folgender Weise bei:

$\underline{Y}_{ij}$ wird zu $\underline{A}_{ii}$ und $\underline{A}_{jj}$ addiert und von $\underline{A}_{ij}$ subtrahiert

$\underline{I}_{ij}$ wird zu $\underline{A}_{i,n+1}$ addiert und von $\underline{A}_{j,n+1}$ subtrahiert

$\underline{Y}_{i}$ wird zu $\underline{A}_{ii}$ addiert

$\underline{I}_{i}$ wird zu $\underline{A}_{i,n+1}$ addiert

Bild 6.8: Aufbau der erweiterten Leitwertmatrix $\{\underline{A}\}$

Nach dem Aufbau der Matrix wird das zugehörige Gleichungssystem mit dem komplexen Gauß-Algorithmus gelöst. Dieser is
im Abschnitt 4 beschrieben worden.

Es ergibt sich damit der folgende Programmablauf:

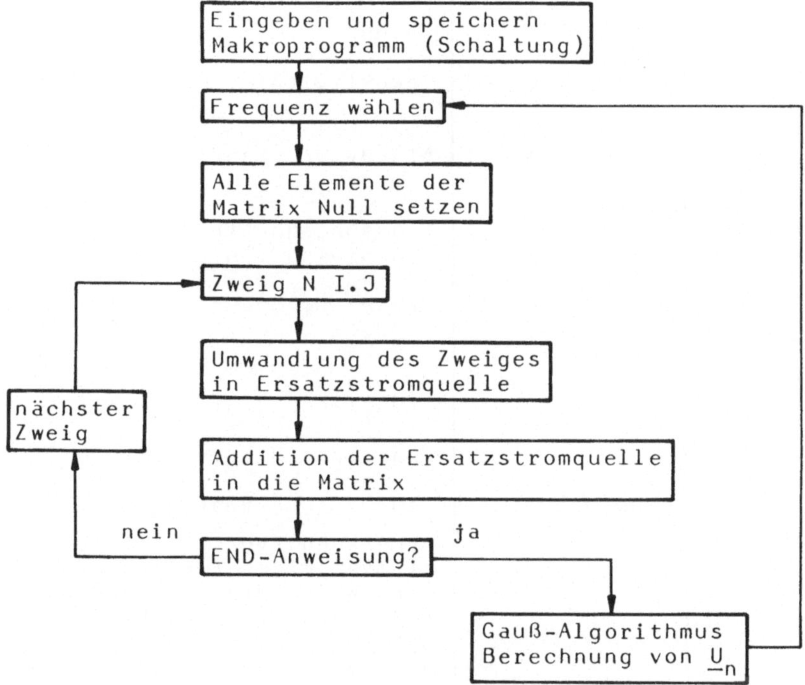

Bild 6.9: Flußdiagramm des Programms NV

6.2 Bedienungsanleitung

				1040 Schritte
Nr.	Tasten	Anzeige	Bemerkung	Blatt 1 von 2
1	{F1}{PØ} (N) {EXE}	N? NV	Programmstart, Anzahl Knoten? Programmierte Tastenfunktionen sind jetzt wirksam.	
2			Eingabe der Makroanweisungen:	
	N	I.J?	Zwischen welchen Knoten I und J liegt der Zweig?	
	(I.J){EXE}	N I.J		
	R (R){EXE}	VALUE? N I.J R=(R)	Widerstand oder	
	C (C) {EXE}	VALUE? C=(C)	Kapazität oder	
	L (L) {EXE}	VALUE? L=(L)	Induktivität oder	
	X (X) {EXE}	VALUE? X=(X)	Blindwiderstand oder	
	U (U) {EXE}	VALUE? U=(U)	Spannungsquelle und(wenn ϕ nicht Null)	
	P (ϕ) {EXE}	VALUE? P=(ϕ)	Phase der Spannungsquelle oder	
	I (I) {EXE}	VALUE? I=(I)	Stromquelle und(wenn ϕ nicht Null)	
	P (ϕ) {EXE}	VALUE? P=(ϕ)	Phase der Stromquelle oder	
	E	END	Ende des Makroprogramms	
			Anmerkung: vor dem ersten Element eines Zweiges müssen die Zweigindizes I und J eingegeben werden. Diese erscheinen in der Anzeige zusammen mit der ersten Makroanweisung.	
3	M	NV	Start des Review-Programms zur Kontrolle und Änderung der Schaltung	
4	S	wie im Schritt 2	Single Step Forward: Vorwärtslauf des Review-Programms um eine Makroanweisung und Anzeige derselben	

Nr.	Tasten	Anzeige	Bemerkung	Blatt 2 von 2
5	B	wie im Schritt 2	Single Step Backward: Rückwärtslauf des Review-Programms um eine Makroanweisung und Anzeige derselben	
			Anmerkung: durch kombinierte Ausführung von Schritt 4 und 5 kann das Review-Programm genau auf die Makroanweisung positioniert werden, die vor einer zu ändernden Makroanweisung steht. Dann kann in Schritt 2 die geänderte Makroanweisung eingegeben werden.	
6	W (ω) {EXE}	W? NV	Eingabe der Kreisfrequenz ω Anmerkung: Schritt 6 kann entfallen für Schaltungen ohne L und C.	
7	G	GO	Start der Rechnung. Nach Beendigung der Rechnung:	
		$U=(U_n)$	Anzeige der Knotenspannung U_n (Betrag)	
	{CONT}	PHASE=(ϕ)	Anzeige des Phasenwinkels	
			Anmerkung: als Ergebnis wird immer die Knotenspannung mit dem größten Index ausgegeben	
			Anmerkung: das Programm reagiert auf jede der programmierten Tastenfunktionen N, R, C, L, X, U, I, P, E, M, S, B, W und G (und nur auf diese), wenn in der Anzeige des Rechners NV, eine Makroanweisung oder PHASE=(ϕ) erscheint.	
			Anmerkung: Die Knotenindizes in der N I.J-Anweisung müssen in aufsteigender Reihenfolge eingegeben werden: z.B. N 2.3 und nicht N 3.2. Liegt jedoch der Zweig zwischen dem Knoten I und dem Bezugsknoten $\emptyset$, dann lautet die Anweisung N I.$\emptyset$, z.B. N 4.$\emptyset$.	

Beispiel: Knotenpunktpotentialverfahren

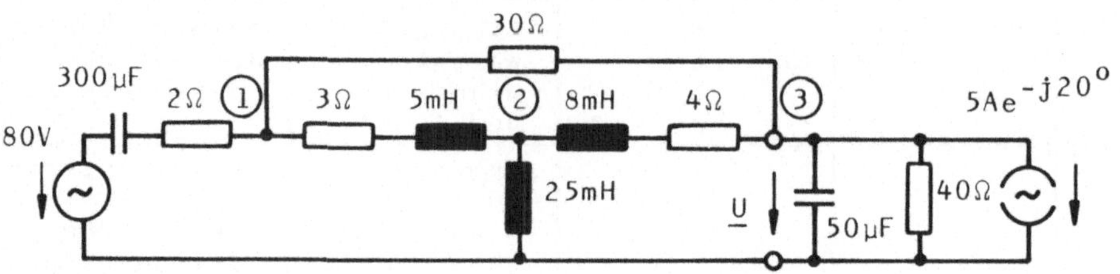

Die Spannung $\underline{U}$ soll für die Frequenzen $\omega=1000$ 1/s und
$\omega=2000$ 1/s berechnet werden. Das Makroprogramm ist mit dem
Review-Programm zu kontrollieren. Wie groß ist $\underline{U}$, wenn die
Stromquelle auf den Wert $2Ae^{-j10}$ geändert wird ?

Lösung: es sind drei Knotenspannungen erforderlich. Die gesuchte Spannung muß den größten Index haben: $\underline{U}_3$. Die Schaltung läßt sich dann durch den folgenden Graphen darstellen:

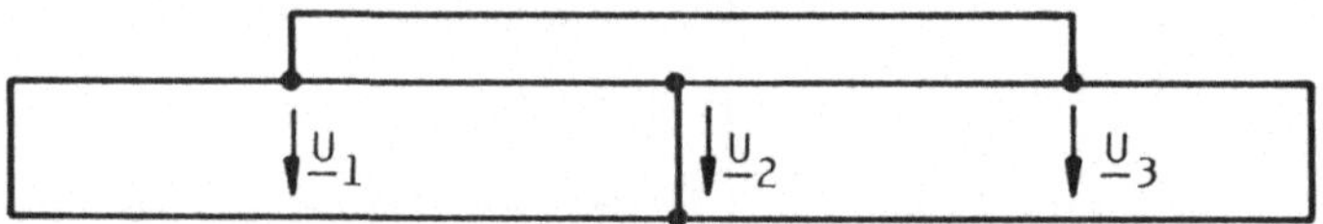

Das entsprechende Makroprogramm lautet:

N 1.0	U = 80V		N 1.2	R = 3Ω
	C = 300µF			L = 5mH
	R = 2Ω		N 1.3	R = 30Ω
N 2.0	L = 25mH		N 2.3	R = 4Ω
N 3.0	C = 50µF			L = 8mH
N 3.0	R = 40Ω			
	I = -5A		END	
	P = -20°			

Man beachte die Vorzeichen der Quellen. Sie müssen gemäß
den Zählpfeilen des Standardzweiges in Bild 6.1 gesetzt werden. Sind zwei parallele Zweige vorhanden, so muß die N I.J-
Anweisung zweimal gegeben werden (z.B. N 3.0).

Tasten	Anzeige	Bemerkung	Blatt 1 von 3
{F1}{PØ}	N?	Programmstart, Knotenzahl?	
3 {EXE}	NV		
		Eingabe Makroanweisungen:	
N	I.J?	Welcher Zweig?	
1 {EXE}	N 1.0	Zweig 1.0	
U	VALUE?		
80 {EXE}	N 1.0 U=80	Spannungsquelle	
C	VALUE?		

Tasten	Anzeige		Bemerkung	Blatt2 von 3
300E-6 {EXE}		C=3E-04	Kapazität	
R	VALUE?			
2 {EXE}		R=2	Widerstand	
N	I.J?			
2 {EXE}	N 2.0		Zweig 2.0	
L	VALUE?			
.025 {EXE}	N 2.0	L=0.025	Induktivität	
N	I.J?			
3 {EXE}	N 3.0		Zweig 3.0	
C	VALUE?			
50E-6 {EXE}	N 3.0	C=5E-05	Kapazität	
N	I.J?			
3 {EXE}	N 3.0		Zweig 3.0	
R	VALUE?			
40 {EXE}	N 3.0	R=40	Widerstand	
I	VALUE?			
-5 {EXE}		I=-5	Stromquelle	
P	VALUE?			
-20 {EXE}		P=-20	Phase der Stromquelle	
N	I.J?			
1.2 {EXE}	N 1.2		Zweig 1.2	
R	VALUE?			
3 {EXE}	N 1.2	R=3	Widerstand	
L	VALUE?			
.005 {EXE}		L=0.005	Induktivität	
N	I.J?			
1.3 {EXE}	N 1.3		Zweig 1.3	
R	VALUE?			
30 {EXE}	N 1.3	R=30	Widerstand	
N	I.J?			
2.3 {EXE}	N 2.3		Zweig 2.3	
R	VALUE?			
4 {EXE}	N 2.3	R=4	Widerstand	
L	VALUE?			
.008 {EXE}		L=0.008	Induktivität	
E	END		Ende des Makroprogramms	
M	NV		Beginn Review-Programm	
S	N 1.0	U=80		
S		C=3E-04		
S		R=2		
S	N 2.0	L=0.025		
S	N 3.0	C=5E-05		
S	N 3.0	R=40		
S		I=-5		
S		P=-20		
S	N 1.2	R=3		
S		L=0.005		
S	N 1.3	R=30		
S	N 2.3	R=4		
S		L=0.008		
S	END			
W	W?		Frequenz eingeben	
1000 {EXE}	NV			

Tasten	Anzeige	Bemerkung	Blatt 3 von 3
G	GO	Start der Rechnung	
	U=18.80399818	Knotenspannung (Betrag) U_3	
{CONT}	PHASE=-10.22887493	Phase der Knotenspannung	
W	W?	Neue Frequenz eingeben	
2000 {EXE}	NV		
G	GO	Neue Rechnung	
	U=10.69318504	Knotenspannung U_3	
{CONT}	PHASE=147.1669703	Phase der Knotenspannung	
M	NV	Start Review-Programm für	
S	N 1.0 U=80	Änderung	
S	C=3E-04		
S	R=2		
S	N 2.0 L=0.025		
S	N 3.0 C=5E-05		
S	N 3.0 R=40		
S	I=-5	Dieser Wert wird geändert	
B	N 3.0 R=40	Eine Makroanweisung zurück	
I	VALUE?		
-2 {EXE}	I=-2	Neuer Wert des Stromes	
P	VALUE?		
-10 {EXE}	P=-10	Neuer Wert der Phase	
W	W?	Frequenz eingeben	
1000 {EXE}	NV		
G	GO	Neue Rechnung	
	U=47.99115109	Knotenspannung U_3	
{CONT}	PHASE=-23.84531499	Phase der Knotenspannung	

Vor der Rechnung muß der Datenspeicherbereich eingestellt werden (siehe 6.4 Speicherbelegung). Die Anzahl der Makroanweisungen beträgt a=14. Es sind also

$$n(n+3) + 2a = 3(3+3) + 2 \cdot 14 = 46 \text{ Register}$$

erforderlich. Dies entspricht {DEFM} 5.

Die Rechenzeit für einen Durchlauf beträgt 39 Sekunden.

Das Druckerprotokoll zeigt die Durchführung der Rechnung:

```
NV                       W?                         R= 2              GO
N 1.0   U= 80            1000                N 2.0  L= 0.025          U= 47.99115109
        C= 3E-04         NV                  N 3.0  C= 5E-05          PHASE=-23.84531499
        R= 2             GO                  N 3.0  R= 40
N 2.0   L= 0.025         U= 18.80399818             I=-5
N 3.0   C= 5E-05         PHASE=-10.22887493  N 3.0  R= 40
N 3.0   R= 40            W?                  VALUE?
        I=-5             2000                -2
        P=-20            NV                                I=-2
N 1.2   R= 3             GO                  VALUE?
        L= 0.005         U= 10.69318504      -10
N 1.3   R= 30            PHASE= 147.1669703                P=-10
N 2.3   R= 4             NV                  W?
        L= 0.008         N 1.0   U= 80       1000
END                             C= 3E-04     NV
```

6.3 Programmauflistung

Basic-Programm	Erläuterungen	Blatt 1 von 2
`P0: 1040 STEPS`		
`1 $="RCLXUIPE4SGB` `WM"`	Vokabular für Tastenbelegung	

`2 INP "N",N:N=N+3`
`:T=N*(N+3)-1:GO`
`TO 140`
	Eingabe Ordnung der Matrix	

`3 0$=KEY:IF 0$=""` `THEN 3`	Warteschleife für nächste Tastenfunktion	

`4 FOR L=1 TO 14:I`
`F 0$=MID(L,1) T`
`HEN 6`
	Sprung zu der getasteten Funktion	

`5 NEXT L:GOTO 3`		
`6 IF L>9 THEN 10*` `L`		

`7 IF L=9:INP "I.J`
`":V:PRT "N";V:G`
`OTO 3`
	Eingabe N I.J_Anweisung	

`8 IF L=8:A(K)=L:G` `OTO 100`	Eingabe END-Anweisung	

`9 A(K)=L+V/10:V=0`
`:INP "VALUE",A(`
`K+1):GOTO 100`
	Eingabe Makroanweisung	

`10 A=A+X:RET`	Ausführen R	
`20 B=B-1/W/X:RET`	Ausführen C	
`30 B=B+W*X:RET`	Ausführen L	
`40 B=B+X:RET`	Ausführen X	
`50 C=X:P=1:RET`	Ausführen U	
`60 E=X:P=0:RET`	Ausführen I	
`70 IF P=1:D=C*SIN` `X:C=C*COS X:RET`	Ausführen P	
`75 F=E*SIN X:E=E*C` `OS X:RET`		

`80 GSB 91:FOR K=0`
`TO N-1:P=N*K+2:`
`Q=T-P`
	Ausführen END, Beginn Gauß-Algorithmus	

`81 FOR I=K+1 TO N-`
`1:GSB 89:IF K=N`
`-1 THEN 87`		

`82 R=N*I+2:S=T-R`		

`84 FOR J=I TO N:E=`
`A(P+J):F=A(Q-J)`
`:C=H*F-G*E:D=-G`
`*F-H*E`		

`85 GSB 98:NEXT J:N` `EXT I:NEXT K`		

`87 WAIT 999:RPC G,`
`H:PRT "U=";X:WA`
`IT 1:PRT "PHASE`
`=";Y:GOTO 3`
	Ausgabe Knotenspannung	

`89 C=A(P+I):D=A(Q-`
`I):A=A(P+K):B=A`
`(Q-K):GSB 200:R`
`ET`
	UP: Multiplikator für Gauß-Algorithmus	

Basic-Programm	Erläuterungen	Blatt 2 von 2

```
 90 IF V=0 THEN 97
 91 X=A*A+B*B:IF X*
    0;GSB 210:E=E+G
    :F=F+H
 93 I=INT V-1:L=10*
    FRAC V-1:R=M*I+
    2:S=T-R:J=I:C=A
 94 D=B:GSB 98:J=N:
    C=E:D=F:GSB 98:
    IF L<0 THEN 97
 95 J=L:C=-A:D=-B:G
    SB 98:R=M*L+2:S
    =T-R:C=A:D=B:GS
    B 98:J=N
 96 C=-E:D=-F:GSB 9
    8
 97 V=10*FRAC A(K):
    A=0:B=0:C=0:D=0
    :E=0:F=0:RET
 98 A(R+J)=A(R+J)+C
    :A(S-J)=A(S-J)+
    D:RET
100 U=A(K):IF U=0;P
    RT "END":GOTO 3
101 IF FRAC U*0:PRT
    "N";##.#;10*FR
    AC U;
102 PRT CSR 8;MID(U
    ,1);"=";A(K+1):
    K=K+2:GOTO 3
110 PRT "GO":V=0:K=
    T-1:FOR L=0 TO
    T:A(L)=0:NEXT L
115 K=K+2:IF FRAC A
    (K)*0;GSB 90
117 X=A(K+1):GSB 10
    *INT A(K):GOTO
    115
120 K=K-4:GOTO 100
130 INP "W",W
140 WAIT 1:PRT "NV"
    :K=T+1:GOTO 3
200 X=A*A+B*B
210 A=A/X:B=-B/X
220 H=B*C+A*D:G=A*C
    -B*D:RET
```

Ausführen N I.J-Anweisung
Umwandeln in Ersatzstromquelle

Aufbau der Matrix

Neuer Zweig

UP: Addieren in Matrix

Taste S: Anzeige Makroanweisung

Taste G: Start der Rechnung
Löschen der Matrix

Interpretation Makroanweisung und Sprung

Taste B: Zurück um eine Makroanweisung
Taste W: Eingabe der Frequenz
Taste M: Start des Review-Programms

UP: Komplexe Division

6.4 Speicherbelegung

Register	Inhalt
A B	Re $\left.\vphantom{\begin{matrix}a\\b\end{matrix}}\right\}$ Im $\quad\underline{Z}$ oder $\underline{Y}$ oder Divisor
C D	Re $\left.\vphantom{\begin{matrix}a\\b\end{matrix}}\right\}$ Im $\quad\underline{U}$ oder Dividend
E F	Re $\left.\vphantom{\begin{matrix}a\\b\end{matrix}}\right\}$ Im $\quad\underline{I}$ oder Zwischenspeicher
G H	Re $\left.\vphantom{\begin{matrix}a\\b\end{matrix}}\right\}$ Im $\quad\underline{U/Z}$ oder Quotient oder Multiplikator
I	Zeilenindex
J	Spaltenindex
K	Index Pivotelement oder Index Makroanweisung
L	Index für Tastenbelegung
M	N+3 (Zeilenlänge)
N	Ordnung der Matrix
O	Speicher für Tastenfunktion
P	Für Indexrechnung
Q	"
R	"
S	"
T	Index des letzten Matrixelementes N*(N+3)-1
U	Zwischenspeicher
V	Indizes I.J des Standardzweiges
W	Frequenz ω
X	Zwischenspeicher $\left.\vphantom{\begin{matrix}a\\b\end{matrix}}\right\}$ für RPC-Umwandlung
Y	"
Z	nicht benutzt
A(0)	Komplexe Matrix
A(1)	"
"	"
"	"
A(T)	"
A(T+1) A(T+2)	Code.IJ $\left.\vphantom{\begin{matrix}a\\b\end{matrix}}\right\}$ Wert $\quad$ Erste Makroanweisung eines Zweiges
" "	Code $\left.\vphantom{\begin{matrix}a\\b\end{matrix}}\right\}$ Wert $\quad$ Zweite "
"	"
"	"
	Anmerkung: Die komplexe Matrix benötigt n(n+3) Register. Jede Makroanweisung belegt 2 Register.
	Mit DFM muß die Anzahl der Register auf die Größe
	$$n(n+3) + 2a$$
	eingestellt werden, wenn
	n = Ordnung der Matrix a = Anzahl der Makroanweisungen
$	Für programmierte Tastenfunktionen

6.5 Übungsaufgaben

Das Programm NV ist ein sehr universelles Programm. Seine
Handhabung ist unproblematisch und seine Anwendungsmöglichkeiten nahezu unbegrenzt. Trotzdem wird man es nicht immer
anwenden. Vergleicht man es mit dem Reduktionsprogramm RED,
so werden folgende Nachteile deutlich:

1. Es ist erheblich langsamer.
2. Es benötigt zusätzliche Speicher für die Leitwertmatrix.
3. Die Eingabe ist aufwendiger, da die Zweige numeriert
   werden.

Diese Punkte sind umso gravierender, je mehr sich die Schaltung einer Kettenleiterstruktur nähert. Hier ist das Reduktionsverfahren eindeutig vorzuziehen.

Das Programm NV muß jedoch angewandt werden, wenn eine Reduktion mit RED nicht mehr möglich ist. Die Übungsaufgaben zeigen ausschließlich Schaltungen, bei denen dies der Fall ist.

Das Knotenpunktpotentialverfahren berechnet prinzipiell Spannungen. Aus den Übungsaufgaben wird jedoch ersichtlich, daß
die Berechnung von beliebigen Strömen und Widerständen eines
Netzwerkes auf die Berechnung von Spannungen zurückgeführt
werden kann.

Programm: Knotenpunktpotentialverfahren NV

Aufgabe: 6.1 | Anwendung: Gleichstromnetzwerk

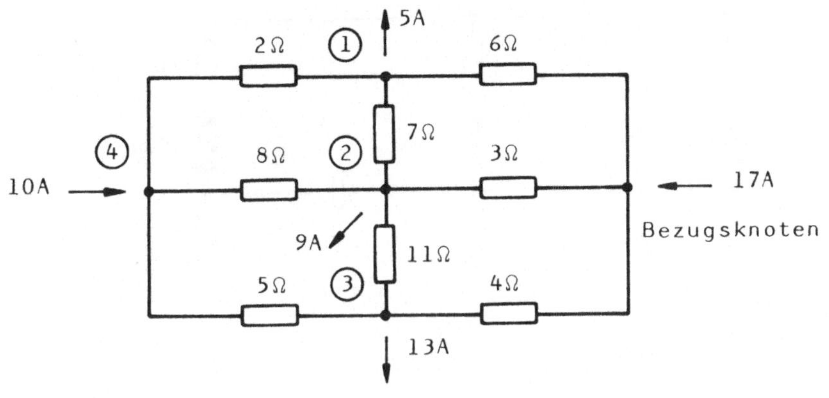

Ein Gleichstromnetzwerk wird mit vorgegebenen Strömen an
zwei Knoten eingespeist und an drei Knoten belastet. Wie
groß muß die Differenzspannung der Einspeisepunkte sein,
damit sich die vorgegebene Stromverteilung einstellt ?

Die Ströme werden durch Stromquellen bezüglich des Bezugsknotens ersetzt. Das Netzwerk hat den Graphen:

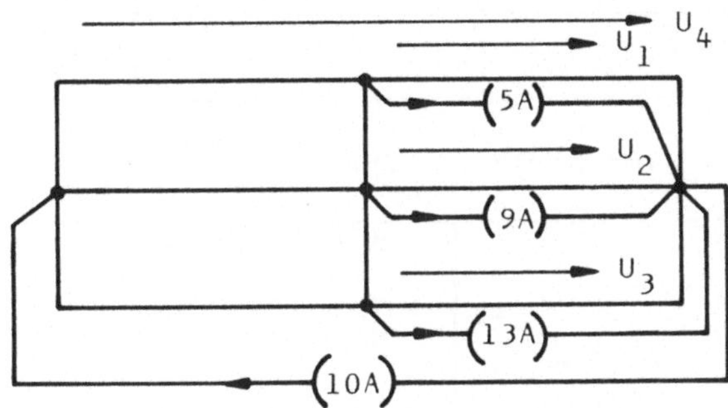

Das Makroprogramm lautet:

N 1.0	R = 6Ω	N 4.0	I = 10A
	I = -5A	N 1.2	R = 7Ω
N 2.0	R = 3Ω	N 1.4	R = 2Ω
	I = -9A	N 2.3	R = 11Ω
N 3.0	R = 4Ω	N 2.4	R = 8Ω
	I = -13A	N 3.4	R = 5Ω
		END	

Das Ergebnis ist $\Delta U = U_4 = -7.073\,V$.

Achtung: bei Gleichstromrechnungen bedeutet PHASE = 180° im
Ergebnis eine negative Spannung.

Programm: Knotenpunktpotentialverfahren NV

Aufgabe: 6.2 | Anwendung: Spannungsberechnung, Drehstrom

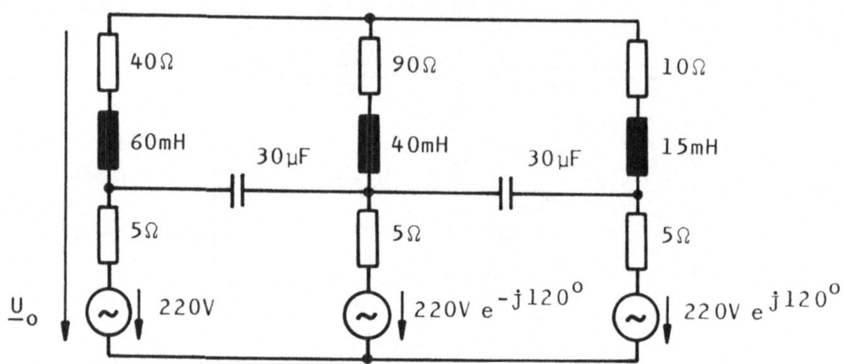

In dem unsymmetrischen Drehstromsystem ist die Spannung $\underline{U}_o$ für die Frequenz f=50 Hz gesucht.

Es handelt sich um ein Netzwerk der folgenden Struktur mit vier Knotenpunktpotentialen:

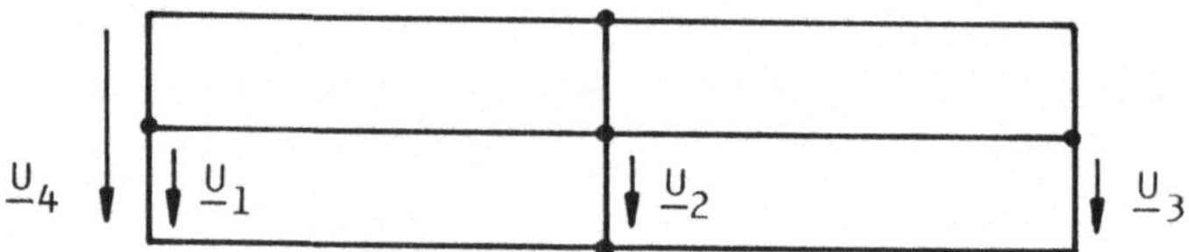

Das entsprechende Makroprogramm lautet:

N 1.0	U=220V		N 1.4	R=40Ω
	R=5Ω			L=60mH
N 2.0	U=220V		N 2.3	C=30µF
	P=-120		N 2.4	R=90Ω
	R=5Ω			L=40mH
N 3.0	U=220V		N 3.4	R=10Ω
	P=120			L=15mH
	R=5Ω			
N 1.2	C=30µF		END	

Hieraus folgt die gesuchte Spannung:

$$\underline{U}_o = \underline{U}_4 = 101.3V\ e^{j105.2^o}$$

Programm: Knotenpunktpotentialverfahren NV

Aufgabe: 6.3 | Anwendung: Stromberechnung

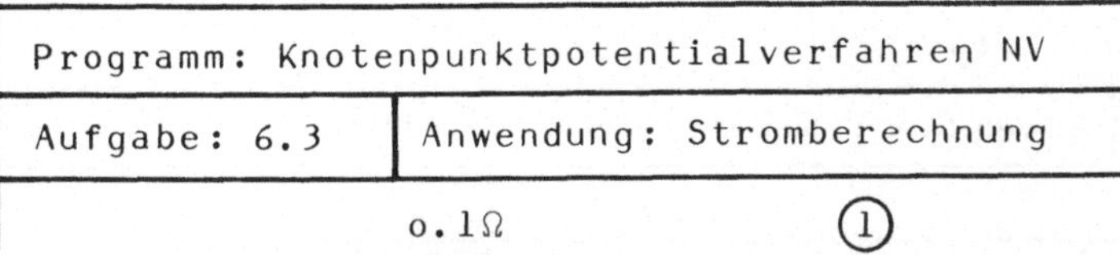

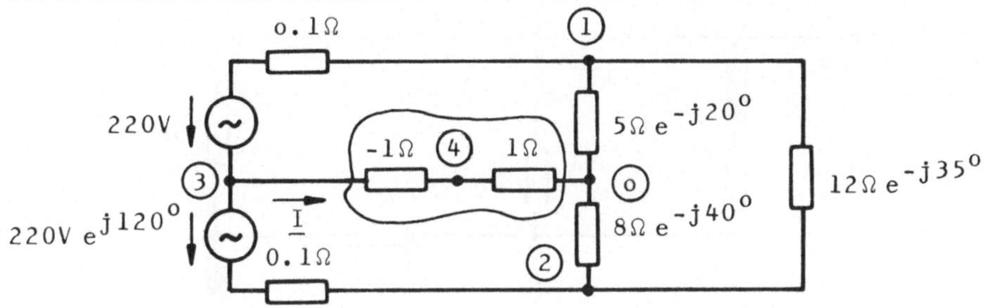

Zwischen den Knoten 3 und 0 liegt ein widerstandsloser
Zweig. Gesucht ist der Strom $\underline{I}$ in diesem Zweig.

Obwohl das Knotenpunktpotentialverfahren unmittelbar nur
Spannungen berechnet, kann mit einem Trick die Stromberechnung mittelbar auf die Spannungsberechnung zurückgeführt
werden. Es wird ein Widerstand von 1Ω in den Zweig eingeführt, dessen Strom bestimmt werden soll. Dann ist der Span-
nungsabfall an diesem Widerstand $\underline{\Delta U}=\underline{I}\cdot 1Ω$ gleich dem gesuchten Strom. Zur Kompensation wird zu dem Widerstand von 1Ω
ein Widerstand von -1Ω in Serie geschaltet, so daß sich an
dem Gesamtwiderstand des Zweiges nichts geändert hat. Man
erkennt, daß diese Methode mit einem zusätzlichen Knoten
erkauft werden muß.

Mit den Knotenpunktpotentialen $\underline{U}_1$, $\underline{U}_2$, $\underline{U}_3$ und $\underline{U}_4=\underline{I}\cdot 1Ω$ folgt
das Makroprogramm:

N 1.0	R=5Ω*COS 20		N 1.3	U=220V
	X=-5Ω*SIN 20			R=0.1Ω
N 2.0	R=8Ω*COS 40		N 2.3	U=-220
	X=-8Ω*SIN 40			P=120
N 4.0	R=1Ω			R=0.1Ω
N 1.2	R=12Ω*COS 35		N 3.4	R=-1Ω
	X=-12Ω*SIN 35		END	

Das Makroprogramm liefert das gesuchte Ergebnis:

$$\underline{I}/A = \underline{U}_4/V = 66.37\, e^{-j175.8°}$$

Programm: Knotenpunktpotentialverfahren NV

Aufgabe: 6.4 | Anwendung: Widerstandsberechnung

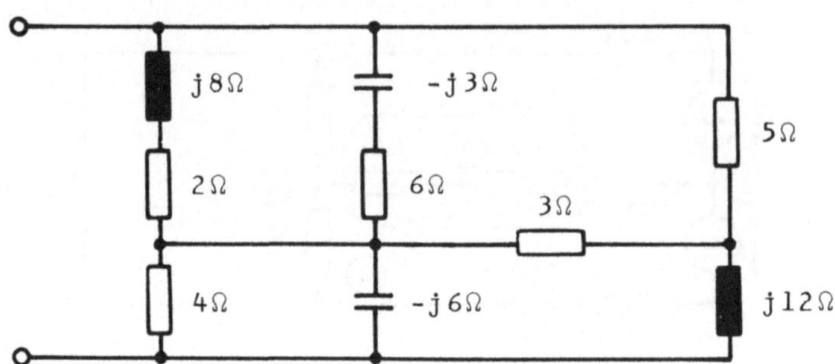

Gesucht ist der Eingangswiderstand der Schaltung. Dieser ist gleich dem Spannungs-Strom-Verhältnis am Eingang und kann bestimmt werden durch Speisung der Schaltung mit einer Stromquelle. Das Netzwerk mit den drei Knotenspannungen $\underline{U}_1$, $\underline{U}_2$ und $\underline{U}_3$ läßt sich durch den folgenden Graphen darstellen:

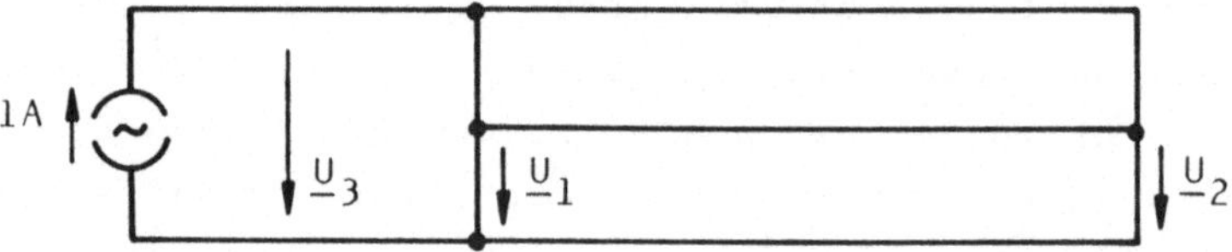

Das entsprechende Makroprogramm lautet:

```
N 1.0      R=4Ω              N 1.3      R=2Ω
N 1.0      X=-6Ω                        X=8Ω
N 2.0      X=12Ω             N 1.3      R=6Ω
N 3.0      I=1A                         X=-3Ω
N 1.2      R=3Ω              N 2.3      R=5Ω
                            END
```

Es liefert das Ergebnis:

$$\underline{Z}_{in} = \underline{U}_3/1A = 6.637\Omega\, e^{j2.827^{\circ}}$$

Programm: Knotenpunktpotentialverfahren NV	
Aufgabe: 6.5	Anwendung: Brückenschaltung

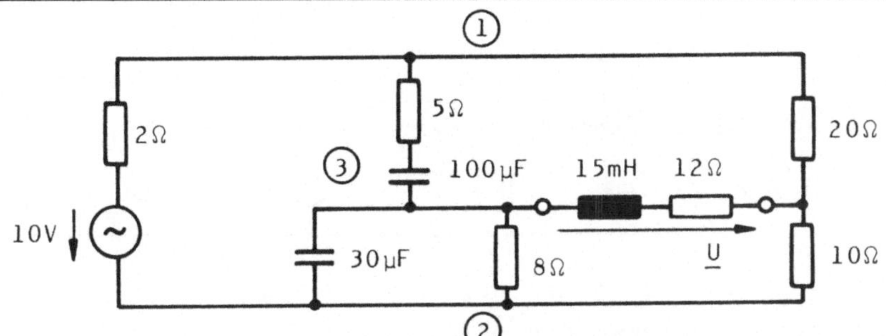

Eine Brückenschaltung wird von einer Spannungsquelle mit Vor-
widerstand gespeist. Gesucht ist die Spannung $\underline{U}$ im Brückenzweig ohne Last und mit Last bei der Frequenz $\omega=1000$ 1/s.

Das Netzwerk mit den drei Knotenpunktpotentialen $\underline{U}_1$, $\underline{U}_2$ und
$\underline{U}_3$ läßt sich durch den folgenden Graphen darstellen:

Für die Berechnung der Leerlaufspannung gilt das folgende
Makroprogramm:

N 1.0	R=20Ω		N 1.3	R=5Ω
N 2.0	R=10Ω			C=100µF
N 1.2	U=10V		N 2.3	R=8Ω
	R=2Ω		N 2.3	C=30µF
			END	

Es liefert die Leerlaufspannung:

$$\underline{U}_o = \underline{U}_3 = 2.004V\, e^{j71.46^{\circ}}$$

Für die Berechnung der Lastspannung wird das Makroprogramm
mit dem Review-Programm durch einen weiteren Zweig ergänzt:

N 1.0	R=20Ω			C=100µF
N 2.0	R=10Ω		N 2.3	R=8Ω
N 1.2	U=10V		N 2.3	C=30µF
	R=2Ω		N 3.0	R=12Ω
N 1.3	R=5Ω			L=15mH
			END	

mit dem Ergebnis: $\underline{U} = \underline{U}_3 = 1.488V\, e^{j94.52^{\circ}}$

Programm: Knotenpunktpotentialverfahren NV

Aufgabe: 6.6 | Anwendung: Ersatzspannungsquelle

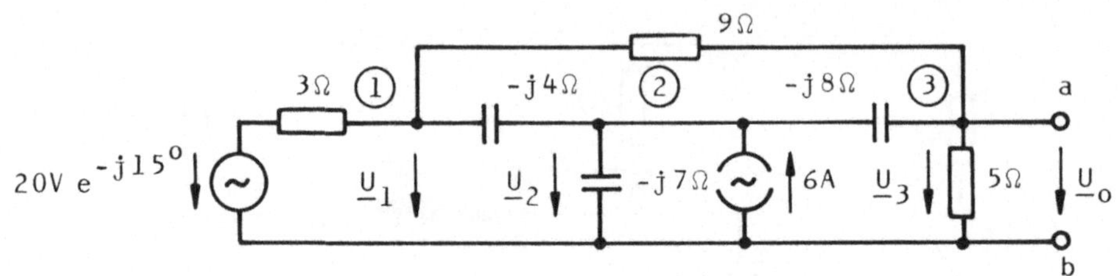

Die Schaltung ist bezüglich der Klemmen a,b in eine Ersatzspannungsquelle umzuwandeln mit ihren Daten: Leerlaufspannung $\underline{U}_o$ und Innenwiderstand $\underline{Z}_o$.

Für die Berechnung von $\underline{U}_o$ gilt das folgende Makroprogramm
mit den Knotenpunktpotentialen $\underline{U}_1$, $\underline{U}_2$ und $\underline{U}_3$:

N 1.0	U=20V		N 3.0	R=5Ω
	P=-15		N 1.2	X=-4Ω
	R=3Ω		N 1.3	R=9Ω
N 2.0	I=6A		N 2.3	X=-8Ω
	X=-7Ω		END	

Es liefert die Leerlaufspannung:

$$\underline{U}_o = \underline{U}_3 = 13.75\,V\ e^{-j13.07°}$$

Für die Berechnung des Innenwiderstandes $\underline{Z}_o$ werden die beiden Quellen zu Null gesetzt. Wird nun eine Stromquelle von
1A an den Ausgangsklemmen a,b angeschlossen, dann ist der
Innenwiderstand $\underline{Z}_o = \underline{U}_3/1A$ gleich der Ausgangsspannung $\underline{U}_3$. Die
entsprechenden Änderungen des Makroprogramms können leicht
mit dem Review-Programm durchgeführt werden:

N 1.0	U=0		N 3.0	R=5Ω
	P=-15		N 1.2	X=-4Ω
	R=3Ω		N 1.3	R=9Ω
N 2.0	I=0		N 2.3	X=-8Ω
	X=-7Ω		N 3.0	I=1A
			END	

Hieraus folgt das Ergebnis:

$$\underline{Z}_o = \underline{U}_3/1A = 3.402\,Ω\ e^{-j14.23°}$$

Programm: Knotenpunktpotentialverfahren NV

Aufgabe: 6.7 | Anwendung: Doppel-T-Glied,Frequenzgang

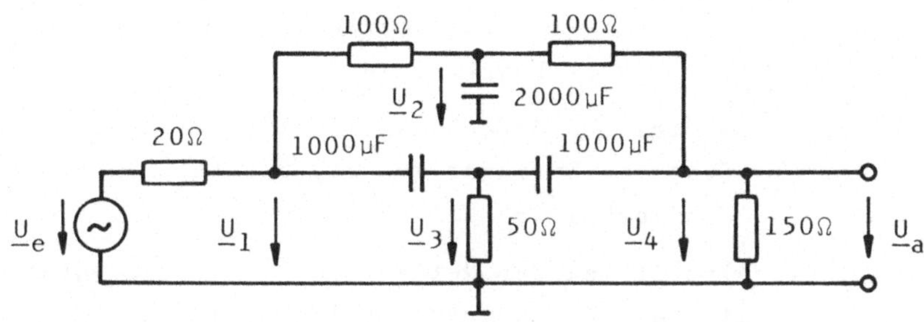

Ein Doppel-T-Glied wird von einer Spannungsquelle mit Innenwiderstand gespeist und mit einem Widerstand belastet. Ge-
sucht ist der Frequenzgang $\underline{U}_a/\underline{U}_e$ für die Frequenzen $\omega=5$ 1/s,
$\omega=10$ 1/s und $\omega=20$ 1/s.

Wird $\underline{U}_e=1V$ gesetzt, dann ist $\underline{U}_a/\underline{U}_e=\underline{U}_a/1V$, d.h. der Frequenzgang ist gleich dem Zahlenwert der Ausgangsspannung $\underline{U}_a$.

Mit den vier Knotenpunktpotentialen $\underline{U}_1$, $\underline{U}_2$, $\underline{U}_3$ und $\underline{U}_4=\underline{U}_a$
ergibt sich das folgende Makroprogramm:

```
N 1.0    U=1V
         R=20Ω
N 2.0    C=2000µF
N 3.0    R=50Ω
N 4.0    R=150Ω
N 1.2    R=100Ω
N 1.3    C=1000µF
N 2.4    R=100Ω
N 3.4    C=1000µF
END
```

Aus diesen Daten liefert das Programm NV die Ergebnisse:

$\omega=5$ $\qquad$ $\underline{U}_a/\underline{U}_e = 0.1934\,e^{-j59.25^{\circ}}$

$\omega=10$ $\qquad$ $\underline{U}_a/\underline{U}_e = 0$

$\omega=20$ $\qquad$ $\underline{U}_a/\underline{U}_e = 0.2093\,e^{j68.45^{\circ}}$

Literaturverzeichnis

|1| Bedienungsanleitung CASIO FX-702P

|2| Edminister, J.A.: Elektrische Netzwerke, McGraw-Hill, Düsseldorf, 1976

|3| Kremer, H.: Numerische Berechnung linearer Netzwerke und Systeme, Springer-Verlag, Berlin, Heidelberg, New York 1978

|4| Lange, D.: Algorithmen der Netzwerkanalyse für programmierbare Taschenrechner (HP-41C), Vieweg-Verlag, Braunschweig 1982

|5| Leonhard, W.: Wechselströme und Netzwerke, Vieweg-Verlag, Braunschweig 1972

|6| Naunin, D.: Einführung in die Netzwerktheorie, Vieweg-Verlag, Braunschweig 1976

|7| Pregla, Schlosser: Passive Netzwerke, Teubner, Stuttgart 1972

|8| Unbehauen, R.: Elektrische Netzwerke, Springer-Verlag, Berlin, Heidelberg, New York 1981

|9| Fricke, Vaske: Elektrische Netzwerke, Teubner, Stuttgart 1982

|10| Vaske, Dörrscheidt, Selle: Programmierbare Taschenrechner in der Elektrotechnik, Anwendung der TI58 und TI59, Teubner, Stuttgart 1981

|11| Wolf, H.: Lineare Systeme und Netzwerktheorie, Springer-Verlag, Berlin, Heidelberg, New York 1971

Sachwortverzeichnis